U0858684

奇觚室吉金文述（中册）

〔清〕劉心源 著

奇觚室吉金文述卷七

嘉魚劉心源幼丹甫學

爵斝文

子爵一

子

右國學　文廟器銘一字癸巳八月丁祭監儀手拓之

子爵二

子

○

右陳壽卿器銘二字下一字或釋丁非

子爵三

子工乙〇

右陳壽卿器銘四字末一字未詳

子爵二　子爵三

古爵一

右陳壽卿嵒銘一字未詳或曰鹿字或曰花文非字也

古爵二

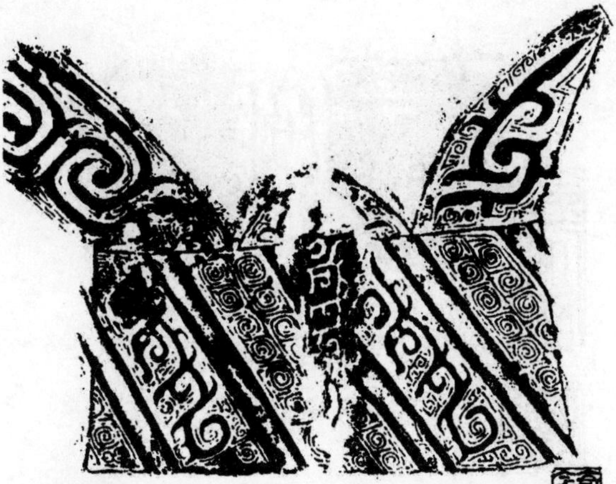

右陳壽卿器銘同苒

古爵三

右陳壽卿器銘一字未詳此銘陽文

亼爵一

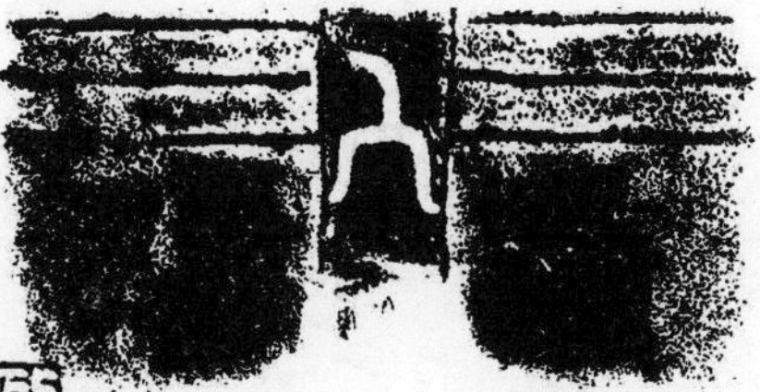

右陳壽卿藏銘一字亼俗承宋人釋舉誤

亼爵二

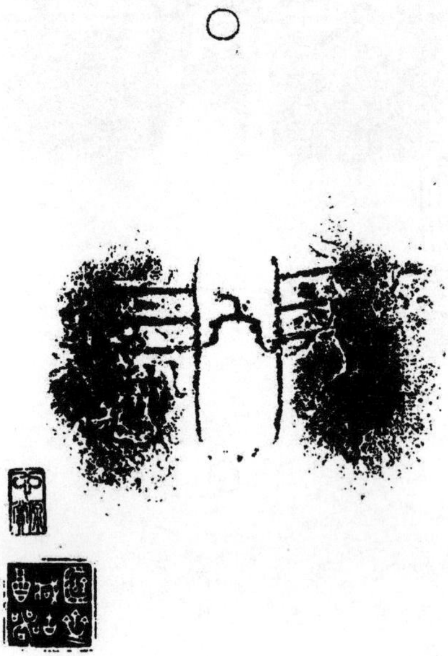

右陳壽卿器銘同肯惟陽文為異

鬲爵

鬲

右陳壽卿器銘一字鬲戉地名戉人名詳盧觶

囝爵

囝

右陳壽卿器銘一字囝或釋包案青箱雜記閩人呼子曰囝正字通閩音讀若宰亦作崽楊時偉正韻箋解韻逸字收崽讀若濊心源案

令湖北崇陽蒲圻通城通山皆呼子如寀即囝字非獨閩也又通志六書略謂囝即月字焦竑俗書刊誤引唐武后字曰作𡆠月作囝集韻囝音月武氏所製字亾有所本𡆠即說文日下古文作㊀者囝已見於此銘特用為月字無謂也

丙爵

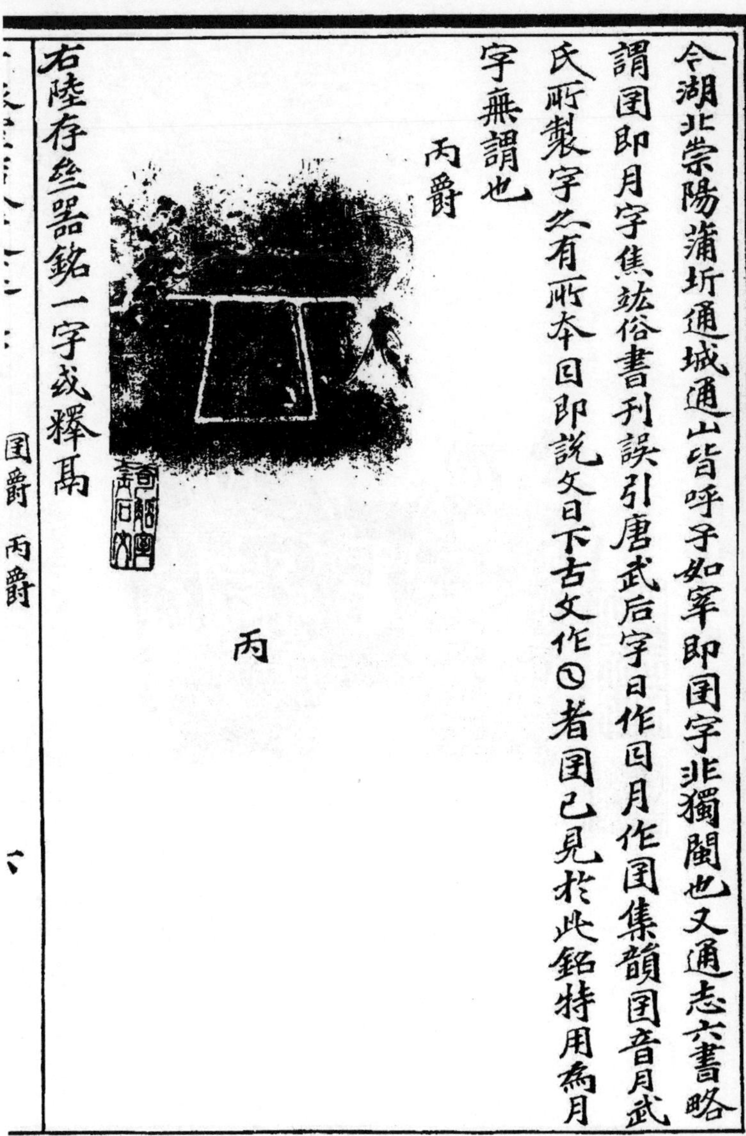

丙

右陸存丝器銘一字或釋馬

雀爵

雀

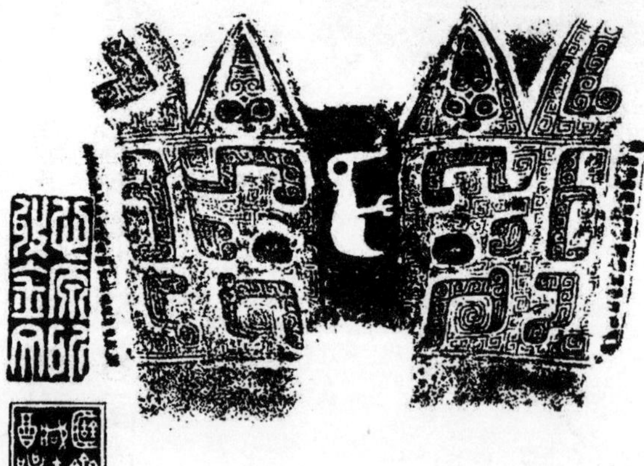

右陳壽卿器銘一字雀即爵經傳通用

魚爵

魚

右陳壽卿器銘一字

雀爵　魚爵

木爵

木

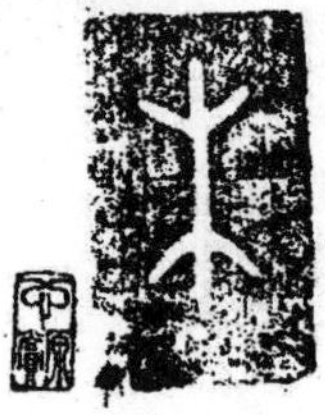

右柯巽盦贈本銘一字

亯爵

〇

亯

右潘師器銘二字上一字人名未詳攷征人鼎有視字从此或釋彼為視則此為見字矣故知彼釋未碻或曰此二字合而為舋詳毛公鼎一

子孫爵一

子孫

右爵本銘二字亦可讀孫子

子孫爵二

子孫

右陳壽卿器銘二字

山丁爵

山丁

右陳壽卿器銘二字

丁冉爵

丁冉

右陳壽卿器銘二字冉宋人釋舉謬

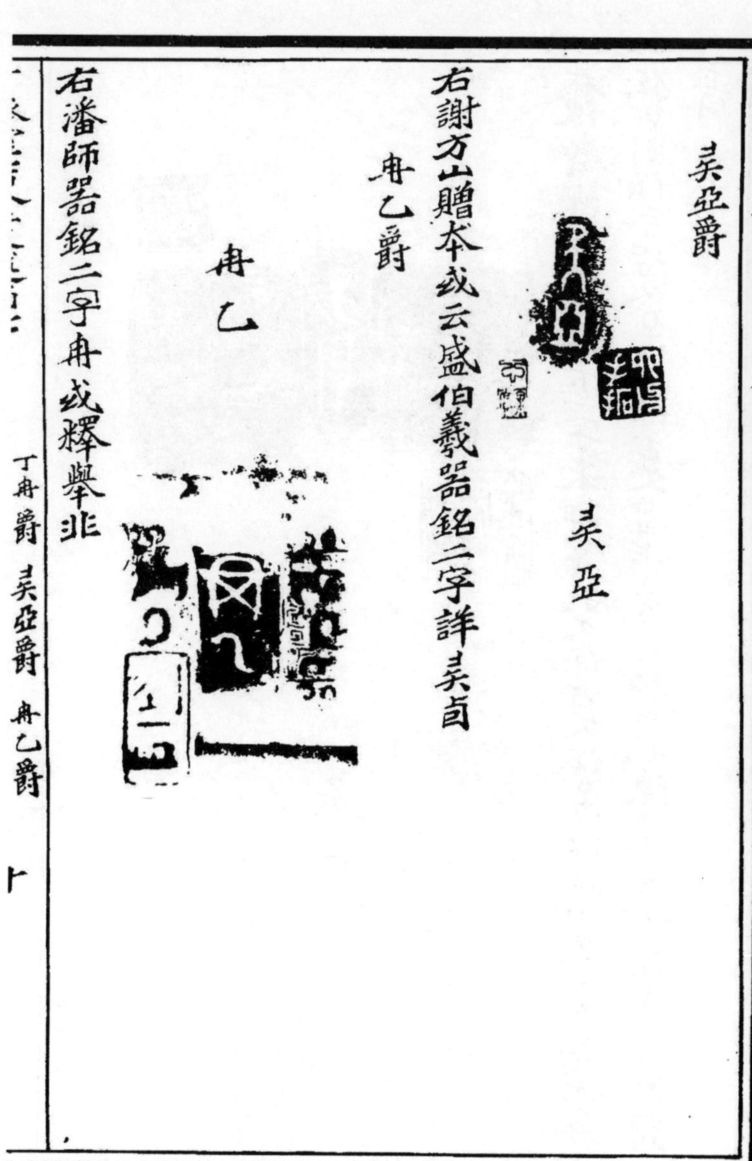

吳亞爵

吳亞

右謝方山贈本或云盛伯羲器銘二字詳吳卣

冉乙爵

冉乙

右潘師器銘二字冉或釋舉非

丁冉爵　吳亞爵　冉乙爵

呆爵

呆　○

右陳壽卿器銘二字下一字未詳呆說文保古文作𤓽即此而孟下古文亦作𤓽攷古刻保字皆从𤓽知保古文當作𤓽此銘是也陳逆簠子子孫孫羕𤓽與此正同

祖乙甗

祖乙

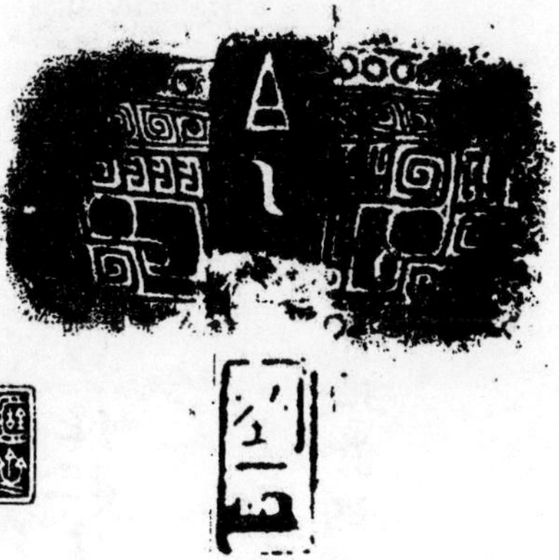

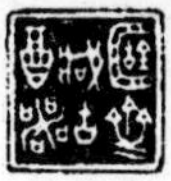

右陳壽卿器銘二字A戠釋白

祖丁爵

爵

○作祖丁寶彝

右潘師器銘六字首一字未詳或釋郘或釋鄘皆非爵銘曰彝亦本銘不言本器而言它器之一證

祖戊爵

○祖戊

右陳壽卿器銘三字首一字未詳戊或釋庚非此即戊之變庚不得从巾

祖辛爵

祖辛

右陳壽卿器銘二字

父甲爵一

父甲

右謝方山贈本銘二字古刻甲字作十与十同形説文作𠁥故早卓戎三字作早卓戎令攷敔敦早作早史伯碩父鼎綽从卓虢季子白盤戎作戎繹山刻石戎作戎皆从古文甲今皆从古文作早卓戎知隸書各有所本也

父甲爵二

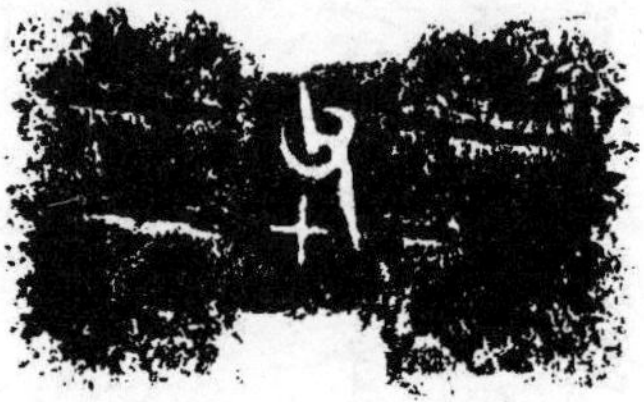

父甲

右陳壽卿器銘二字釋同前

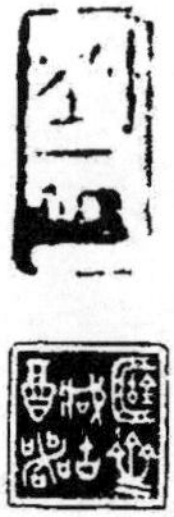

父乙爵一

子○父乙

右陳壽卿器銘四字子戉釋民又見戈仲嚴

父乙毀二

〇

作父乙

右陳壽卿器銘四字柱上一字未詳

父丙爵一

魚父丙

右陳壽卿器銘三字

父丙爵二

○父丙

右陳壽卿器銘三字[glyph]宋人釋旗單二字誤認甾為甾也案說文甾下云東楚名缶曰甾即此字所从又从單當是觶𩰫後人變甾為角也此觶為人名

父丁爵一

父丁

右陳壽卿器銘二字

父丁爵二

父丁

右陳壽卿器銘二字

父丁爵三

父丁

右陳壽卿器銘二字陽文

父丁爵四

魚父丁

右陳壽卿器銘三字魚詳魚父敦

父丁爵五

鬲

父丁

右陳壽卿器銘三字鬲㦰釋舉非

父丁爵六

子八父丁

右陳壽卿器銘四字八記數

父戊爵一

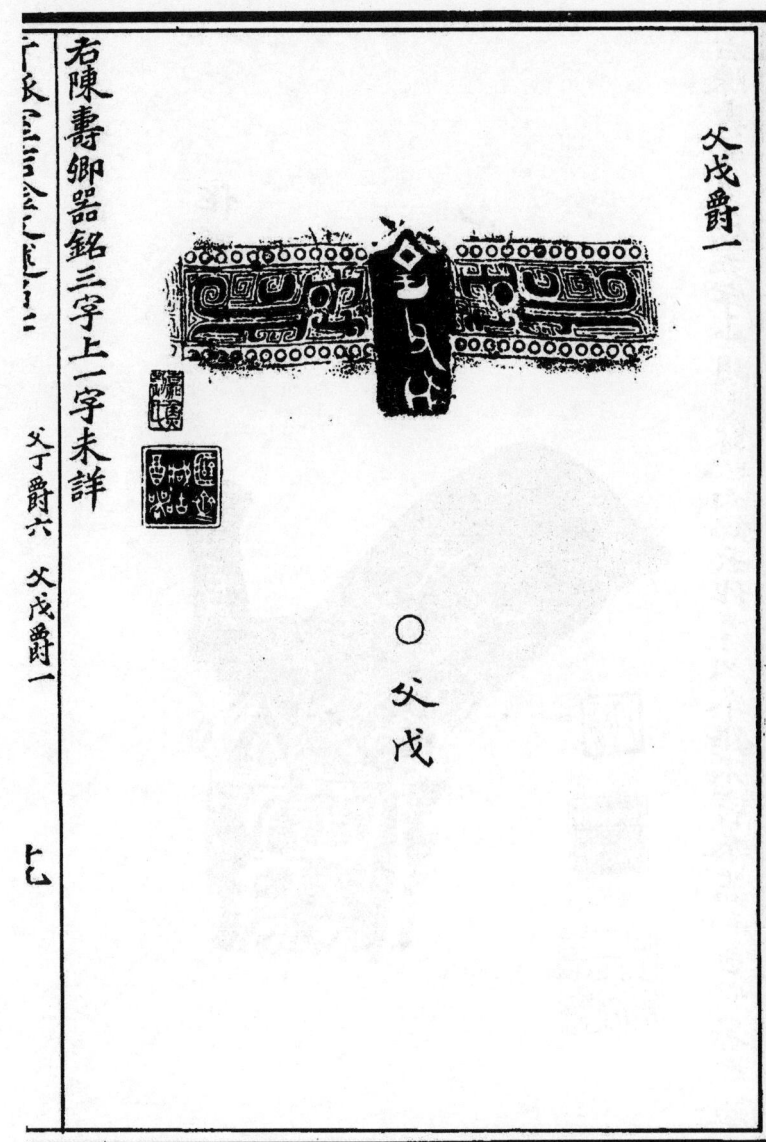

○父戊

右陳壽卿器銘三字上一字未詳

父丁爵六　父戊爵一

父戊爵二

作尊

右陳壽卿器銘五字此明〻爵也而銘云作尊〻本銘不言本器而言它器之證

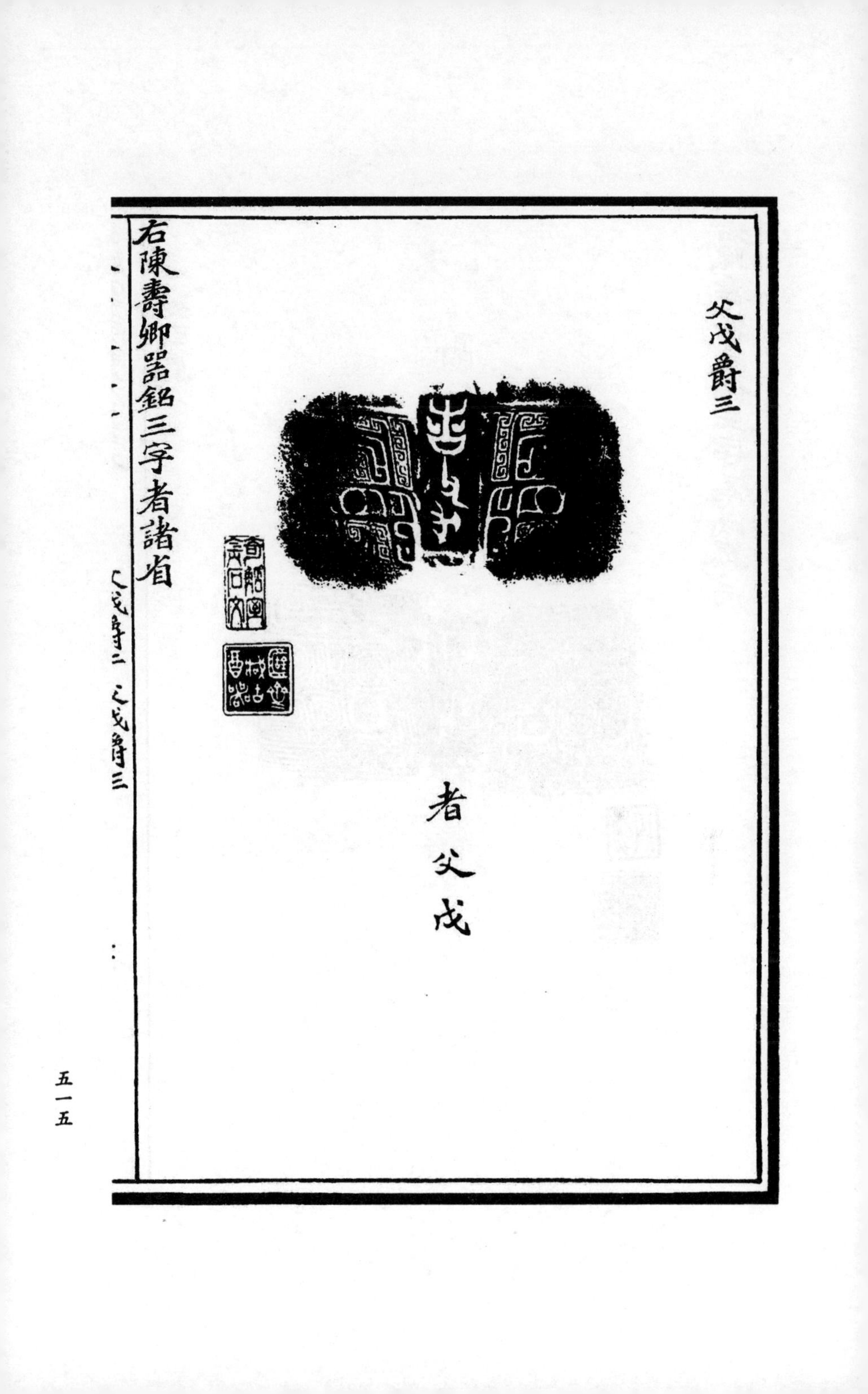

父戊爵三

者父戊

右陳壽卿器銘三字者諸省

父戊爵二 父戊爵三

父己敦一

禹

父己

右陳壽卿器銘三字禹或釋丙

父乙爵二

析木形

子孫

父乙

右陳壽卿器銘五字

父庚爵

子父庚

右陳壽卿器銘三字

父辛爵一

酉父辛

右陳壽卿器銘三字酉酒省詳彝鼎

父辛爵二

右陳壽卿器銘三字兕詳兕龍尊

昜父辛

父癸爵一

爵父癸

右陳壽卿器銘三字爵从又持雀乃爵之象形會意字亦可釋隻詳伯隻卣

父癸敦二

集父癸

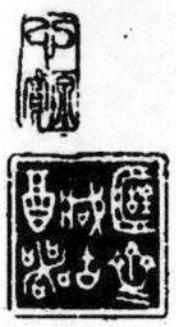

右陳壽卿器銘三字隹在木上乃集字或釋爵

父癸爵三

雀父癸

右陳壽卿器銘三字雀爵通

父癸爵四

雔父癸

右陳壽卿器銘三字兩隹竝乃雔字

父癸爵五

○○父癸

右陳壽卿器銘四字乏迹詳父癸敢

父癸爵六

子父癸

右陳壽卿器銘三字

中虢爵

中
虢

父
癸

右陳壽卿器銘四字中虢人名中仲通

父癸爵六　中虢爵

二七

唐子爵

唐子祖乙

右黄再同藏本銘四字今從橅入唐國名見詩譜

主庚爵

主庚

右丁仲康贈本銘二字筠清一父庚𣪘同范主荷屋釋父非

戈仲爵

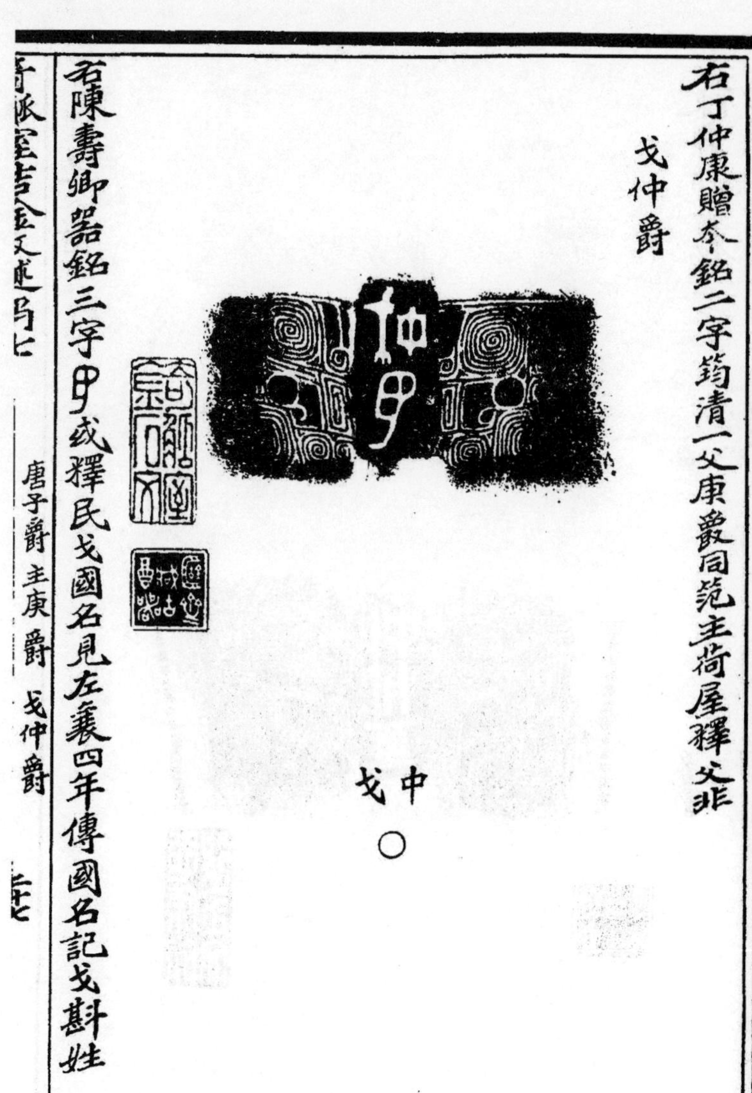

中戈

○

右陳壽卿器銘三字𢦏或釋氏戈國名見左襄四年傳國名記戈斟姓

史父爵

父丙
史

右陳壽卿器銘三字

乙公爵

作乙公

右陳壽卿器銘三字<glyph>非字當是花文

虘爵

虘作寶
尊彝

右陳壽卿器銘五字虘人名字書失載

伯𠴲𣪕

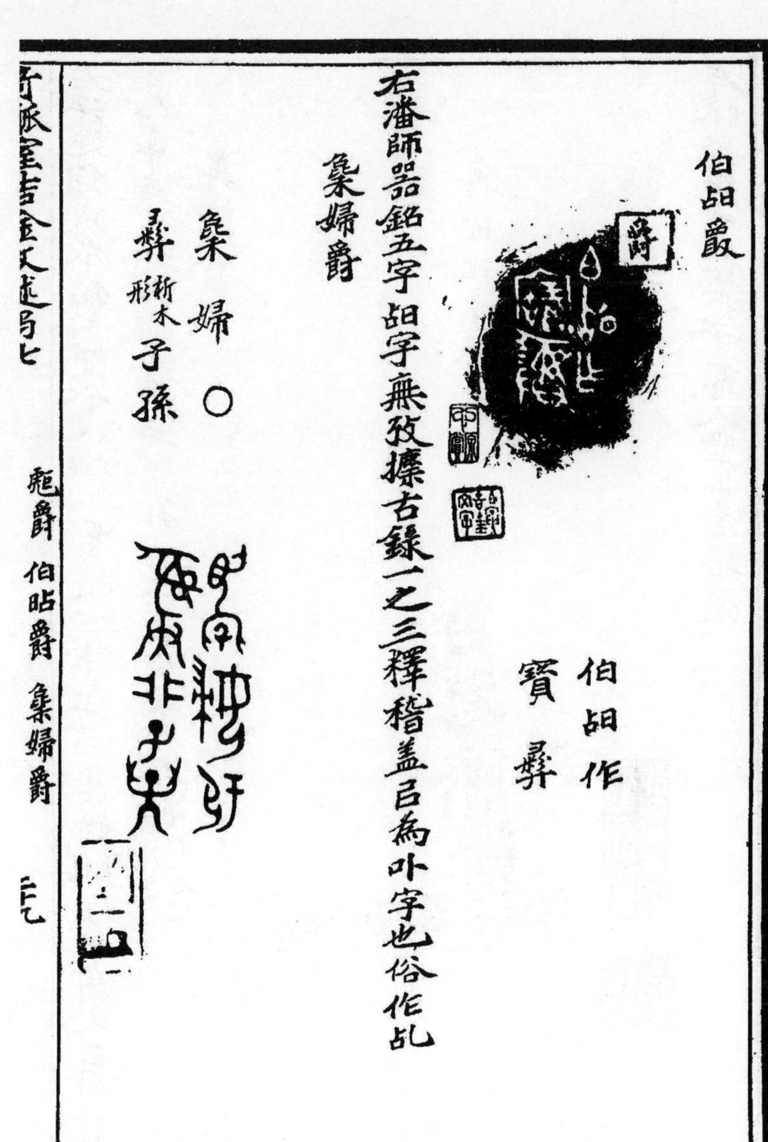

伯𠴲作
寶彝

右潘師器銘五字𠴲字無攷據古錄一之三釋𥡴蓋㠯為卟字也俗作乩

彔婦爵

彔婦○
彝析木形子孫

右汪廷鈞藏本銘七字今从攈入案攈古錄二之一彔婦觶作𠙵冊文云用𠂤日乙尊与此銘弟一字弟三字肖皆不載字書𣪠人名疑是从止即邦省也

䕫爵

䕫作祖辛旅彝

右陳壽卿器銘六字䕫从皿當是蘇文

癸旻爵

癸旻作考戊

右陳壽卿器銘五字癸旻人名說文旻舉目使人也讀若颰火劣切

盂爵

惟王初桒于

成周王令盂

甯𤼷伯賓𢍰

貝用作父寶尊

右陳壽卿器銘二十一字桒讀奔詳陳曼簠許印林讀賁盂人名𤼷籀文登省見說文此用為鄧攷伯余敢𤼷盂嬛文鄭鄧伯鬲作𤼷皆籀文登也賓即頌詳守敢彝字補於尊字右旁非承賓字讀也說詳陳曼簠玩此桒字義即知它器釋華者誤矣

冐斝

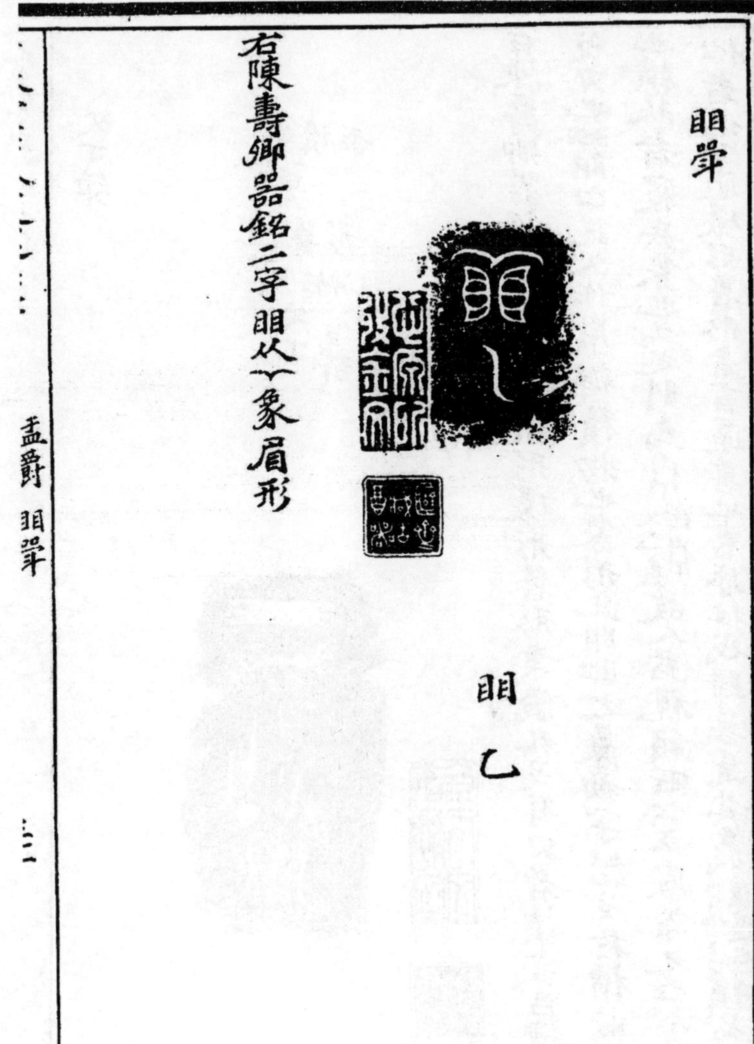

冐乙

右陳壽卿器銘二字冐从𠆢象眉形

盉爵 冐斝

父丁彝

戈積形
環形
畧形
作父丁彝

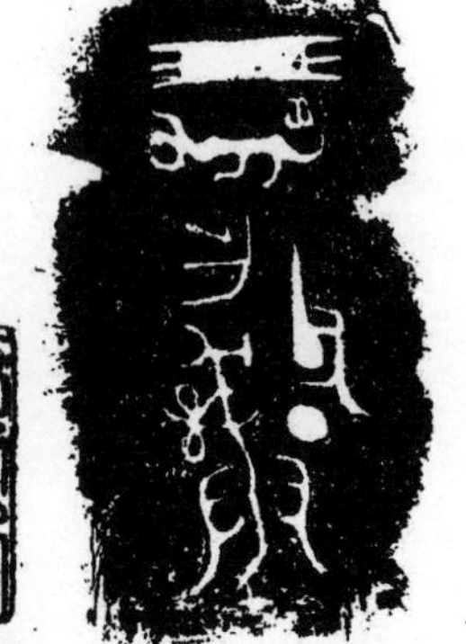

右陳壽卿器銘四字上作戈積形環形畧形案儀礼戈有刃者積言㠯積韜戈刃也[glyph]即宁說文作[glyph]辨積物也象形此即貯之最初字韜戈於積所謂貯也横臥者寢兵象也立之則為[glyph]父乙盉作[glyph]故人君視朝所宁立處謂之宁今作竚伫者俗字也環形畧形者言還畧也書序徃伐歸畧是其義晉語注環還也積戈環畧

偃武之象父乙尊見古鑑册父乙尊見攈古錄蒙益明環詳畱鼎

肙癸斝

服肙癸作

尊彝

右謝方山贈本銘六字積古齋父舟斝也服阮釋父舟二字案說文服从舟及聲此从𠬝即𠬝風俗通姓氏篇服氏周內史叔服之後邑字爲氏肙癸人名阮釋肙爲獻詳師眚鼎

父丁斝　肙癸斝　父癸斝

父癸斝

析木形子孫父癸

右張筱農器銘五字送汪廷鈞臧本摹入

奇觚室吉金文述卷八

嘉魚劉心源幼丹甫學

鬲屬鬳盤匜文

中姞鬲

中姞作羞鬲桼

右盛伯羲器銘六字羞从又古刻多㠯又爲丑〻原从又也見貉子卣拍盤說文羞進獻也从羊〻所進也从丑〻亦聲今作膳饈皆俗字桼即彝詳盂爵

寶扇

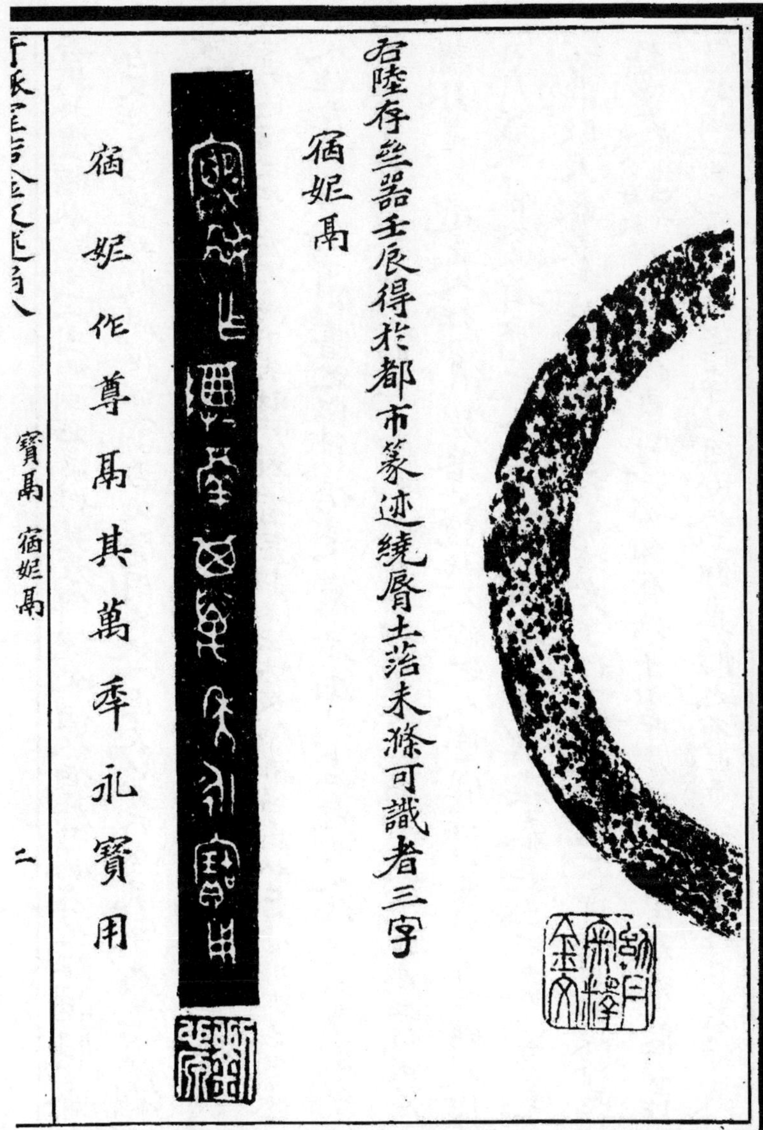

右陸存齋器壬辰得於都市篆迹繞脣土蝕未滌可識者三字

宿妃鬲

宿妃作尊鬲其萬年永寶用

寶鬲　宿妃鬲　二

右柯𢍰盦贈本銘十二字宿國名風姓見左傳說文宿从㐁聲夙古文作㐁㐁合古文作㐁豐姞敔夙夜作宿古文通用此从宀㐁又从夕乃合夙字為之下體蝕文存匕當是反人字妃女匔从人人乃兩人字篆書之攷說文𡰥下云𡰥古文夷字遲重文亦从𡰥而夷下失收尸部有𡰥許不云古文夷而吕為从匕聲非也蓋篆迻人作人尸乃人字側書之作尸仍是人形𡰥為尸下二者古人於連用重出字下一字多省作二謂二即上一字也𡰥本字實作人人寫者省下體為二故成𡰥謙卦篆人道之人作人人碧落文誼越人倫之人作人人汗簡引崋岳碑人作人人皆从篆人不省𡰥如說文泰古文作𡰥而林弓鎛無泰無已之泰作𡰥毛公鼎敃天泰威之泰作𡰥汗簡引古老子作𡰥說文籀文𦑣从孖而陳孖匜作𡰥陳公孖叔嬀作𡰥孖商盤作𡰥說文女部有姕字而井𡰥姕鐘作𡰥拍盤𥂝𥂝作𢆶省一幺而吕二代𥂝字竝可證从二即重體之省也重體之有作F者守敔

兩夷字作[illegible]下本書[illegible]下攈古錄筠清館宋叡重文之有作＝者以此知尼即𡰥特許分為二後人遂不能糾正耳此銘[illegible]即妮見廣韵即姨更無可疑人與尸同形古文多用尸為𡰥師寰敢尸敔敢尸曾伯霥簠尸仲偁父鼎尸師酉敢尸皆𡰥實則尸字人字也人尸𡰥不惟同形例得通叚且是準雙聲也古音人如夷今小兒語音正如此支微真文部字往往諧聲若旻粺䊸引韵北門敦遺韵新臺泚瀰鮮韵碩人頎衣韵兩無正退遂瘁訊韵說文中巘巚觶觛蜦蜧蚍蠙瞋眡圻垠等字不可枚舉人尸𡰥同字又何疑乎苗仙簏贊訂未免執今誣古余犴謂仁亦𡰥字篆作𡰥仁从人从二即从尸从二其古文作𡰥移人於二上為少變耳復古編辨之未知古人通例蓋𡰥人一字人仁亦一字中庸仁者人也廣雅釋詁四人仁也繫辭何以守位曰人釋文王肅本作仁論語井有仁焉朱子從劉君聘說仁當作人當云人仁古字通用並可取證魯伯愈父鬲[illegible]字亦是𡰥余向釋季非也

[illegible]妮鬲

艾伯鬲

艾伯鑄鬲于

㬎其萬年寶用

右陳壽卿器銘十一字鑄詳太保鼎此从𦥑余吕爲蕢古文作臾即此也鑄从臾盖用爲櫃所謂橐也今曰風箱又从金皿會意㬎地名萬从辵實邁字它器多如此

鄭鄧伯鬲

奠鄭𢍭鄧伯作叔公𦍚薦鬲

右陳壽卿嚣銘九字登从癶即𣥠从日即豆又从𠬞籀文登字見說文此用為鄧詳孟爵或釋燕或釋招皆非薦从茻者小徐本說文艸部後有从廿之字别从茻者皆是大篆此薦當作𦳝也嘉礼尊用𦳝石鼓文馬𦳝皆荐竝与此同𦳝當是公𦍚二字近人釋帯粲带本𦍚字詳無叀鼎此或一字从𦍚从𠀁也

鄀始鬲

鄀始○女鑄其羞鬲

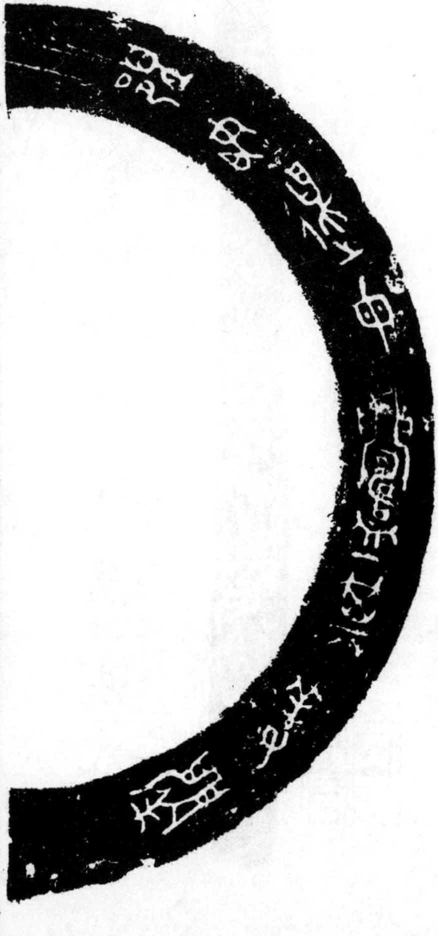

右陳壽卿器銘八字首一字从邑从臼从主古刻望字聖字皆从𡈼即壬与此同近人釋郳非始[illegible]不載字書徐籀莊云从女从白長女之謂第三字未詳或釋邁或釋邉兹非

羞詳中姞鬲鬻彧釋鬲非此字明〻从鬲从臼攷說文爨部𪎟所㠯枝鬲者从爨省鬲省渠容切（音邛）集韻曰之收入三鍾解亦同又收入八語作苟許切音舉云支鬲也得毋曰其从臼遂作舉音乎許云所㠯枝鬲者即明〻有一器矣此器用㠯枝鬲如尊彝之有舟鐘鏞之有虡丁氏於語韻改為支鬲也刪去所㠯者三字遂若無器矣此銘云鑄其羞鬻可證許說之碻說文詳太保鼎至於近人遂宋人釋冈冈冈等字為舉實之本於鬻字不知丁氏雖作舉音究未解其偏旁實从許書錄入許云从鬲省者正謂𪎟是鬲也則冈冈冈等字已無憑決其為鬲何有於舉且丁書兩收何㠯不從鍾韻讀邛而必從語韻讀舉乎況鬻从鬲省今人乃謂冈為鬻省亦傎矣後人知古器之有鬲不知有鬻故此鬻之名為鬲正如㠯匜為簋也今別器正名錄之鬲後（說文農下古文作𪎟亦是借鬻）

汗簡鬲作𩰫𪎟蓋不知許書有鬻而㠯為鬲之籀文耳（濩校補录）

龏妊甗

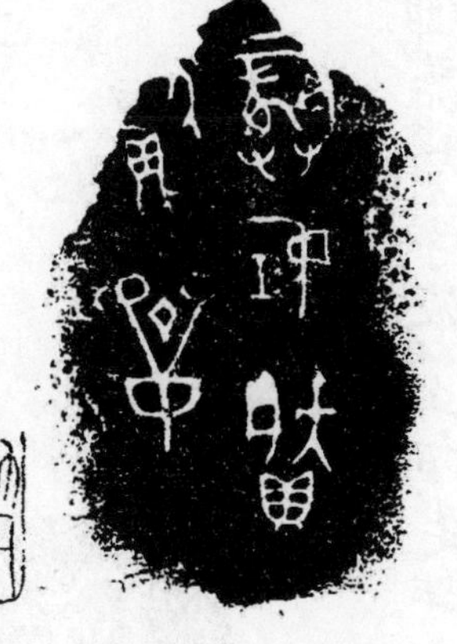

龏妊賸

獻甗觶

右陳壽卿器銘五字賸即滕詳陳侯鼎甗从鼎与鬲同意古刻多如此从犬實吕獻爲甗後人又造甗字詳陳旻簠觶詳父丙爵二此言作甗与觶也

伯貞甗

伯貞丁作
旅車輂甗甗

右陳壽卿器銘七字旅从止即辵詳及癸鼎車輂省即連詳古文審吏尊
蓋作連与甗也

宓甗

宓作
寶彝

右張筱農器銘四字宓作器者名說文作宓即此

亞矣盤

亞矣

右丁紱臣器銘二字詳亞矣卣

綬父盤

綬父作寶尊彝

右陳壽卿器銘六字綬字無攷或曰古刻受作[illegible]从舟此从田非田字乃舟篆之變詳亞則鼎此仍綬字也

子國盤

〇子或錫〇

〇金一鈞用作

寶尊彝

右陳壽卿器銘十四字首一字近人釋陵非子或即子國說文或邦也从〇从戈

以守一一地也域或又从土案或即國之古文後人加囗於外不知本字已从〇也域

於或旁加土不知或下从一即土也今或國域分用

德基盤

德其肇作盤
其萬年眉壽
子〻孫〻永寶用

右盛伯羲器銘十五字子孫重文二德其人名其讀基肇作詳旁鼎

盤

魯伯俞父盤

魯伯俞父作
鼄姬𡰥朕媵顭
般其永寶用

右潘師器銘十五字俞它器有作愈者鼄即邾詳杞伯鼎姬字據伯愈父鬲文釋之𡰥詳䢅姬鬲顭合頪頣二字爲之般古文般見說文此用爲盤

孖商盤

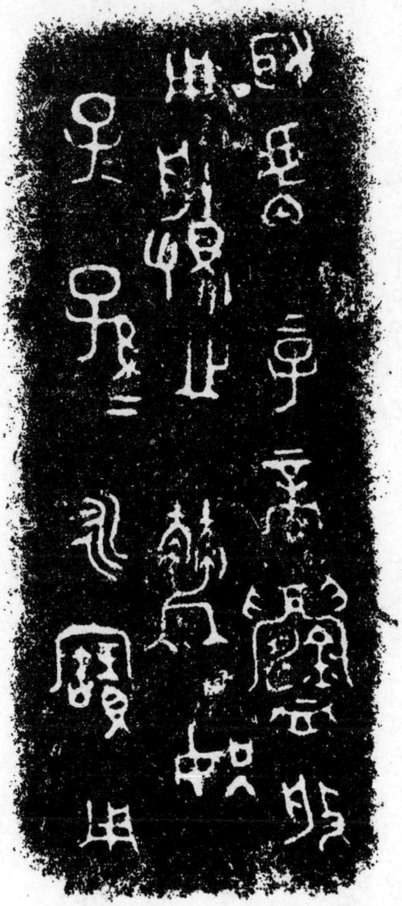

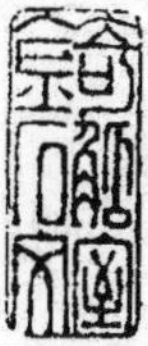

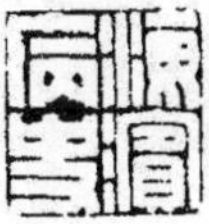

取虜孖商鑄般
用賸媵之羸妃
子子孫孫永寶用

右陳壽卿器銘十六字子孫重文二取盧近人釋郰膚案此二字地名也郰膚無可引徵當讀取慮漢書地理志取慮縣屬淮南郡師古音趨廬是也孖或釋二子或釋子皆非此為孖之省文古文凡重出字多从二此从二子蓋謂二子字也二子為孖說文無而孨部孴下籀文作[glyph]云从二子一曰古文奇字晉晉古文作[glyph]吕此推之从孨之字籀文省从孖則孖即孨也說文孨謹也讀若翦晉从翦得聲益無疑矣文有陳孖匜作[glyph]陳公孖叔邍文虜作[glyph]此二器文義皆不可讀子子亦是孖正如[glyph]為姕也說詳宿妃鬲般詳前器賸詳陳侯鼎羸妃女名說文羸古文作[glyph]汗簡引王庶子碑作[glyph]羸戈作[glyph]即此所从之[glyph]名即[glyph]石鼓文[glyph]麃

字皆从㚒即此所从之占或釋此㢆為龔非也炽字無攷或曰从女凡會意為姊字或曰从凡女會意為姪字桼川篇妃音凡嬉也即此字欤

殷穀盤

惟正月初吉
僑孫殷穀
作𩰫盤子ニ
孫ニ永壽之

右漢軍許氏器銘十七字子孫重文二類見魯伯俞父盤

拍盤

惟正月吉
日乙又丑拍
作朕配平
姬亯宮祀
彝鑑毋呈
用祀永枼
毋出

右吳子蓋器銘二十六字𢇍重文一見積古齋款識丑吕文為之婁見拍人名本从二古文上字説文平古文作𠀭古平陽幣作𠀭即此亯阮釋高非説文亯用也从高从自自知臭香所食也（自古文鼻字）讀若庸廣韻吕亯為庸古文亯（説文墉下古文作亯乃城郭之郭不得借作墉當是亯字耳）亯宮義取亯食𢇍𢇍下體从二為重文説文糸部繼續也从糸𢇍一曰反𢇍（絶字）為𢇍是也呈从日阮釋吐非集韻呈埕省下也塞也即此義棐葉省謂後裔也出者太也見史記韓長孺傳索隱

拍盤

十二

齊太宰歸父盤

魯命難老
台蘄匄賢壽
為己之盥盤

齊太宰歸父盤

宰歸父〇
丁亥齊太
惟王八月

右陳壽卿器銘二十六字左行讀之見筠清館金石四攈古錄二之三云此盤僅存殘銅一片陳壽卿於丁酉歲道光獲之都市篆文奇古青綠如繡月字舊為青綠所掩余剔治出之宰戉釋僕父可門為人筆為業省歸仍舊釋竊疑是遹雪未詳己之二字合篆荷屋釋已子苾釋恴明〻己下作止非从心也盟荷屋釋鑄非此字从水从日从皿中从𡕩乃顋字觀魯伯俞父盤殷穀盤二類字即知此盟所取義矣台通㠯詳仲師父敢蘄詳庬姞彝匄字二吳皆漏釋䖍蘄作𩰫篆形已完下又有𠱓明是匄之斆文賢詳古文審鑄公簠魯署二吳皆釋受非魯命即旅命詳叔𠤱鼎或曰䫉為䨓之斆文即靈字詳頌鼎

父丁盤

○○○○○○
○○中○叔休
○用作父丁○
○○○孫子其
○○○叔休萬
○○○○○○

右陳壽卿器銘字多蝕可識者十三字

齊侯盤

亝侯作媵○

○孟姜盥般

用旂眉壽萬

年無彊它〻配〻

男女無期子〻

孫〻永保用之

右盛伯羲盉銘三十字它配子孫皆有重文媵从陳侯鼎敢詳魯伯俞父

盤餘与齊侯敦同

虢季子白盤

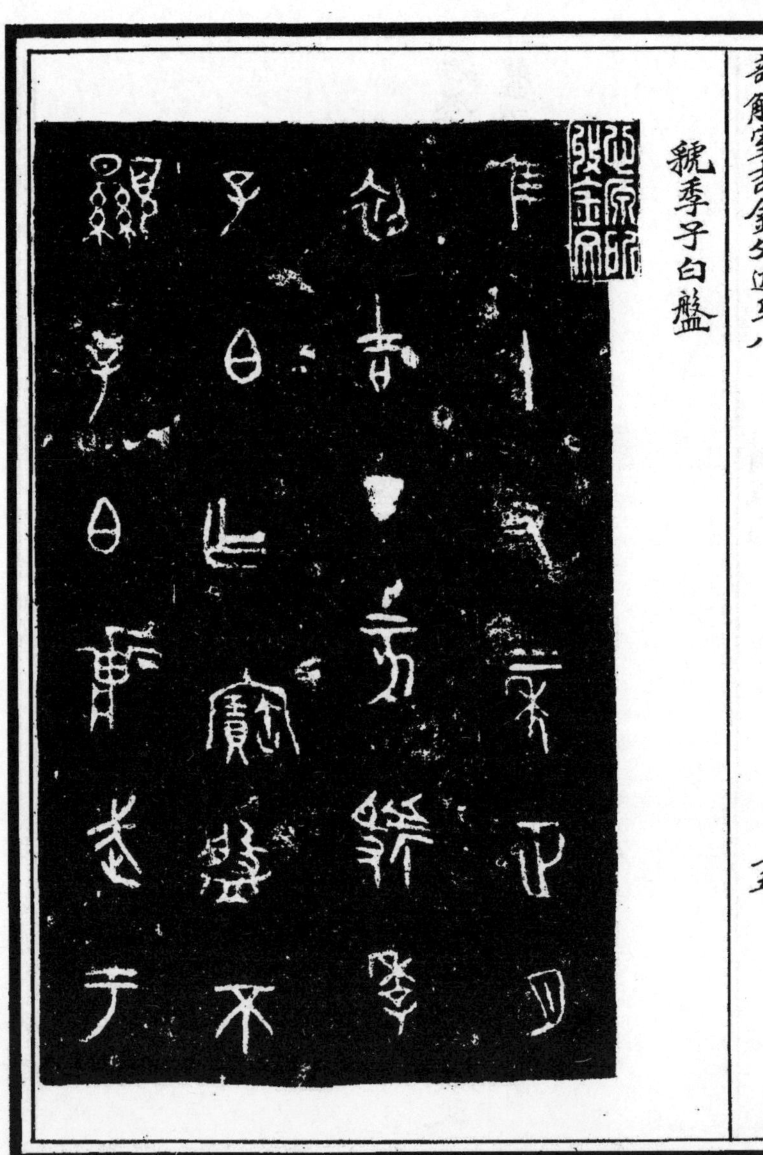

虢季子白盤

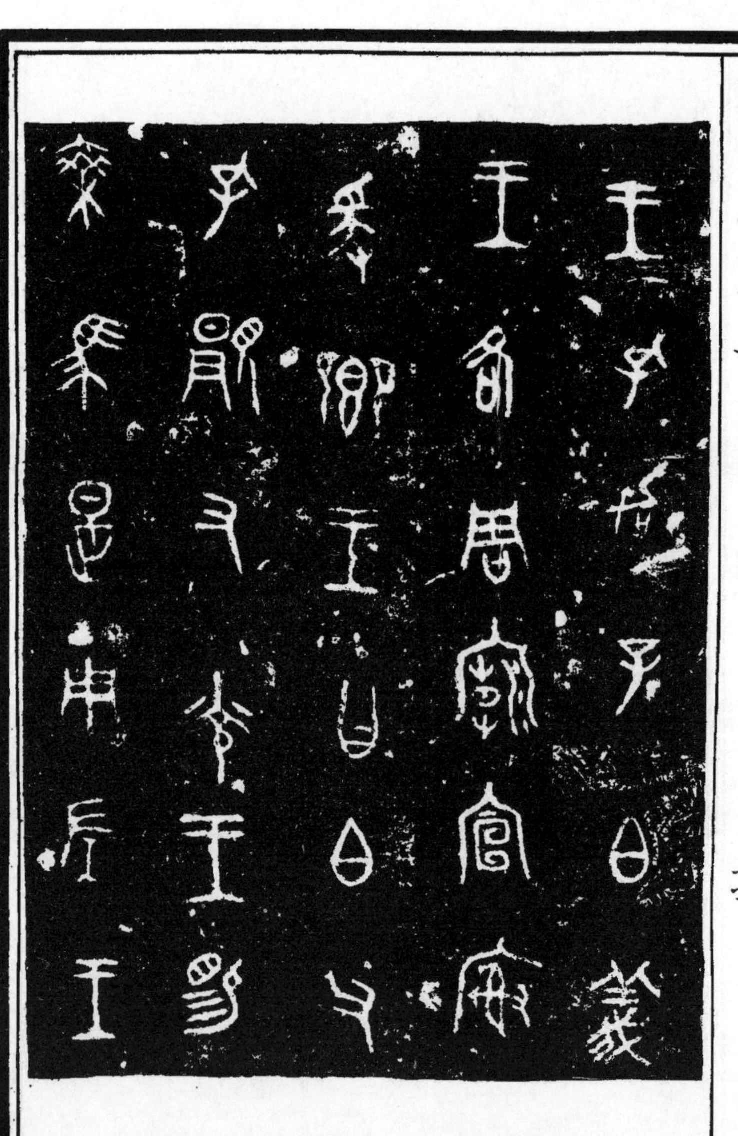

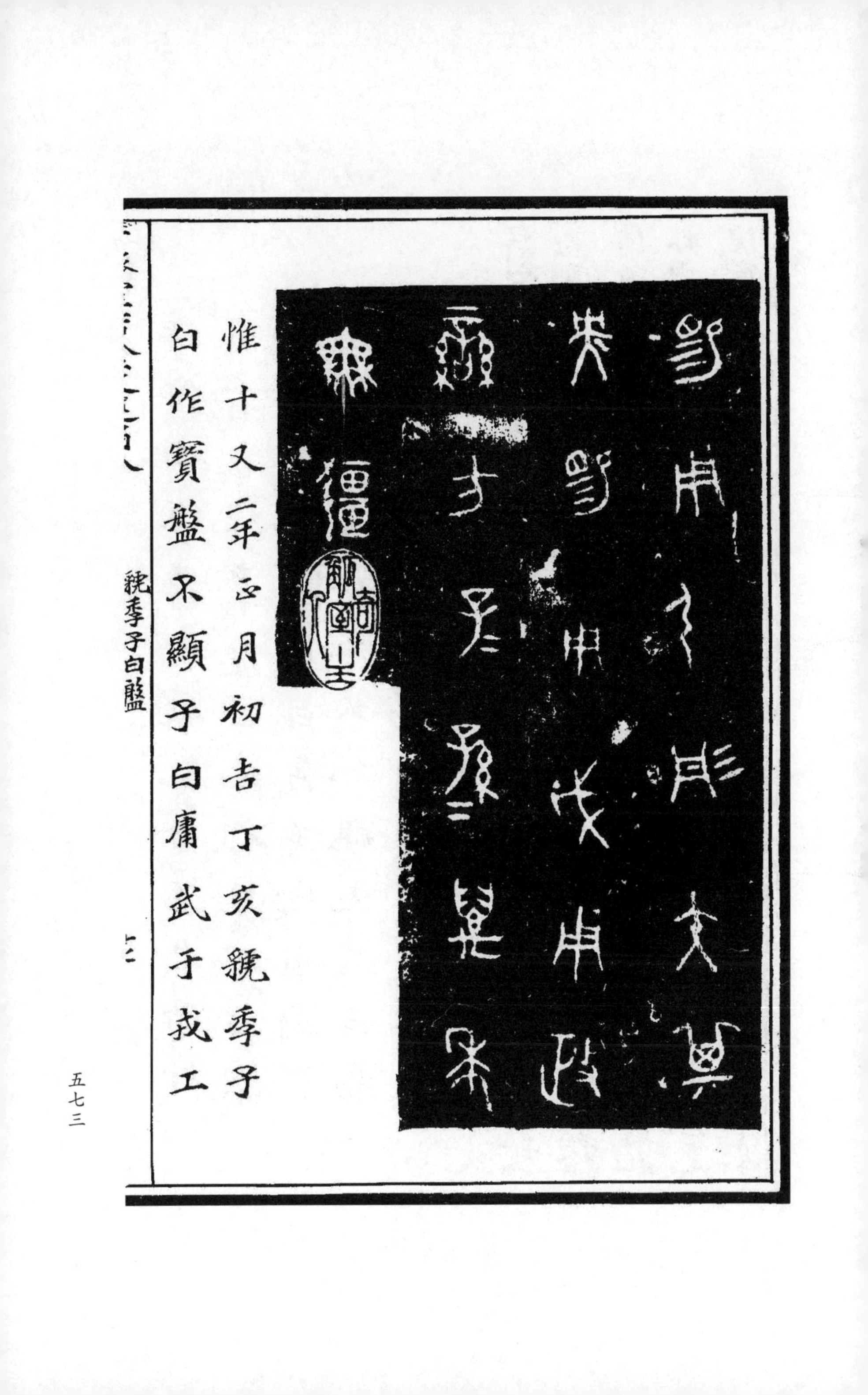

惟十又二年正月初吉丁亥虢季子
白作寶盤不顯子白庸武于戎工

经維四方薄伐厭執于洛之陽折
首吾執緯五十是呂先行趄〻子白獻
戒于王〻孔加子白義王各格周廟宣
廟用卿饗王曰伯父孔覞又光王賜
乘馬是用佐王賜用弓彤矢其央
賜用戉用政蠻方子〻孫〻萬年無彊

右劉省三中丞銘傳器銘八行行十三字合篆三共百又七字趄王子孫重文各一盤重今權四百八十餘斤花文四周四面銅環各二銘鑄盤內道光間陽湖徐傳兼燮鈞宰陝西郿縣得之寶雞虢川司諸城劉燕庭觀詧云出郿縣礼郕田間濱岸中徐載歸其家咸豐庚申常州陷于賊同治甲子劉中丞克復常州得此于僞護王府中爲置大潛山房築亭居之号爲盤亭徐子苓

爲之記吳雲爲之釋盤亭小録載之綦詳光緒甲午心源典試河南開封守吳仲懌㠯此拓見贈爲言乙酉冬開亭燬盤存今翦貼之釋文行數字數即原式近人㠯麻算推此銘年月名各不同通鑑于梁惠齊宣年次已有遷就由今推至東西周豈得爲準今皆不取揔之此銘爲周室伐玁狁之事耳工即功益稷弗即工史記夏本紀作不即功是也庸字見毛公鼎經纏張石匏釋經纏謂即經畫今讀維从攴与晉姜鼎雝字同例詳盂鼎搏即博从干敢義後人省从十詩用薄爲之厰𢽩即玁狁本無專字玁又作獫說文有厰字𢽩字無玁狁兮田盤𢽩用厰𢽩字洛非河南地吕堯僊引職方雍州浸渭洛是也緯張石匏引敔敔從辥尚功釋傒而㠯說文系及淮南注傒与繫同爲解陳壽卿泥詩執訊獲醜一語釋作訊引訊古文爲證皆謬案敔敔云執[illegible]冊辥釋傒除[illegible]之外有何一筆佀傒乎說文訊古文作[illegible]汗簡引古史記訊作[illegible]皆与此不合今攷兮田盤折首執

虢季子白盤

□師袁敢有工折首執□（此為盖文其器文作□）一从中乃中之変非女字（觀此銘从屮師袁敢从夕敖敢从夕即知此蒙不从女）一省口皆一字也□□即韋□即□說文韋作□从□从口即此伯晨鼎韝字从□□幃字从□□竝可證也此將日施于旁故難識耳緯者束也見小正農緯厥耒傳趄〻即桓〻說文作狟引周書尚狟〻而㠯趄為爰田字詳陳矦因資敢戒戓釋馘戓釋戎戓釋俘戓㠯為古文我〻為義省皆非戈下从爪今作戒集韻戒同戩說文戩滅也詩曰實始戩商（今毛詩作翦）尔疋釋詁詩天保傳竝訓戩為福此銘文意當兼二義盖戩滅玁狁即是福也故云獻戩加嘉看然直讀加亦可㠯覽離俗注加上也是其義廟从广与廟鼎廟字同意毛伯敢王格于宣□㠯射為之經傳用謝亦作榭說文無榭新附收入木部公羊宣十六年傳宣謝者何宣宮之謝也注周宣王之廟左傳宣榭服注宣〻揚威武之意杜注宣榭講武屋說各不同鄉𨚵饗詳征人鼎覲詳史頌敢賜詳鄀公諴簠彤

矢其央言彤矢色明詩旂旐央〻傳央〻鮮明也是也戉鉞之本字說文戉大斧也
从戈㇄聲政通征周礼閭胥役政喪紀之數注杜子春讀政為征是也䜌蠻省

兮田盤

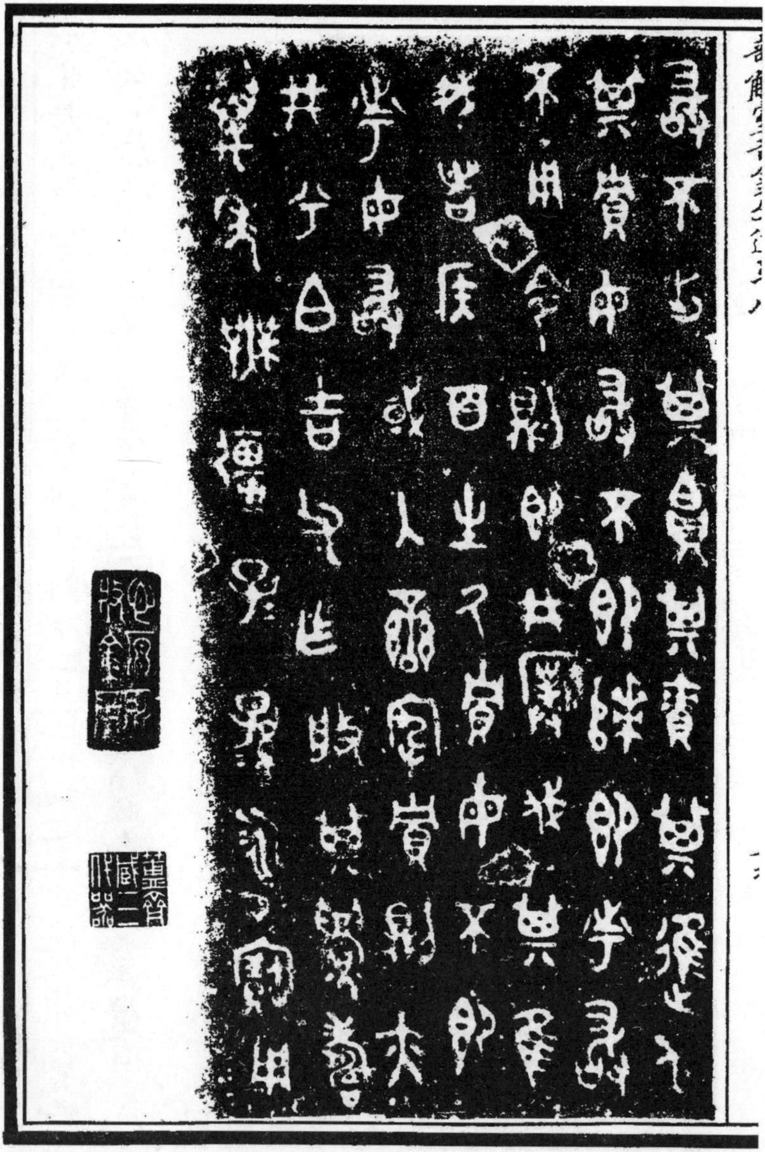

惟五季三月既死霸庚寅

王初各(格)伐厰𤞷于啚盧兮

田從王折首執緯休亡(無)敃

王錫兮田馬四匹駒輦王

令(命)田政嗣成周四方責(債)至

于南淮〻尸〻舊我員畮人毋

敢不出其員其責其進人

其貯毋敢不即師即旅敢

不用令(命)則即井(刑)撲伐其惟

我者(諸)侯百生(姓)氒(厥)貯毋不即

旅毋敢或入䜌(蠻)宄貯則亦

井荆兮伯吉父作般其賢壽

萬年無疆子〻孫〻永寶用

右陳壽卿器銘百二十九字淮夷子孫重文各一據古錄三之二引許瀚說陸友仁研北雜志云李順父有周伯吉父槃銘一百三十字家人折其足用為餅槃鮮于伯機驗為古物乃呂歸之此槃銘連重文一百三十三字與陸氏所稱合或即其器歟陳壽卿說三足並坐俱缺即困學紀聞器也各伐翁祖庚讀略伐今從吳子苾讀各為格案荀子議兵格者不舍注格謂相拒捍者後漢書陳寵傳旁格注引說文格擊也今說文格下無此解惟挌下有之知格殺格鬥字本作格今皆用格矣厥𩙙緯詳前器圖慮𠂤地名無歿慮詳慮𦤶敔詳仲師父鼎責即債詳頌鼎夷呂尸為之詳宿㚤髙員畮地名篇海有員字音置當即此師寰敔云淮夷繇我員畮臣今敢博厥眾叚反厥工事弗迹我東國知員畮為淮夷所奪今

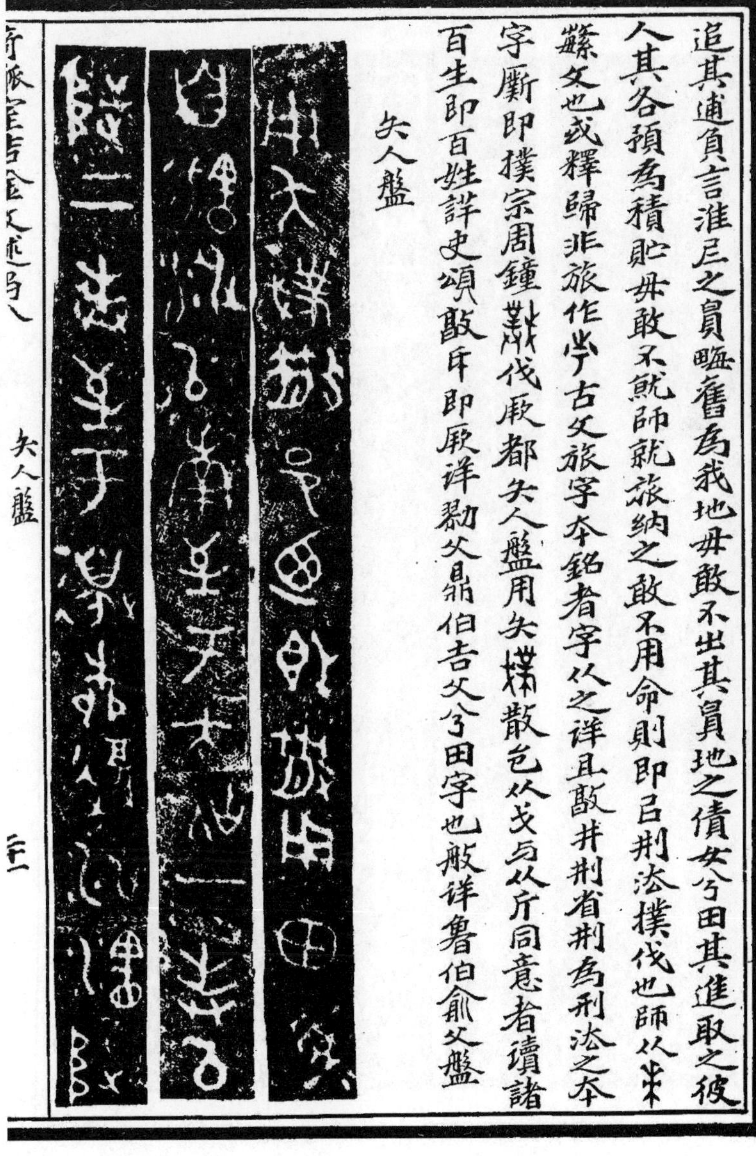

追其逋貟言淮尸之員畮舊為我地毋敢不出其員地之債女今田其進取之彼人其各須為積貯毋敢不就師就旅納之敢不用命則即吕刑撲伐也師从米蘇文也或釋歸非旅作𠂤古文旅字本銘者字从之詳且敢井刑省刑為刑法之本字斸即撲宗周鐘戮伐厥都矢人盤用矢𢾭散邑从戈与从斤同意者讀諸百生即百姓詳史頌𣪕年即厥詳𦁀父鼎伯吉父今田字也𣪘詳魯伯俞父盤

矢人盤

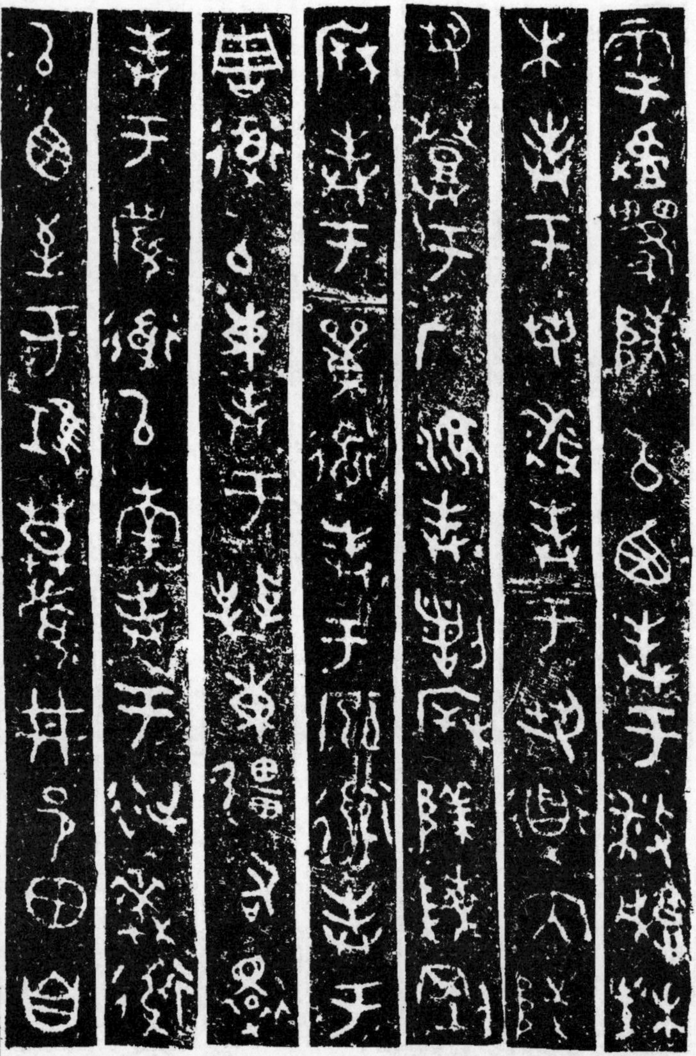

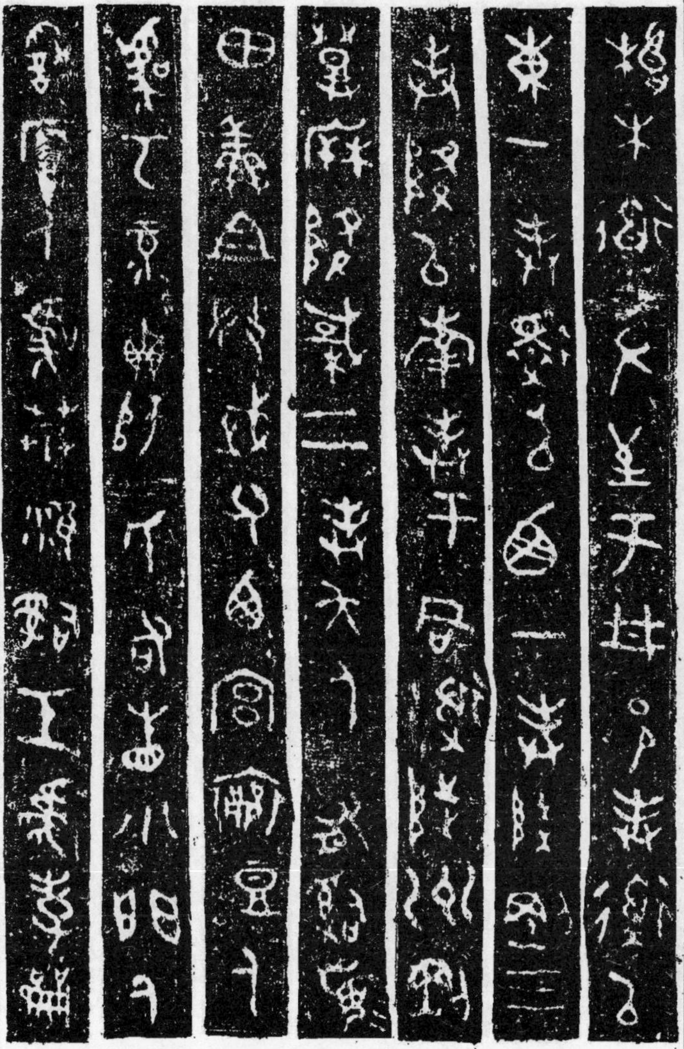

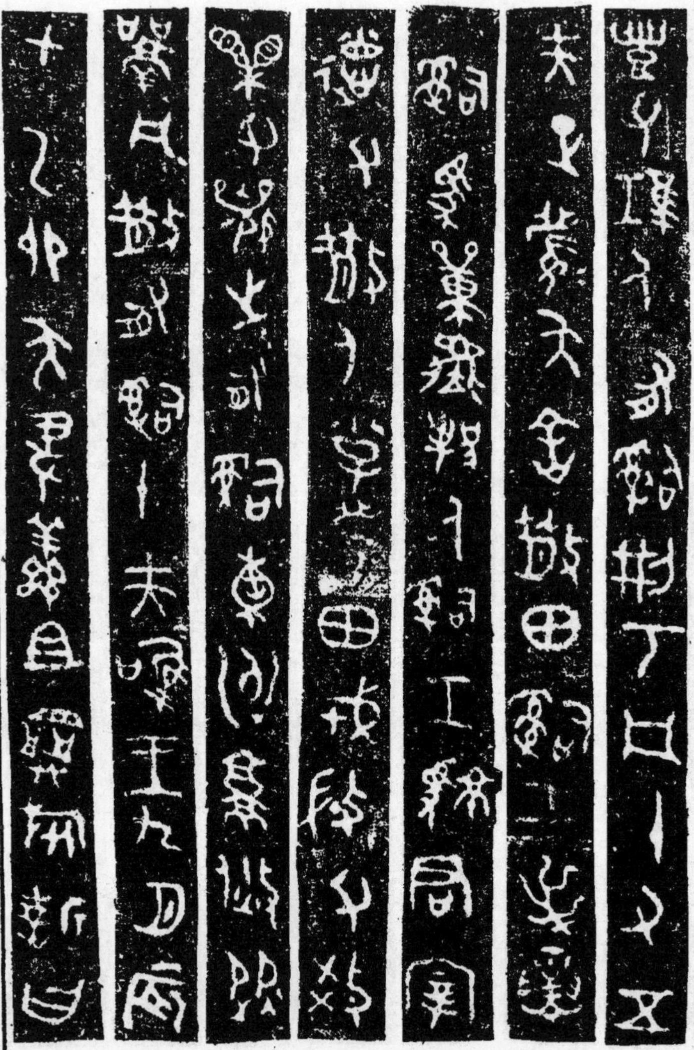

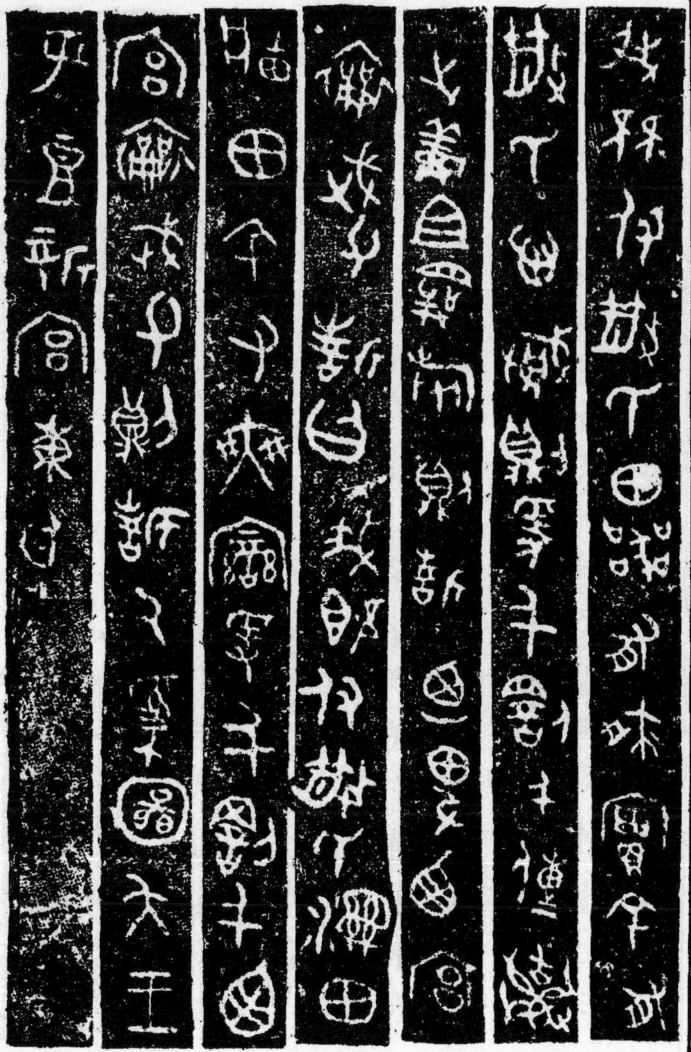

矢人盤

三

用矢撲散邑、廼即散用田、眉自濾涉吕南、至于大

沽、一封、吕陟二封、至于邊柳、復涉濾陟雩、𠭯𨗊隯

吕西、封于敉城楮木、封于芻逨、封于芻道、内陟芻、

登于厂湶、封割析隯、隮剛析、封于戰道、封于原道、

封于周道吕東、封于韓東疆、右還、封于眉道吕南、

封于谻逨道吕西、至于琟莫、眉井邑田、自根木道

左、至于井邑封道吕東、一封、還吕西、一封、陟剛、三

封、降吕南、封于同道、陟州剛、登析、降棫、二封、矢人

有嗣賞田、義且、敚武父、西宮褕、豆人虞丂、彔貞、師
氏右省、小門人譌、原人虞艿、淮、嗣工虎、孝龠、豐父、
琟人有嗣荆丂、凡十又五夫正賞、矢舍散田、嗣工
○奚、嗣馬戰衛邦人、嗣工騌君、宰德父、散人小子賞
田、戎、段父、效、稟父、襄之有嗣、橐、州、𡨦、𠈪、湲、嗝、凡散
有嗣十夫、唯王九月、辰在乙卯、矢𢍜（俾）義且異旅誓
曰、我絲付散氏田器、有爽、實余有散氏心、賊則爰（鍰）
千罰千、傳棄之、義且異旅則誓、廼𢍜（俾）西宮褕武父
誓曰、我既付散氏溼田牆田、余又爽䜌、鍰千罰千、
西宮褕武父則誓、氒為圖矢、王于（呼）豆新宮東廷、
氒左（佐）執○史、正中農、

右嵩笠山侍郎器銘十九行〻十九字弟十八行十八字弟十九行上截無字下截八字文乞与前行不相接疑范損也案此盤有仿鑄者字多訛積古釋文酌改之乾隆閒真者入內府咸豐初復出今藏於嵩文仲瑩中允拓贈此本翦貼之釋文行數字數即原式也共三百五十二字釋解十餘家其未合者細爲案定矢或釋大非大不得从入說文矢作□即此後文言矢人知矢非地即姓也撲从戈詳兮田盤或釋蔽非書散宜生孔傳散氏宜生名大戴礼帝繫云堯娶散宜氏之子吕散宜爲氏此銘云散邑散田散人散氏則孔說有據即就也眥或釋竟觀爵遁四形皆不合此作□〻□〻□〻□〻□〻皆从古文首古文奇字人从二非重文乃是从仁从古文人字詳徆娖鬲古刻䭫首之首伯龢尊作□大鼎作□录伯㦰敦作□師旦鼎作□吳彝作□皆与此字上體同古刻䭫首之䭫从眥夂从眥師奎父鼎从□頌鼎从□師旦鼎从□靜彝从□录伯㦰敦从

䭫皆与此全形合說文𦣻頭也从百从儿古文奇字人古文䭫首如此謂古文用頁為䭫凡頁之屬皆从頁百者䭫首字也謂百即首字𩠐下云百同古文百也巛象髮案百即𩠐省小篆頁从百古文頁从𩠐一也頁用為䭫非敢拜手䭫手此手字通首詳古文審可證也經傳䭫首字通作稽此銘數貿字之碻是稽〻者考也梓材若稽田即此銘文義也瀗或釋洛非集韻瀗水名此从害乃憲省涉或釋洮非大沽之水名近人讀太湖封相承釋表案表从毛衣作𧘝不从𠬞即𠬞隸作廾廾且此銘有从丰者之有从丰者𢦒于戟道則非毛也呂古刻邦字證之盂鼎邦从丰宗周鐘邦从丰西𩫏鐘邦从丰知此銘𠬞上从丰即丰也小篆封从𡉚呂之土从會意从寸召伯虎敢勿敢封从又从丰从一一者土也古文蓋从又持𡉚又者手也丰聲小篆改从寸多一筆取其配匀如射對二字古刻皆从又小篆皆从寸从𡉚說文封古文作𡉚竟与艸木妄生之生無別詳康侯鼎余謂封古文當作𡉚从丰从土与生同不从之土也凡从又之字与𠬞同意如對字古刻皆从又而害敢𦿆𠬞揚王休从𠬞僕字古刻小篆皆从𠬞而靜敢洎厥

僕从反又是𠬞又可互用也𡉚為封何疑乎說文奉作𡴀解云从手从𠬞丰
聲从手从𠬞於義為贅明是从手𡴀聲封奉一聲之轉𡴀為古文封許誤解也得此
銘𡴀字可以糾之汗簡中部奉作𦭪𠬞部奉作𡴀正與此合因誤於許說不能
辨正耳周礼大司徒制其畿疆而溝封之注封起土界也即此銘所用義一封二封
三封者識封土之數也細玩銘意言一封二封三封者有數可稽舊存之界也言
封于某地者界亂再封之也邊柳雩邍陖敉城楮木㕟逨㕟道厂滈剬栖剛
栖戰道原道周道𨐨谷逨堆莫根木同道州剛栖棫皆地名邍从辵与彳同
意後文德必从辵敉敔復付厥君与此合戲讀徂陖字撫敉敉或釋斁城詳
季亭文簋楮从𡳾古文旅下从土乃合堵字為之或釋杜非旅詳且敔㕟詳㕟癸鼎
逨詳交尊彝籀文登字見說文滈或釋渟或釋源皆非剬無攷或釋割非或
曰都字栖說文作𣙧今作析齊各刊本作棧釋陵皆撫刻肊改此拓明明作

隮𠂤乃𠂤之壞文即石鼓文隮字詳井鼎戰或釋單非鐪戈伐截大戰作𢧢蓋并戈字於單也或釋樿之可并木字於單辥說文㠯籀文作辥从㠯又从辛者合辥字為之或釋舒或釋斿皆非谷或釋郤谷𠔁从屮即此銘第十七行𡧊千之千也說文谷部𧮫下云望山谷䜭䜭然青也詞家所用芊眠字本作䜭自廼即散用田至堆莫所稽者散氏之田界又云稽井邑田則井為矢人邑也根或釋槁非字从良季良父盉作[illegible]𡔷季良父壺作[illegible]可證九道字皆从行从止合行辵二字為偏旁也說文道古文作𨗨當从又与封對射同即此从又者省行汗簡行部有[illegible][illegible]碧落文大𢖍天尊即此从行者省止義[illegible][illegible]或釋羞語令釋義說文義引墨翟書作羛云从弗魏郡有羛陽鄉彼晉姜鼎我字作[illegible][illegible][illegible]形佀弗墨翟書蓋从古文我寫者螯齊書之故成弗此說本之王念孫此二義字丝是从古文我義且人名且或讀祖然古人如蒲且豫且皆讀如本字不必讀祖也散姓武父字散即微國名微子所封見

尚書孔傳後吕為氏左傳魯有徼虎西宮姓禴名姓匯炎帝之系有西宮氏齊太公之後也路史齊鄭公族俱有西宮氏禴或釋襄案襄不从𠱠當據篆形釋之字書無禴後人疏也古字遺失者多矣亘地名虞官名𠀀彔貞三人名此三人皆亘地之虞官故吕亘人虞統之此人与原人堆人或皆釋及非說文𠀀反丂也讀若呵案即呵之本字可字从之得聲或釋丂吕為攷不知下文又有丁方是丂二字皆人名及丂亦不同矣師氏官名見周礼右省其名也小門人當即周礼之門子譌人名原地名虞亦虞官芳淮二人名此二人為原地虞官故吕原人虞統之与上文亘人虞一例省或釋相非詳嗝比鼎譌或釋辭非明〻言芻从為乃譌字亦可讀猷繇詳彔伯戎敦芳或釋芔字从了不从弓當釋芳孔顨軒云說文从廾之字大篆多从𠬞此芳从廾當如孔說𤔲工官名即司工或讀司空虎人名孝龠豊父二人名虎与孝龠豊父皆為𤔲工官故吕𤔲工統之孝或釋季非从屮即毛乃夫省也龠作[illegible]盖省體或釋龢或釋𤔲亦可堆地名荆丂

二人名此二人乃唯地之有嗣凡作㫚与下文㫚字同釋者皆不識詳鄭同媿鼎十五夫即義且一敹武父二西宮襄三乙四豖五貞六右眚七譌八芀九淮十虎十一孝龠十二豐父十三刑十四丂十五矢舍散田舍者居止也矢人遺人舍於散田吕受交割嗣土官名見曲禮𡘋奚人名𡘋未詳或釋必或釋掌或釋出或釋屯皆非奚或釋周亦非古老子奚作[glyph]摭古遺文作[glyph]与此合戰人名見上衛見說文乃師之本字𦍌弓鏄[glyph]乃敵寮即此邦字从丰即半蓋篆作丰而弟二横筆之尾偶与上畫相連各本皆然或是鑄損摽古錄篆从丰誤吕為从牛而釋此字為牧非也从丯即邑西亭𨝢齊邑下卩字多一筆齊造邦刀邦字作[glyph]从邑易識又有作[glyph][glyph][glyph]者吕[glyph]證之吕吕丯皆邑之繇文也駺君人名駺無彶宰官德父名德从辵与上文復字同𦍌弓鏄[glyph]字亦如此𡘋奚戰駺君德父皆矢人所遺舍於散田者小子官名詳師𩰫鼎或也段文也敹也䡞文也四人名𢼸古文教字見說文䡞

説文作𤕦今作耀襄地名或釋剋非説文襄作𡆥云漢令解衣耕謂之襄从衣𤕦聲𤕦亂也从爻从工交吅一曰窒𤕦讀若穰[古文]籀文从[古文]徐鍇曰二口噂沓也吅即喧交物相交質也工人所作也己象交構形攷古貨幣文襄垣字作[古文]又作[古文]穌甫人匜襄作[古文]作嬗妃襄滕匜从衣[古文]象人側身伸兩手解衣之形从土从屮屮即又之爰致力於土耕意也[古文]即[古文]形上文又即屮幣文蓋省衣省土乃[古文]字也[古文]爲[古文]譌工爲土譌㐅㐅爲上文譌己爲[古文]省而移於左小篆既已肊改傳寫又漫失眞非悉心考究何能訂正此銘[古文]與幣文匜文皆合惟移土於上耳上古文土見孟鼎呂此知𢦏弓鏄[古文]公又一鏄作[古文]即襄公也舊釋䛎余又釋畏皆非槀州亯亭𨥳選罵六人名皆襄地之有𤔲十夫者戎一段父二斿三𣠮父四槀五州六亯亭七𨥳八選九罵十乃散氏稽田界者槀説文从槀省州作[古文]上文作[古文]古文州字見説文亯亭詳克鼎𨥳从𣥂乃金省詳無叀鼎罵从吅當是喁詳喁比鼎選从[古文]即[古文]巽从此或釋

遂非罠旅人名㒳下从顨說文丌部顨巽也引易顨卦是顨巽通也网部有罠無顨
爽字有剥畫下文作爽是也賦各本刊作戝釋作賊此拓作戝从貝从戈从十
爲又字又象手指形止爲足趾古文从止之字亦从夂又作夊本銘涉陟復道還
皆可證（又詳癸鼎）及本銘下文兩武父作𢦔𢦔即上文敚武父也（上文作𢦔）釋者皆以爲戎此
不知篆法之過也賦謂財物及鍰字棄或釋徹非說文棄作𠷎籀文作𣦼即
此傳者傳車傳棄之者以傳車棄之猶言車裂之左傳所謂轘也誓言如此蓋取
極重者以明信一說傳播以棄之使見棄於人也矢人俾義且罠旅誓於散氏曰
我遂付散氏田器若有爽則是我有散氏在心妄意與之爲難也其田器所
直財賦千鍰者罰我亦千鍰并以傳棄我甘受極刑義且罠旅遂以矢人
此書誓於散氏也瀊牆皆地名瀊字書不載或釋溼然从88从己以界之是从
盭也史樾𡊮王在𦾔京濕宮近人亦釋溼又以爲溼澤聲近義同存參可也

竊或釋變案从宀當讀闢宀与門同意說文宀交覆深屋也說文闢妄入宮掖也讀若闌漢書成帝紀闌入尚方掖門㠯闌為之矢人又俾西宮襄武父誓於散氏曰我既付散氏溼田牆田或又爽約而闌入其界則所直千鍰者罰我之千鍰西宮襄武父遂㠯矢人之詞誓於散氏令其為田界之圖於矢人故曰厥厥字也詳劉父鼎為圖矢也為或釋象非乎即呼刊本有誤作于者當㠯此拓正之豆人名𠂇即左字此讀為佐或釋又篆形文義皆失執下一字刊本有作□者有作□者各從剝畫肊為橅仿也即如阮釋作農不惟篆形絕異文義亦不能通余謂此拓直是朕字从夂月从八十从𠬞耳末一字或釋獨非說文農作辳从晨囟聲籀文作䢉古文作𨑃攷農卣有農字人名令鼎王大耤農于諆田皆从田从辰此从西从𦥑即農說文辰震也三月陽气動雷電振民農時也晨早昧爽也从臼从辰辰時也臼者兩手作事臼辰取作事早辰亦聲農取田辰會意田晨亦然从囟乃田叜也中農當是農官文意是王命豆佐稽田者執朕史冊

乃取正於中農俾定矢人散人田界耳
此即金石萃編散氏盤也彼引吳氏釋㞢爲封先得我心壬寅十一月初七
日湲校記

异冊匜

匜器

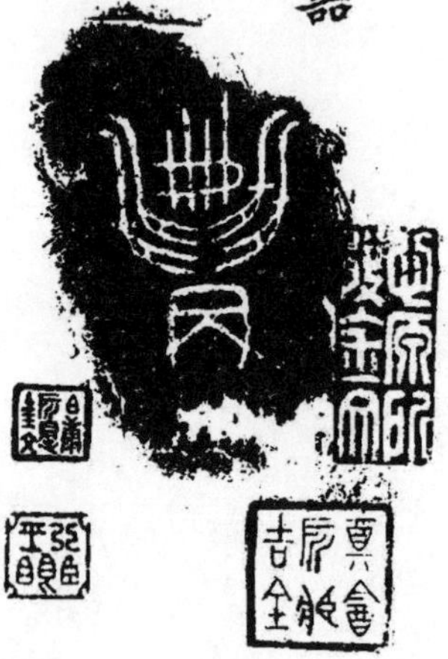

冊异冉

蓋文釋同

右潘師器銘三字蓋文同冊下絫兩手昇象也說文𦥑共舉也从臼从𠬞臼叉手也从

𦥑即𦥑𠬞竦手也从𠂇左手又右手此銘蓋昇冊之象冉或釋舉非詳鄭始鼎古

鑑拱敔作冊舉卣作冊冊𠬞掬觚作冊皆可互參古器多有冄冄冄字俗釋舉或釋爯觀𠬞字則當釋冉矣

黃中匜

黃中自作〇

匜永寶用亯

右陳壽卿器銘十字作下一字殘或釋朕非

穌甫人匜

穌甫人作嫚

妃襄賸匜

右陳壽卿器銘十字穌詳史頌敢甫人猶言甫氏詳仲伯壺嫚即姪汗簡引文雲章姪作嫚而説文不載孜嫚妊壺作𪕊索姬盤作嫚索姬之姪是嫚爲姪古文也

妃襄女字也妃匜字説文作㚰又有㚰云女字也孜番改鬲作㚰穌衛改鼎作㚰己之在左在右古文不拘也䀝詳陳侯鼎廴乃𥂴𥂴之省實旅字詳叒癸鼎襄

詳矢人盤

周寍匜

○周寍作救

姜寶匜孫孫

永寶用

右陳壽卿器銘十二字首一字疑匜之象形字上象有柄有流下象匜身吾見博古圖西清古鑑所繪匜形皆如此前流後柄覆於傾水沃盥也窒人名當是竃省敉戏釋穀案石鼓文君子之求作[illegible]即此从[illegible]者也寶从[illegible]當是缶用二字之合爻者楚公鍾永寶王本書弟三器如此前二器寶字皆从缶从貝椒白永寶福阮釋皆此字

圅皇父甫匜

圅皇父作

周娟匜其子

孫永寶用

六〇二

右陳壽卿器銘十三字孫重文一甬皇父別有攷釋具於彼

孖商匜

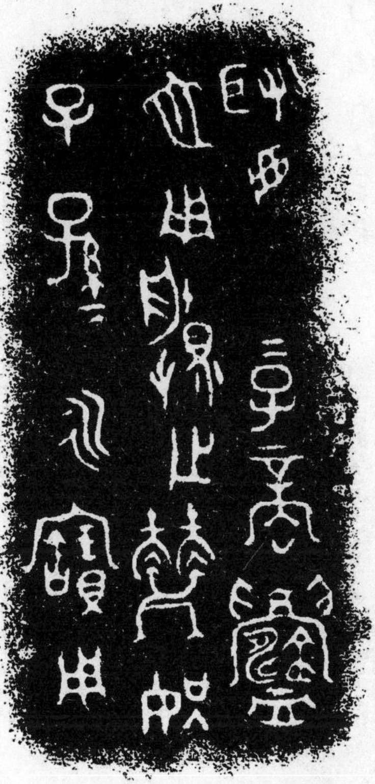

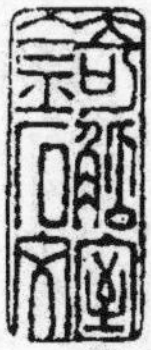

取盧孖商鑄
匜用賸之麗妃
子孫〻永寶用
右陳壽卿器銘十六字孫重文一孖商別有盤釋具於彼

伯冏匜

唯〇伯冏堇勤事
自作匜其萬年
子〻孫〻永寶用之

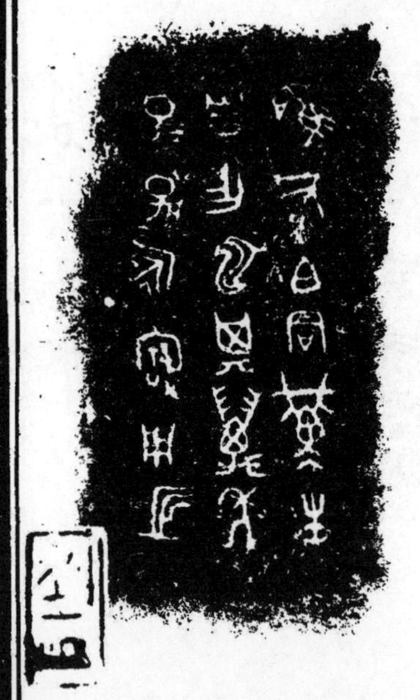

右謝方山贈本銘十八字子孫重文二伯冏髮即穆王太僕正董勤省見陳曼簠事下體殘

中伯匜

魯大嗣徒子中伯作

其庶女礪孟姬媵

匜其賢壽萬年無

彊子〻孫〻永保用之

右謝方山贈本銘二十九字子孫重文二礪从石古文石字从蠇即邁古刻萬年字多作邁知二字古文通用說文水部砅履石渡水也重文作濿此从石从萬乃合砅濿二字為之而省水說文厲从石省此从石不省是礪即厲也後人不知厂為石省乃於厲加石贅矣厲國名今隨州漢書地理志南陽隨下云故國厲鄉故厲國也師古曰厲讀曰賴是也賸詳陳侯鼎

陳㺭匜

惟正月初吉丁
亥陳㺭作𪗋孟
為（媯）穀女媵（滕）匜用
蘄眉壽萬年
無彊永壽用之

右陳壽卿器銘二十九字陳作敶詳陳侯鼎孖詳孖商盤[illegible]疑奔之異文內則聘則為妻奔則為妾孟為讀孟媯穀說文云乳也穀女即養女匜从金从皿會意

案齊侯敦齊侯盤齊侯盂皆有𩰫字攷說文饎重文作饙古刻皆用𩰫為饎疑𩰫即𩰫或皆是饎丁酉清明日偶檢補之

𨑩匜

冊
𨑩作父乙
橨戈
寶尊彝

右楊星吾贈本銘九字筠清館金文四𨑩匜文同范異此武功冊命之作𨑩吴本作𠦪字書無攷非𨑩也

奇觚室吉金文述弓九

嘉魚劉心源幼丹甫學

鐘鐸文

雝伯鐘

雝伯作

寶鐘

右京員某氏器脣内銘五字庚寅三月友人持呂鬻於余價不合而還之此爲余手拓夲也鍾鐘古文通用雝詳盂鼎𢦔釋淮詳汞敢

皃鐘

皃

己侯鐘

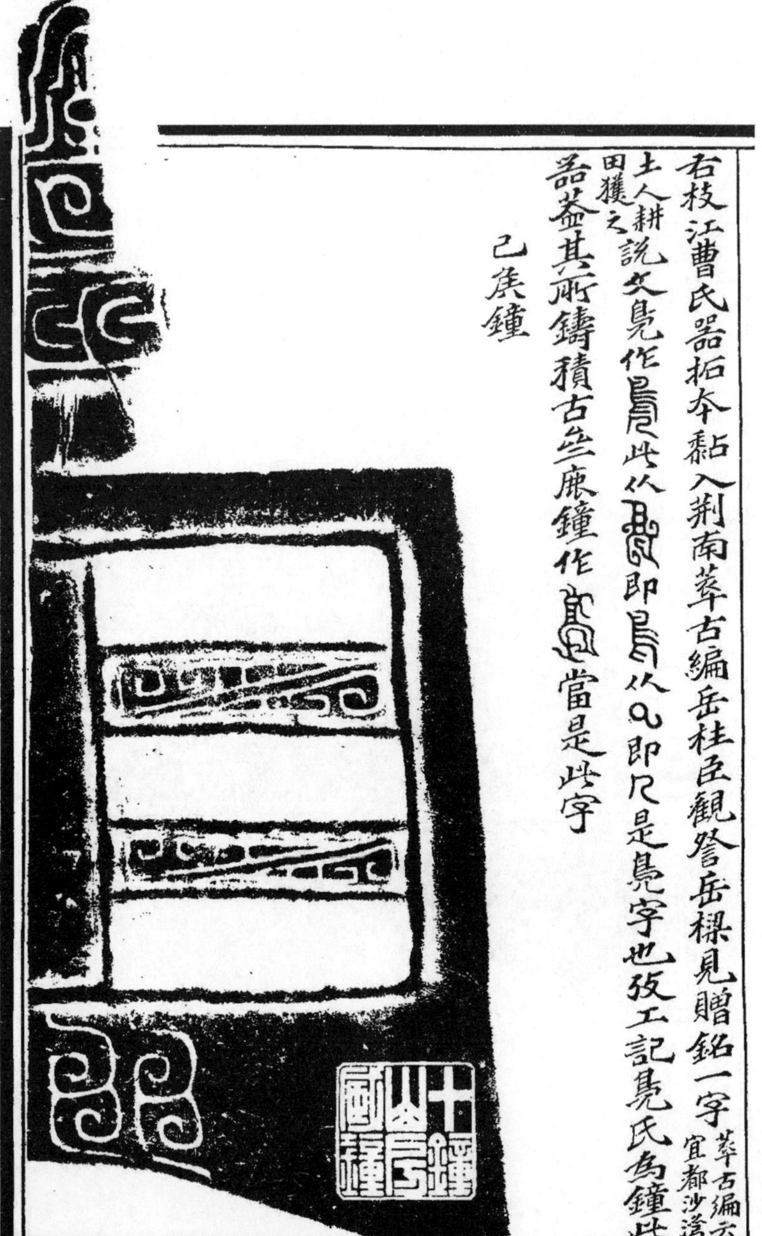

右枝江曹氏器拓本黏入荆南萃古編岳柱臣觀察岳棣見贈銘一字萃古編云宜都沙滘土人耕田獲之說文鳧作□此从□即□从□即几是鳧字也攷工記鳧氏為鐘此器蓋其所鑄積古齋鹿鐘作□當是此字

己侯虢作寶鐘

右陳壽卿器虢銘六字己紀省虢己侯名左傳杜注紀國在東莞劇縣積古齋載此鐘云益都皋人所藏壽光人得之紀侯臺下者也

楚公鐘一

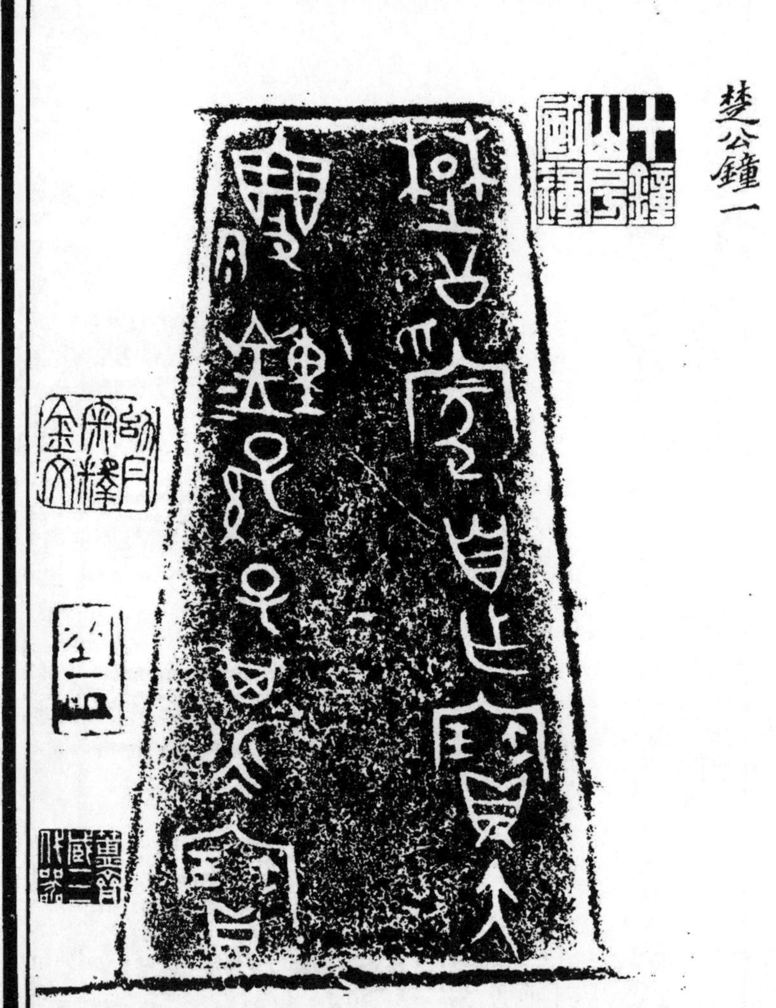

楚公○自作寶大

鑄鐘孫子其永寶

右陳壽卿器鉦銘十四字[illegible]為楚公名本書弟二鐘作[illegible]弟三鐘作[illegible]近人釋家案家不得从爪此於寫字為近或云古刻隊字㠯豕為之篆作[illegible]彔伯戎敦与此下體合古刻豕有作[illegible]者鑄井ㄗ此从爪匕即[illegible]省則此為[illegible]遂也鑄从[illegible]象甬鉦隧銑之形从攴擊鐘也又从肉樂記云寬裕肉好順成和動之音作鄭注肉肥也疏謂厚重者也此从肉蓋㠯音言之鐘鐘通見周礼

楚公鐘二

楚公〇自作寶大

鏄鍾孫=子=其永寶

右陳壽卿器鉦銘十四字孫子重文二釋詳篆銑間鳳形裝入吕存雅製

楚公鐘三

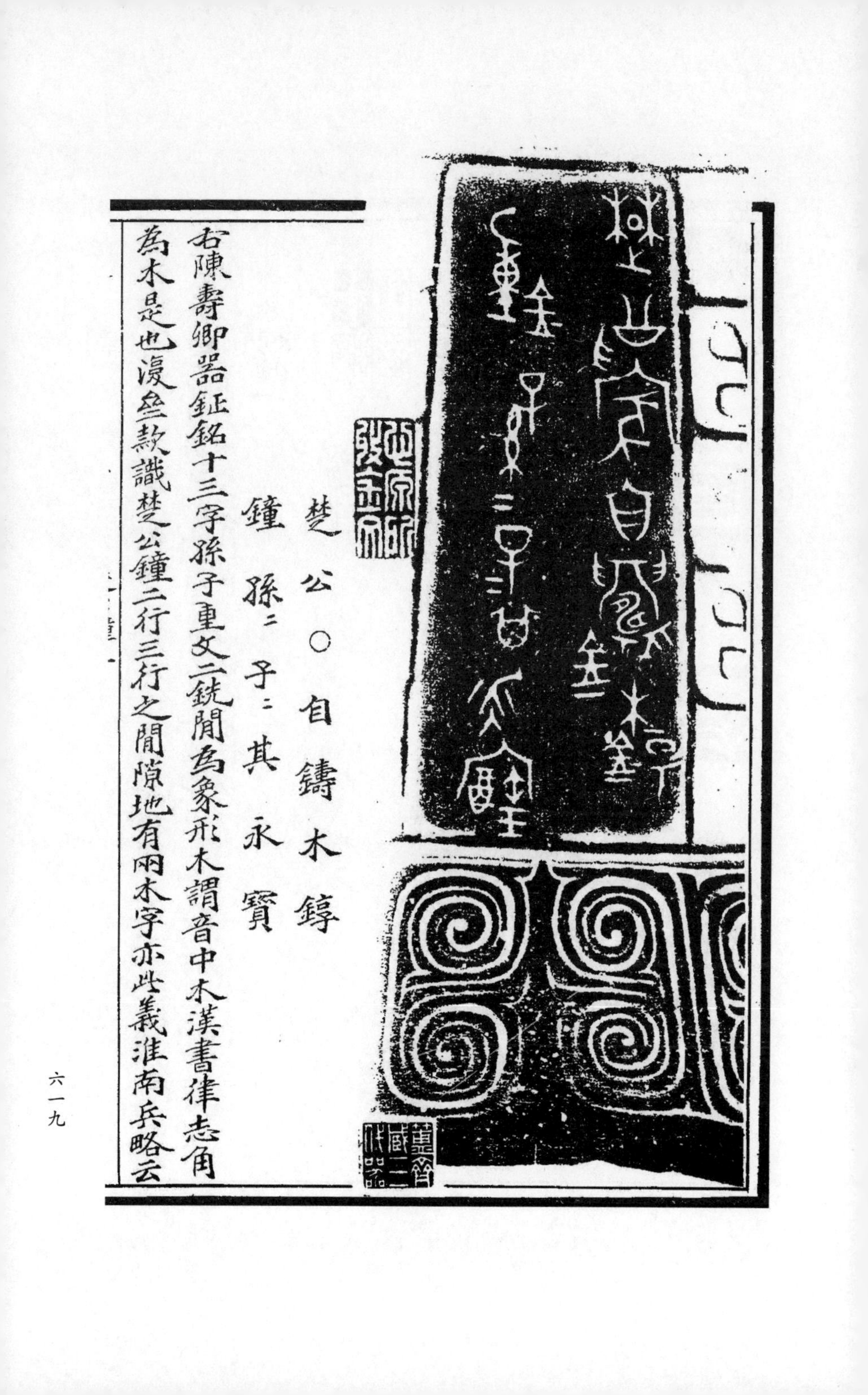

楚公○自鑄木鐘孫孫子子其永寶

右陳壽卿器鉦銘十三字孫子重文二銑閒爲象形木謂音中木漢書律志角爲木是也澷無款識楚公鐘二行三行之閒隙地有两木字亦此義淮南兵略云

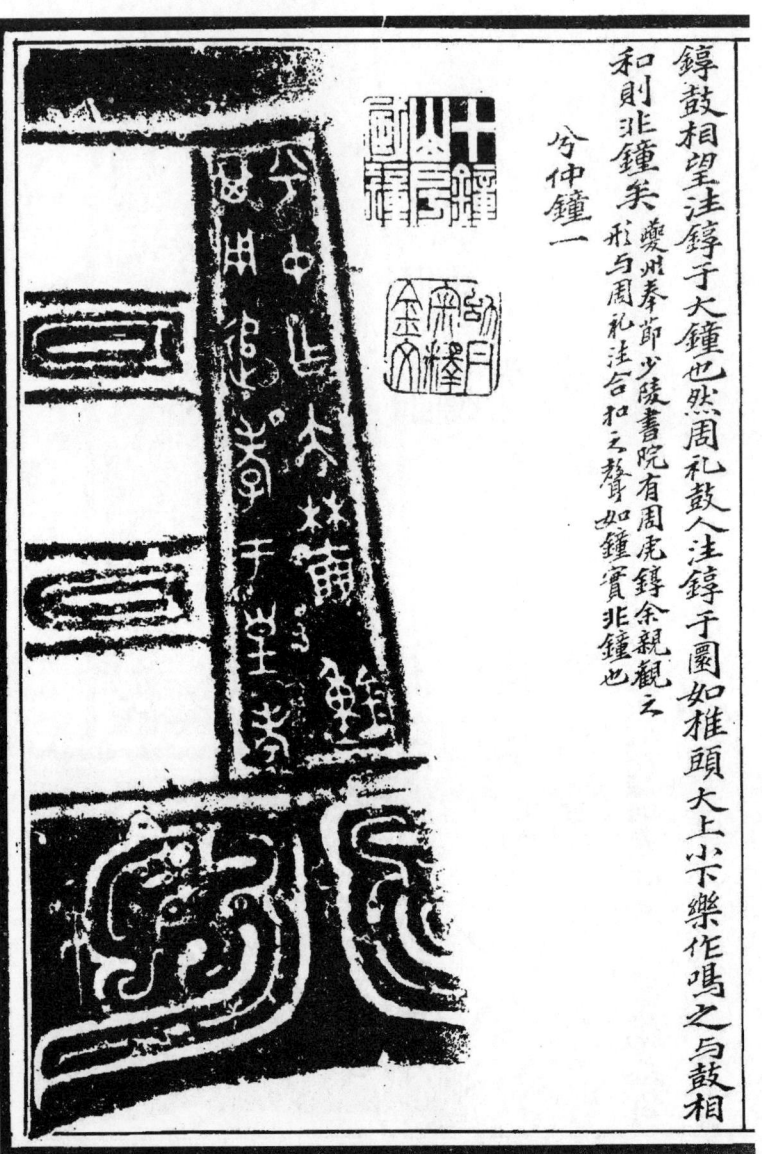

錞鼓相望注錞于大鐘也然周礼鼓人注錞于圜如椎頭大上小下樂作鳴之与鼓相和則非鐘矣夔州奉節少陵書院有周虎錞余親觀之形与周礼注合扣之聲如鐘實非鐘也

兮仲鐘一

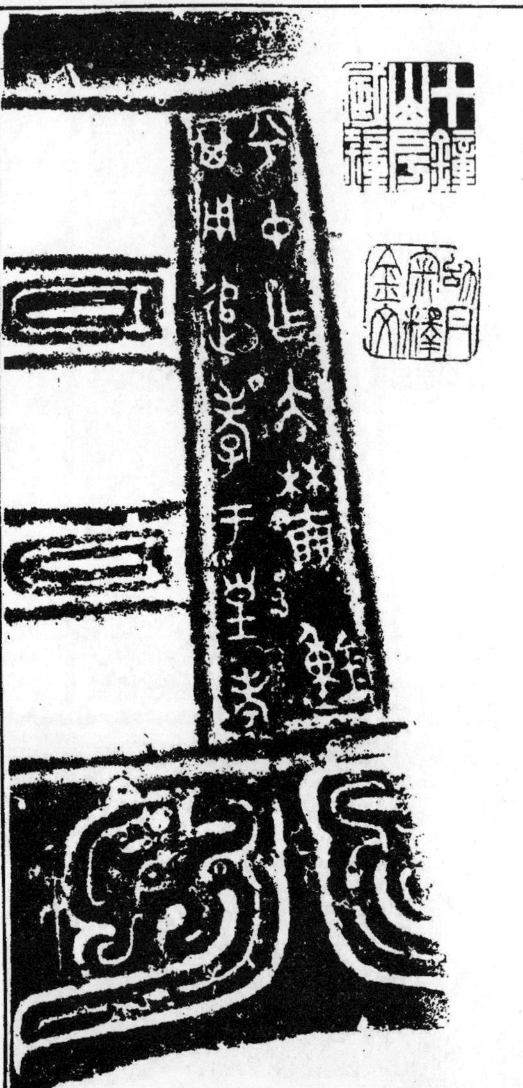

兮中作大嗇鐘

其用追孝于皇考

己伯用侃

喜歬文人

子孫永

寶用亯

右陳壽卿器鉦銘十三字銑銘十四字分詳分中敔啬戎釋林棽廣夾四形皆非余舊已為鬱之未合攷攈古錄載分中鐘五器此其弟三器也其弟一器作〓弟二器作〓（即本書弟二分中鐘）弟四器作〓弟五器作〓又載吳生鐘云大〓（有刹本書）獻鐘云〓〓叔氏鐘云寶〓豯抔鐘云大〓彔說文牆籀文作〓从二禾已此知啬有作〓者師寰敔卹厥〓事（蓋文如此器文作〓）竟已牆為穡同形叚借也大敔余弗敢〓言天子命易從里居余不敢吝啬也古文偏旁木禾不甚分別如休从木而古刻皆从〓（不可枚舉）〓从林而師寰敔〓（器文）〓（蓋文）从秝曆从秝而敔尊又卣从林（詳彔）敔木禾互用則鐘文之〓即嗇即啬之即穡湯誓穡事史記殷本紀作啬盤庚力穡漢書成帝紀作啬知啬穡通用也从〓〓者將面逡於上體而省一禾（依小篆稾字）从啬者即嗇省又从金已所鑄言

之正如秝叔編鐘龢字作[illegible]也攈古錄三之二秝[illegible]編鐘第三器方言十二畣合也管子國蓄注穡歛也鐘銘蓋取其音之合且歛耳信如各家之釋將何解於大敔之余弗敢[illegible]乎侃通術見犾妘敔莽文人筍清館作[illegible]文[illegible]誤也攈古錄辨正之

兮仲鐘二

兮仲鐘一

兮仲鐘二

兮中作大嗇鐘其用追

孝于皇考己伯用侃喜前

右蘄水陳檢討蘇生曾佑贈本鉦銘十九字書意未畢釋具前器

咊鐘

〇之

鉏〇

十有

惟歲

〇咊

王曰

○○

先亦

○秉

不涇

○○

○○

右陳壽卿器鉦兩面銘各四字兩銑銘各八字蝕者十字鉦或釋鑄秉上一字或釋

叀涇或釋淫

𪻿鐘

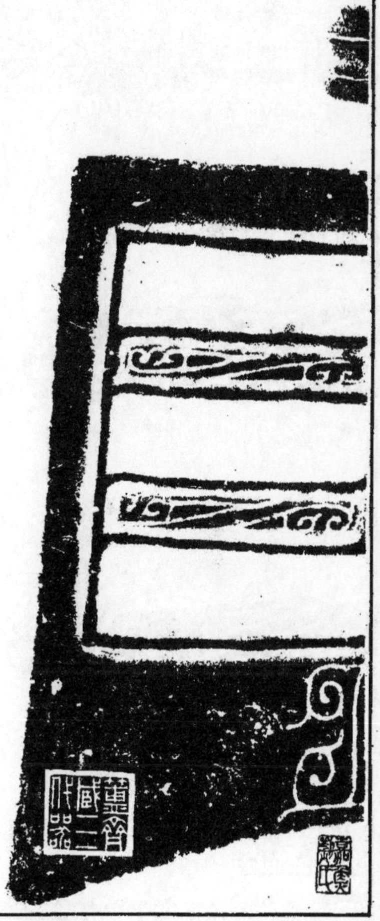

首敢對揚天子不顯
休
用
作朕文考釐
伯龢嗇鐘

𢼸泊尨
〇永寶

右陳壽卿嵒銑銘八字從肩右行至鉦銘十一字甬銘六字首字當是𩠐首上文必有一段銘詞記在別鐘惜未全得也啚詳入兮仲鐘虘人名洎詳毛公鼎二

虘鐘

唯正月初吉

丁亥

虘作寶鐘用追孝于己

伯用亯大宗用濼好賓

虘洎尨○永寶用卲大宗

右陳壽卿器從肩右行至鉦銘三十五字虘人名樂呂濼爲之古文之蘇也賓字省卲或讀昭讀銘皆可永上三字篆迹窳劣疑後人補鐫者

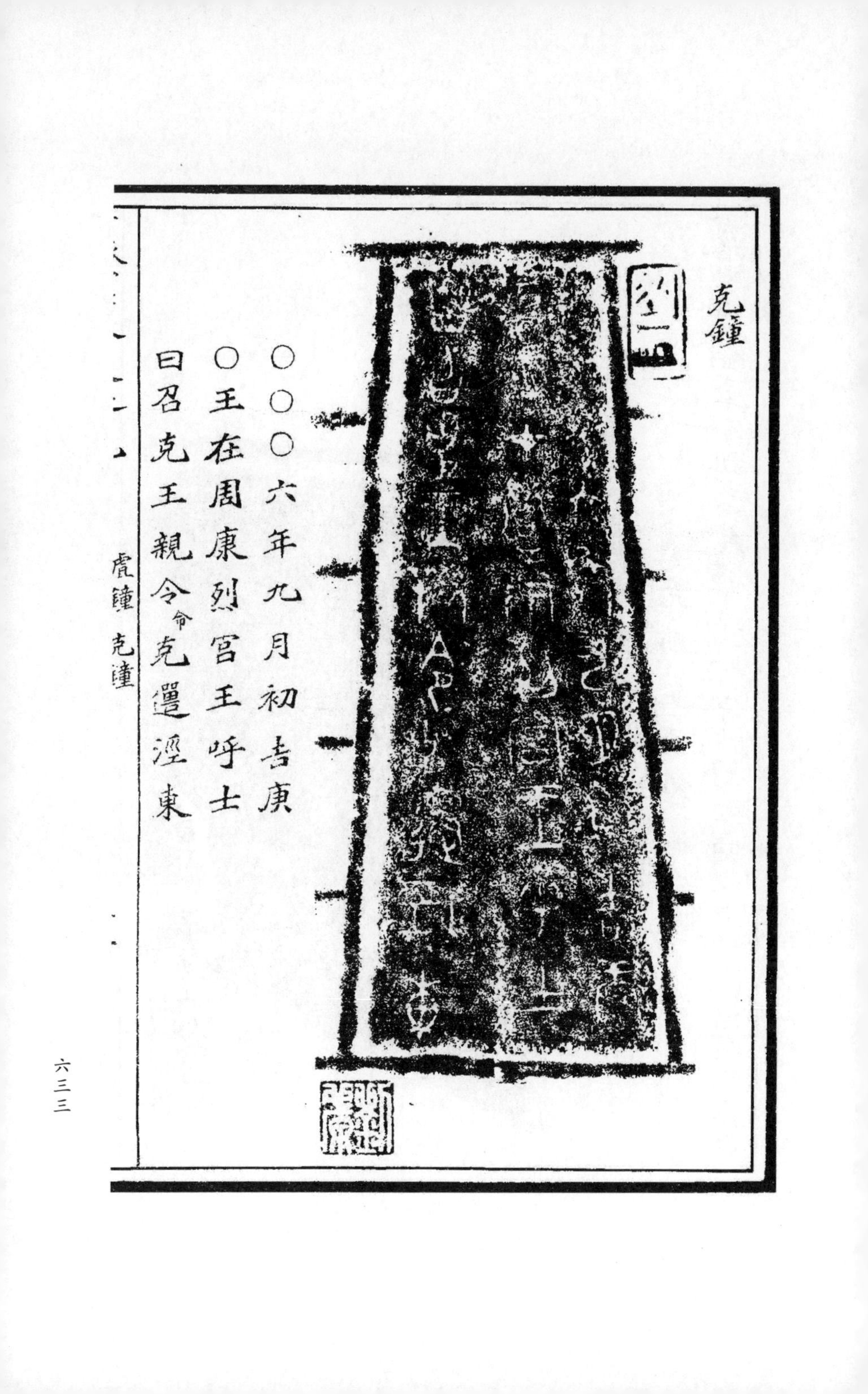

克鐘

〇〇〇六年九月初吉庚
〇王在周康烈宮王呼士
曰召克王親令(命)克遹涇東

○于京𠂤師錫

克甸輂馬乘

右潘師器鉦銘三十字蝕五字銑銘十字蝕一字共四十字詞意未畢刺讀列詳無叀

鼎案頌鼎云康昭宮寰盤云康穆宮徐籀莊以左昭右穆說之固為有理詳頌鼎今

此銘云康烈宮則所謂康者非康王也祭統康周公注康猶褒大也案鄭以上文追念周公勳勞賜以天子之樂故以褒大解康然康義為安賜魯王禮所以安周公在天之靈也昭宮穆宮烈宮皆言康蓋後王致祭以妥其神耳单言康宮者自是康王之宮

克人名親字殘迹猶可辨識詳鼉侯鼎遣詳交尊以師省甸即佃說文佃中也从人田贊春秋傳曰乘中佃一轅車攷左哀十七年傳良夫乘衷甸兩牡注一轅卿車即許所引者衷甸即中佃亦作中畋東京賦中畋四牡注中佃謂馬調良可用獵者此云甸華蓋獵車也馬乘馬四匹也

儔兒鐘

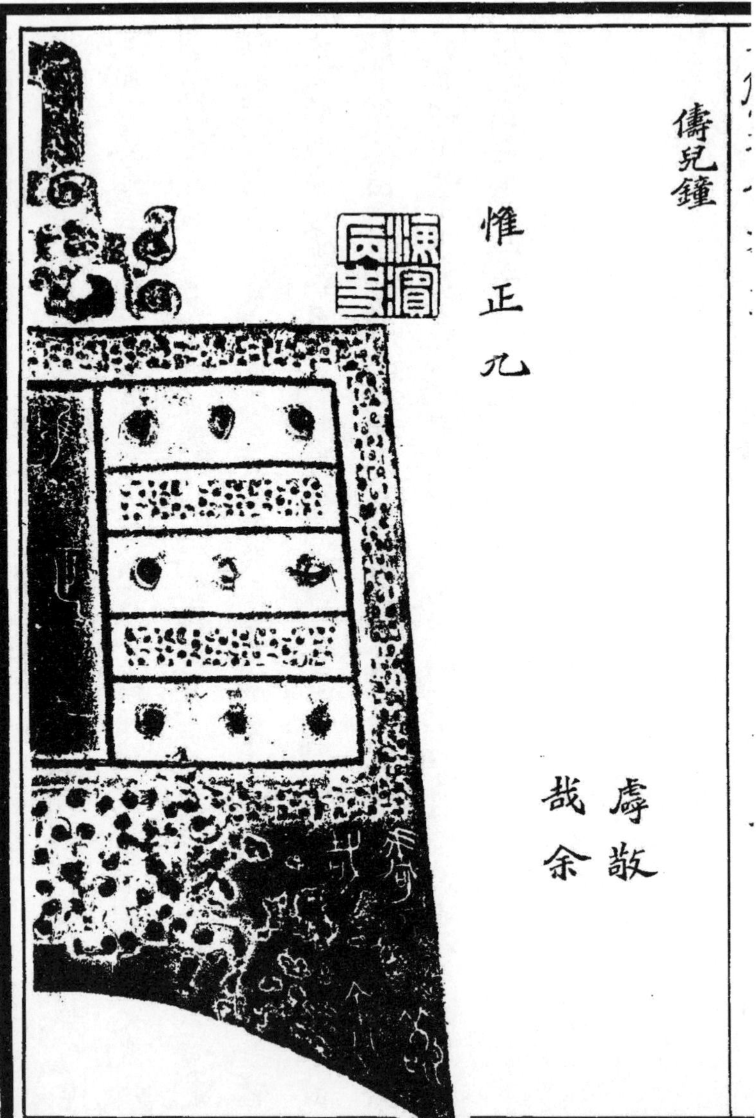

惟正九

壽敬

哉余

月初吉

丁亥曾

孫儔兒

余迹

斯于

之孙余

苿格之
元子
曰於

壽元簠

義楚之良臣而徠之字父余萬徠兒
得吉金鎛鋁台鑄龢鐘台追孝侁
且樂我父兄歙飤訶舞孫孫用之後
民是語

從積古齋款識橅補 辛卯七夕心源 [印]

右陳壽卿器鉦兩面銘各六字右銑銘八字左銑銘十字共三十字攈古錄余義編鐘也彼於此鐘前載有楚余義鐘即積古齋楚良臣余義鐘銘詞完備令橅補此鐘後者積古本也合讀之曰隹正九月初吉丁亥曾孫儔兒余迹斯于之孫余茲格之元子曰於嚖敬哉余義楚之良臣而徠之字父余萬兒徠兒得吉金鎛鋁台鑄龢鐘台追孝侁且樂我父兄歙飤訶舞孫孫用之後民是語案余迹斯于之孫阮吴余義鐘孫字蝕太系蔨皆誤作子（阮釋子吴釋孫吴書編鐘作孫不誤）元子阮作元孫山左金石志作元子不

誤余義為余迹斯子之父余𣍹格之祖余儔兒之曾祖余萬之兄余𨒪兒為余萬養子乃僕兒叔祖也𨒪或釋迹非（上文迹作𨑨也）說文乘作□古文作□从几此从□即古文乘从□□即□下文𨒪从辵知古文登乘字从彳辵會意萬兄合篆或釋𨑨右二字非邾太宰簠萬年字作□又一簠作□即此文為兄字鋁玉篇同鑢廣韻鋁謂之錯𢼄邵鐘鑄鋁从金邾公牼鐘邾公望鐘竝作膚呂說文有鑢無鋁失之𩐈从音即龢音龠同意𢓭且先祖也集韵侁或作𢓭說文侁行皃案行皃當从彳取義後人誤从人也訶即歌說文歌重文作謌此省今專用為譴訶字𨑨从辵與𢓭同意字書未收我从□古文我字逡古文後字竝見說文

儔近人皆釋僕案僕不得从□說文儔从壽壽作□从老省𠷎聲老从人毛作□而太宰歸父盤作□林乃鑄作□又壽字孟姜匜作□林乃鑄作□所从之□竝爰為□□等形知此銘从□亦然也下从□即𠧪又在在與壽合實非从□

井𡰥妦鐘

井𡰥妝曰靚盤文祖
皇考克賈氒德賫屯

用魯永終于吉姕不
敢弗帥用文祖皇考
穆〻秉洎○
姕害聖○
爽㲋處是

右陳壽卿器鉦銘三十二字鈺銘多蝕存者十字穆重文一𡰥姕舊釋皆誤詳宿妃鬲
說文姕訟也从二女女還切此銘井地𡰥姓姕名覲詳史頌敨盤即㵾詳克鼎克䝨積古叀邪
叔鐘誤作[illegible][illegible]釋對揚案廣疋釋詁三䝨敬也即此銘所用義或曰䝨通懋𤓽
即厥詳勠文鼎賁或釋得非或釋賁之可乇讀純魯即旅詳叒癸鼎用阮書蝕
文作𠤎釋為乍讀祚當㠯此拓正之害讀曷見尚書聖通聽詳太保敨爽㲋狀
鐘聲也宄敨昧爽作𣊽从日从喪可㠯取證㲋从卜蓋秬㲋會意字也此銘語意亦未畢

鄦原鐘

才在○
○鄦
才在○
○嗞

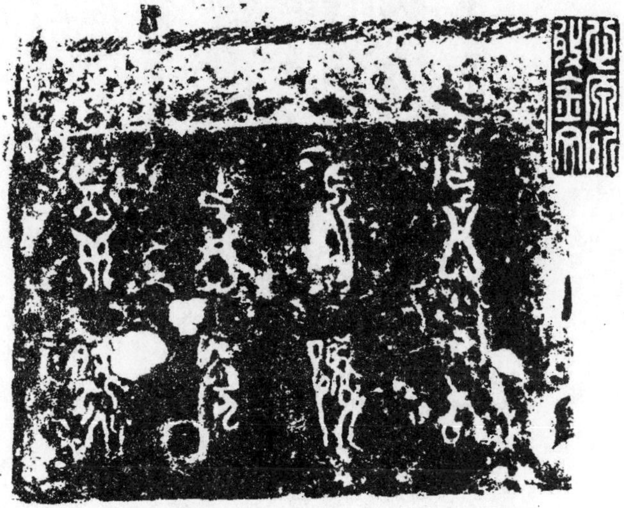

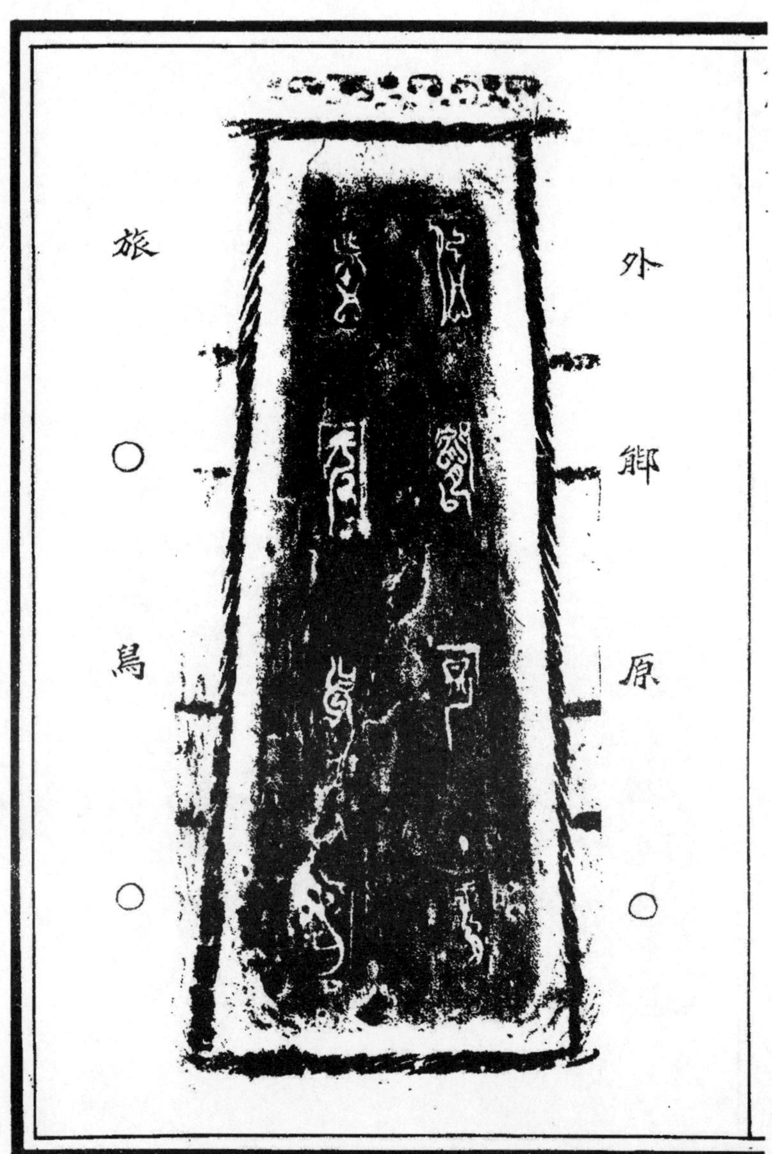
外鄉原○
旅○鳥○

於孫

子○

則才在

○余

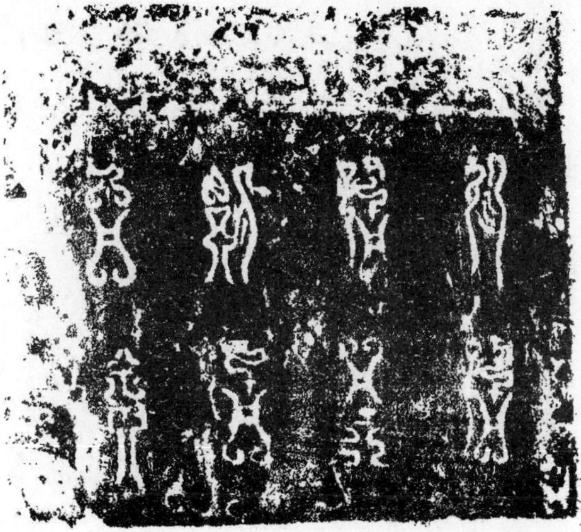

秎○

元○

旅○

鄉鄂

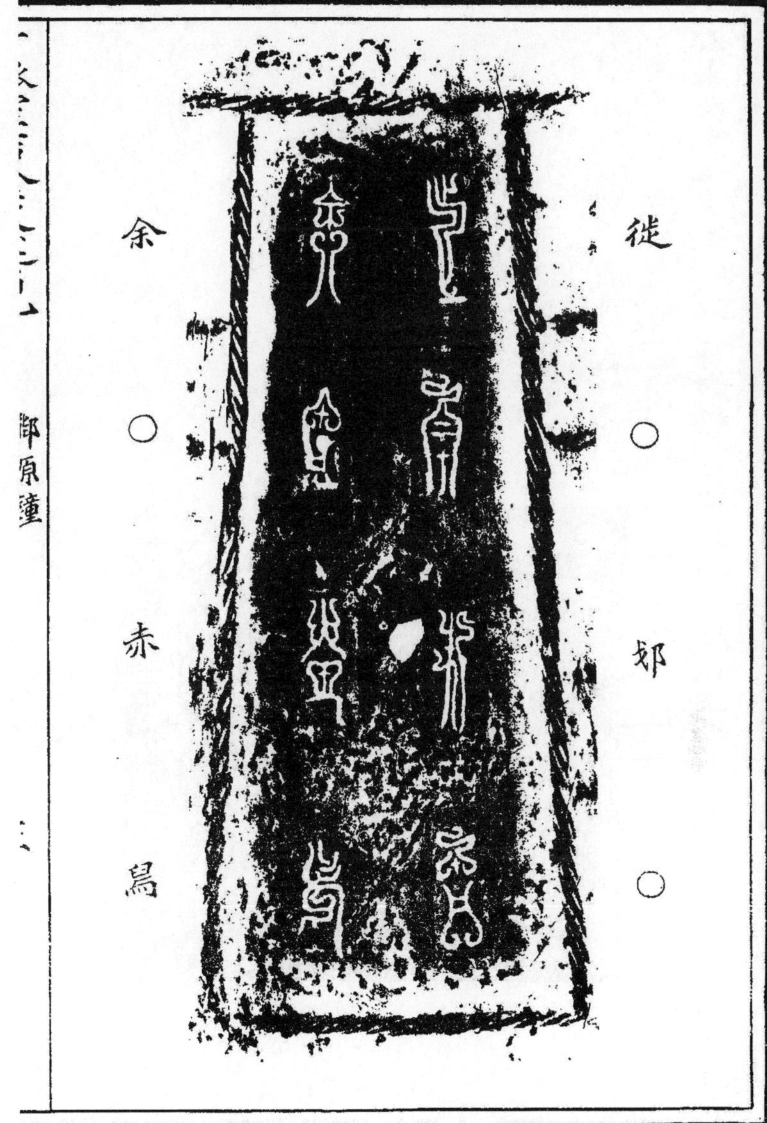
徙
〇
郕
〇
余
〇
赤
鳥

○和

連余

央鄭

○嚴

右高安熊經仲編修方燧器鉦兩面銘各八字隧銘四段〻八字共四十八字篆迹雄

奇多不可解大約記其從居与陸鐘相類姑就可説之字釋之郿當是部古台能通或釋能非鐘銘中能字屢見皆不从㠯也古文能能二字迥别不得以隸書説之[illegible]古文旅詳且敢則从[illegible]即貝从[illegible]即刅説文刱从刅古文作[illegible]一本作[illegible]蓋从刃也此則字名然鄘以下文雁字校知之否則下文爲廉而此爲鄘漢書地理志鄘屬南陽郡鄘屬左馮翊玩本銘所言地名如鄛鄂邶鄴皆与鄘近當非鄘也[illegible]即利見上文從説文作[illegible]从辵止贅此[illegible]即辵也郕陸氏鐘作[illegible]从邑此[illegible]乃邑省戈古國名見左傳此加邑者古貨布作[illegible]即此本銘鄴即葉地名字多从邑詳曾伯霥簠余説文作[illegible]此从[illegible]即余从[illegible]即八[illegible]从禾从反片廣韻作脎戶戈切即此也近人以此爲蛟篆引薛氏款識蛟篆鐘爲説吾攷玉海列古來篆書百五十種無蛟篆名目知薛氏妄矣

[illegible]从夵从土八説文赤作[illegible]从大火古文作[illegible]从炎从土並合[illegible]當是友伐字与郕别

郘[illegible]鐘

陸氏鐘

○於

○才在

利水

旅[illegible]

忒○

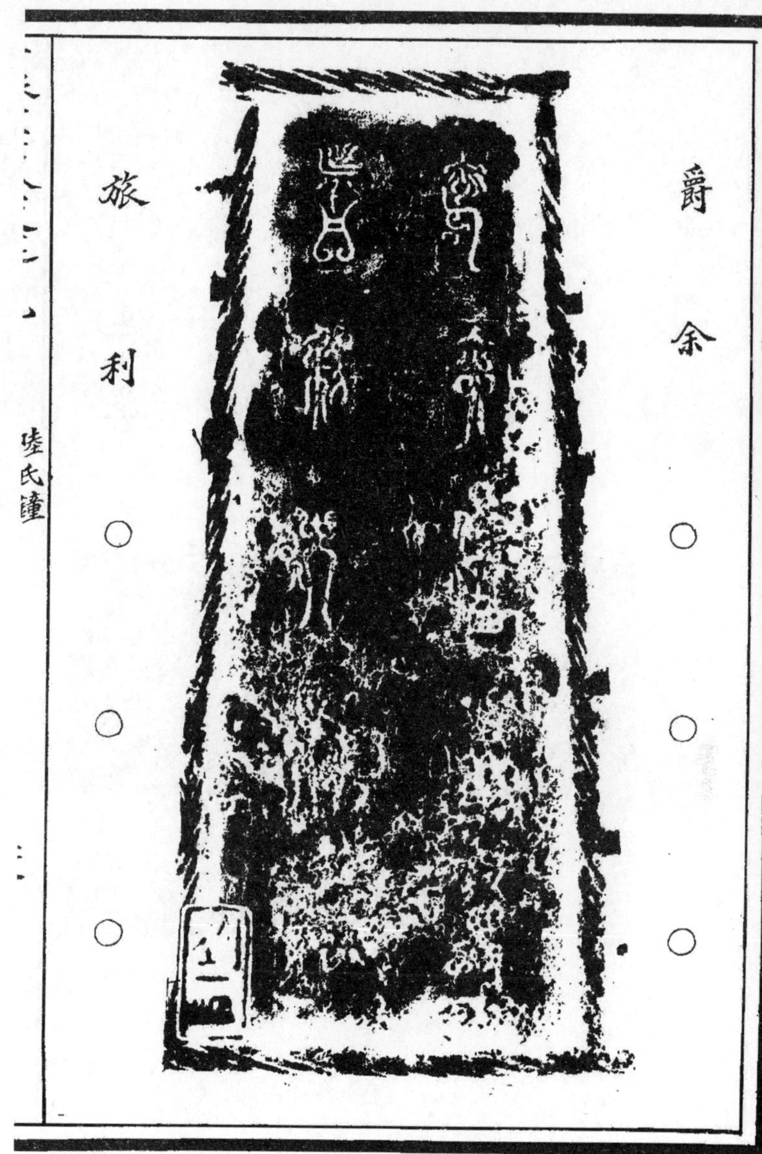

爵余○○○

旅利○○○

陸氏鐘

連旅

○⿰戈阝

積才（在）

於余

○代

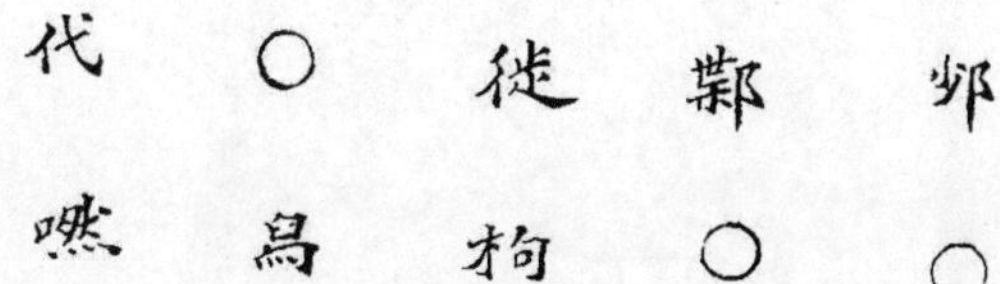

邺○鄭○徙枸○昌代嗾

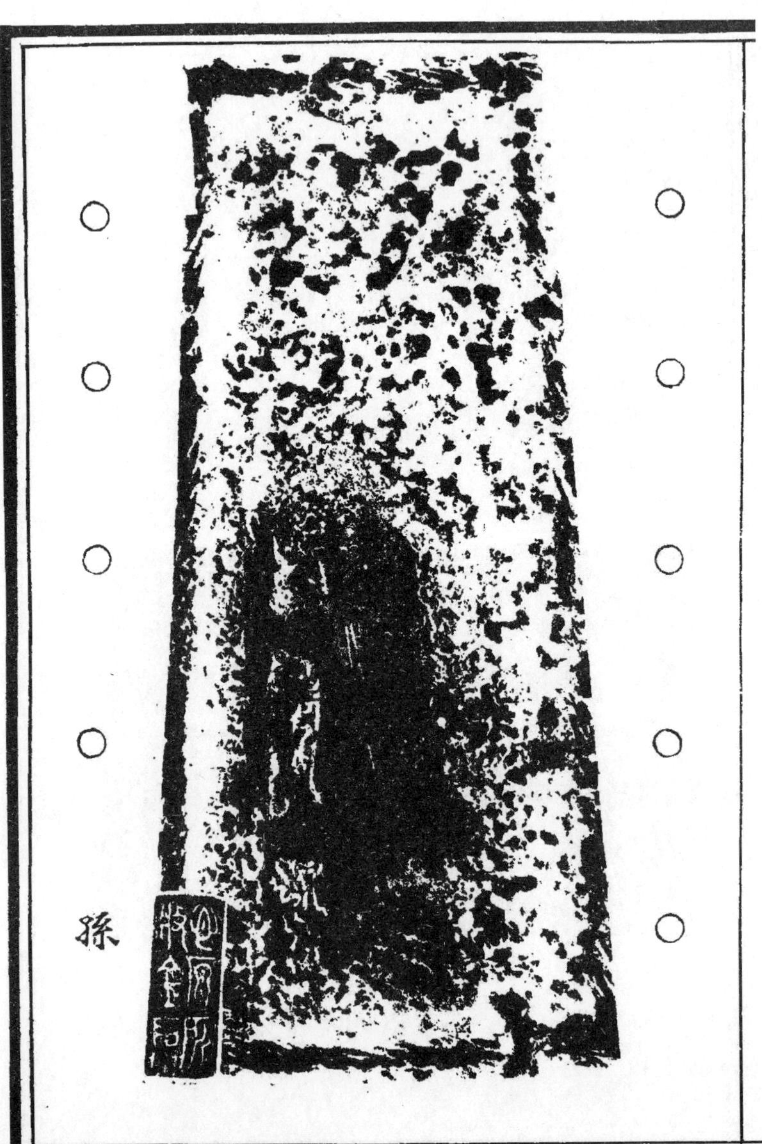
孫

○利從於○○旅連○水

右陸存𢆶器鉦兩面銘各十字隧銘四段二十字共六十字篆法与鄦原鐘同銘書名是敘徙居之事蓋一時物也爵説文从鬯象雀形此从宀从[?]象形尤肖[?][?]中筆多曲實水字餘詳鄦原鐘水經江水東過下雉縣北利水從東陵西南來注之注江水左徇青林湖水西流謂之青林水歷尋陽分為二水西南流注于江經所謂利水也

叔氏鐘

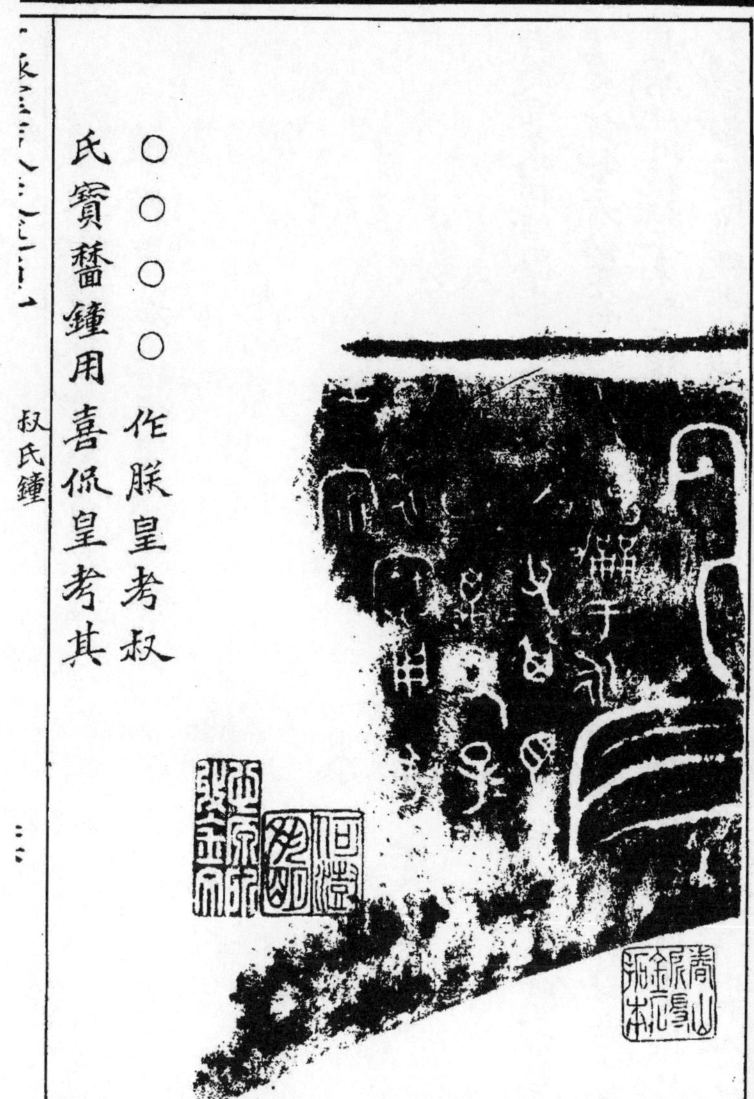

○○○○作朕皇考叔
氏寶[illegible]鐘用喜侃皇考其

嚴在上豐熊降余魯多福亾
彊惟康右屯魯用廣啓士
終身龢于永
○○父其賢
○萬年子=
孫永寶用亯
于宗

右翁宜泉樹培器朱茶堂藏本今得於大興孫氏讀雪齋鉦銘有蝕文存者三十六字銑銘亦有蝕文存者十八字共五十四字子重文一積古作𢦏丁寶林鐘叅氏字甚明阮所據拓本不精故釋丁𪓐詳兮仲鐘侃詳叔𡛥敢豐熊當各有重文據戱狄鐘𪔁=𤔲=𥠻=井鐘𪔁=𤔲=宗周鐘𤔲=𪔁=皆有重文蓋以狀鐘聲也

余魯即戠魯知此為魯人器矣乇魯純嘏也乇詳頌鼎魯詳𣪘癸鼎無㠱鼎廣阮釋寅篆㳄寅从㳄非同隸書从寅此从𠦬乃東字即黃詳婉子敢阮書祿康鐘寅㫺朕身亾誤釋寅吳書釋廣是也攈古錄二之三受鐘林向父敢寅㫺乇身更昭然也㫺士即㫺事祭統引衛孔悝鼎銘曰作率慶士注士之言事也是也終字上體及右半猶存阮書未橅出𦣞字省或釋眉詳古文審鑄公簠啟士當是啟土謂啟疆土也辛丑天中節復校記

郘啓墓鐘

郘昭基鐘

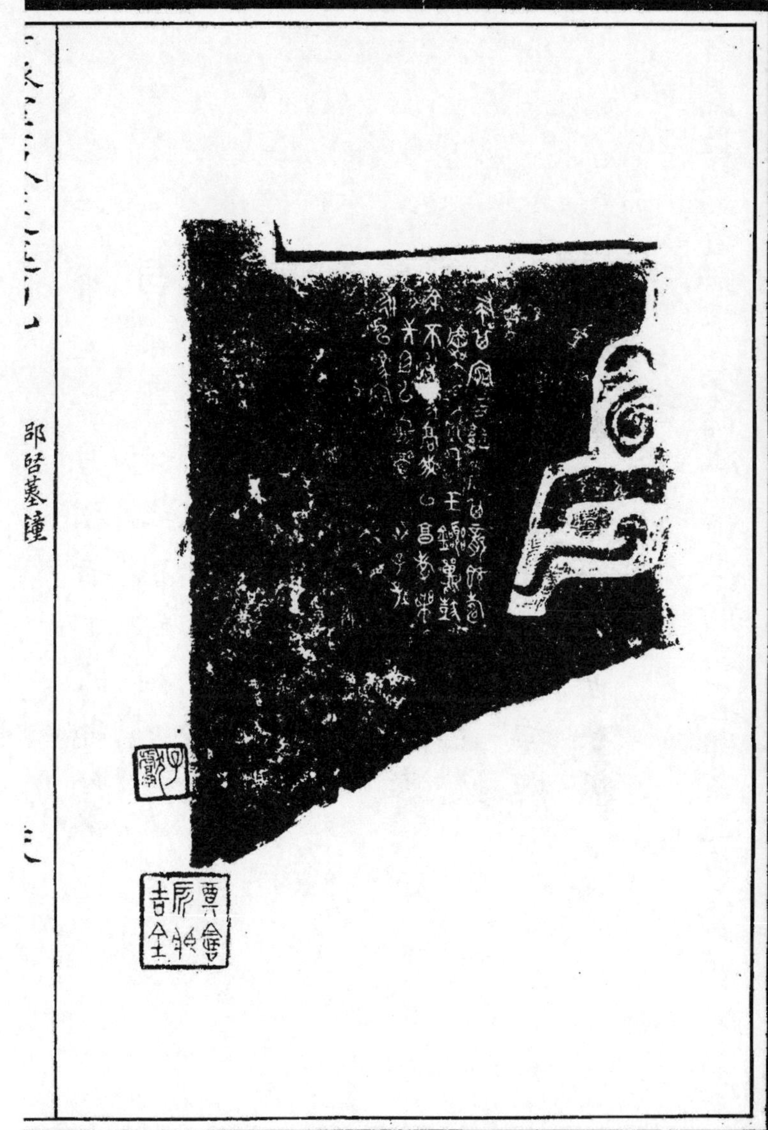

惟王正月初吉丁亥郘啓墓

曰余異公之孫郘伯之子

余頡窑事君余嘼〇武作

為余鐘元鏐鑄鋁大鐘八

聿其竈四堵喬=其龍既壽

〇龔大鐘既縣玉鐺鼉鼓

余不敢為喬我吕享孝樂

我先且吕蘄賢壽世=子孫

永吕為寶

右潘師喬鼓兩翦銘八十五字師臧郘鐘十二斯其一也郘當是吕或是莒啓墓人名

二字合篆蓥當勤省𧇬或釋戴說文異作𢍏即此字此呂異為翼邾公[illegible]鐘

余𧇬龏威忌即翼龔也邾公望鐘亦有此文或皆釋畏非逸書謚法解剛克為伐曰翼思慮深遠曰翼是也頡窑近人讀劫𡉼罍同獸狩詳交尊下一字蝕或呂為威字非也鑪鋁詳儔兒鐘此鑪明明从膚知釋錯者謬也詳曾伯𩅦簠鐘或釋鏞呂此字右旁童中明有甶乃甶字古刻庸字从甶从用不从用見毛公鼎虢季子白盤召伯敔有成作甬有庸此銘蓋从鐘从庸合二字會意也𢦏即聿實肆省竈近人皆釋奄案攷古圖薛氏款識窖磬有竈字其文不可讀而皆釋奄然正是竈宋人不諳篆法而往往耳食釋奄者不過曰弇古文作弇耳篆形未合文義奚適吾見潘師別一郘鐘作竈較為明顯攷說文竈籀文作竈即竈字所从者竈重文作竈令人知有竈不知有竈更不知竈為竈矣古文宀穴通用邪敔家室用窒字可證周礼大祝二曰造注故書造作竈杜子春讀竈為造次之造書亦或為造是竈即造字矣周礼膳夫

郘𪒠蓥鐘

卒食已樂徹于造司農注造謂食之故所居處也已食徹置故處是置食之處爲造即竈竈屋也此云其竈四堵謂徹食用樂處也堵从𩫏古文堵字見説文周礼小胥凡縣鐘磬半爲堵全爲肆喬喬其龍狀鐘所縣龍簨虡也簴虡讀礜縣或釋緐非案此字从木系首説文作縣从系持県県爲倒首字即梟斬之梟説文梟不孝鳥也日至捕梟磔之从鳥頭在木上是倒首之県從鳥頭取義引申爲懸首梟示此作縣正是木系首抹弓鎛其縣二百鄦子鐘中縣縣妃彝作[illegible][illegible]尤明晰小篆縣省木非有梟字爲證亦難言矣鐈當是鐃余不敢爲喬言不敢驕也少室闕開母闕縣字左旁作県从木猶近古也

虢叔鐘一

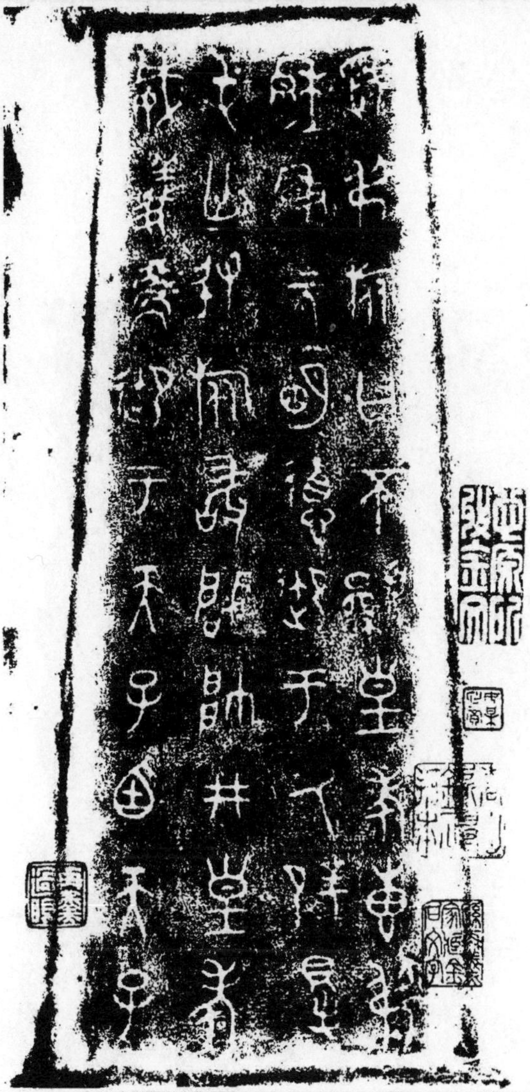

虢朱旅曰不顯皇考叀叔
穆〻秉元明德御于氒辟旱
屯亾敃旅敢啓帥井皇考
威義飲御于天子迺天子

多錫旅休旅對天
子魯休揚用作朕皇
考叀叔大醬龢鐘
皇考嚴在上異在下
數〻熊〻降旅多福旅其
萬年子孫永○用亯

右阮文達公器漢陽葉東卿志詵臧本今得於孫氏讀雪齋鉦銘四十字銑銘四

十七字穆𣪕熊重文各一見積古款識旅虢林名氏即厥詳𠢕父鼎屯純省敢詳仲師父鼎井荆省義說文云己之威儀也即儀本字經傳段為仁誼字乃有从人之儀而吕誼為恳誼字矣飲字半蝕阮釋為觀後器作[古字]从酉从水从今說文作㱃古文作[古字]此蓋合㱃[古字]二字為之耳卣許印林讀為𠨘云汗簡引華岳碑𠨘作[古字]攷汗簡𠨘字兩引華岳碑斤部作[古字]部末坿文作[古字]此外更無𠨘作[古字]者惟又部逌引古尚書作[古字]又引王庶子碑作[古字]蓋逌同攸作𠨘字解許偶誤為𠨘耳卣者中尊天子飲之吕卣榮君賜故銘之魯詳叔癸鼎啚戍釋廡吕為無字[古字]象屋廡形此未合斠古刻故肊解也詳兮中鐘異翼省𣪕熊詳叔氏鐘余贎此拓原冊為偃師武虛谷億釋文并跋語皆其手寫者吕啚為楚氏辟為乃邦㝵屯亡敃為稽首作對飲釋為卣釋迺𣪕〻熊〻為鍠越〻一若不識字者至謂虢亡安得復有林又佀未讀左傳者（詳林虢盨）虛谷号為

金石家乃么如此耶惟釋義爲儀引周礼鄭注毛詩箋疏較爲翔碻攷據家多不諳篆籀非獨武也

虢叔鐘二

皇考威儀歙御

于天子卣天子多

虢叔鐘一　虢叔鐘二

錫旅休旅
對天子魯
休揚用作朕

右陳壽卿畜鉦銘十三字銑銘十三字詞不完備釋詳前器

師𢿛鐘

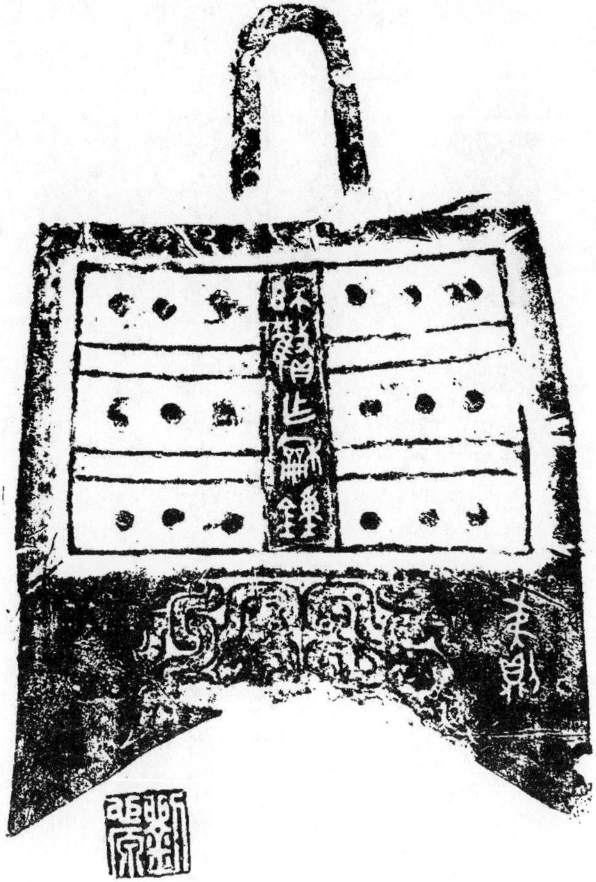

夷則

師𢿱作龢鍾

右佀子榆贈夲鉦銘五字銑銘二字師樂官𢿱其名也𢿱詳𠮠鼎夷則即此鐘之律周礼大師注夷則申之氣也七月建焉淮南時則訓注夷傷也則法也是月陽衰陰盛萬物凋傷應法成性故曰夷則也

叡仲鍾

叡中仲作旅鍾

右佀子榆贈夲鉦銘五字

中鐸

中

鐸

右潘師器銘一字中當人名

受鐸

受

右陳壽卿器銘一字吾見鼎文有作□者卣文有作□者从兩又从舟

說文受从𠬪从舟省篆作□古刻作□从舟不省此从兩手与受同意

近人釋受是也受當人名

𡚬女鐸

亞中
尊甲

𡚬女

右潘師器銘二字亞中銘二字共四字筠清館商毋若鐸也原爲葉氏平安館
器不知何時歸潘畀尊詳亞鼎戈即毌詳叙癸鼎叀篆敘袿形

嘉魚劉心源幼丹甫學

刀劍戈矛斧劉鑿文

古刀

五

右陳壽卿器脊銘一字陽文

趙疰刀

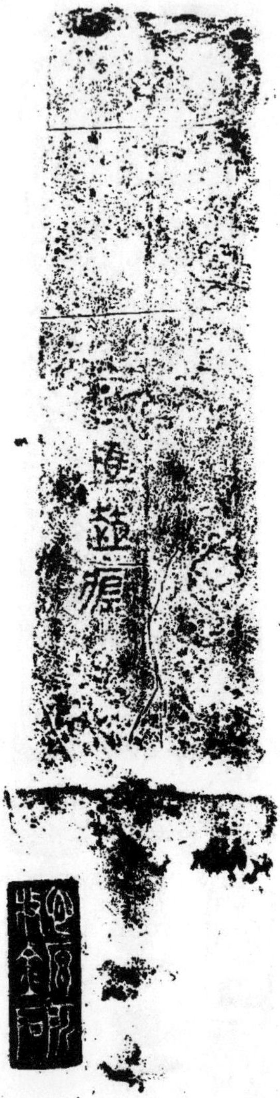

右腁夲脊銘三字首一字未詳

○趙疰

趙𣎆刀　叔劍　高陽劍　一

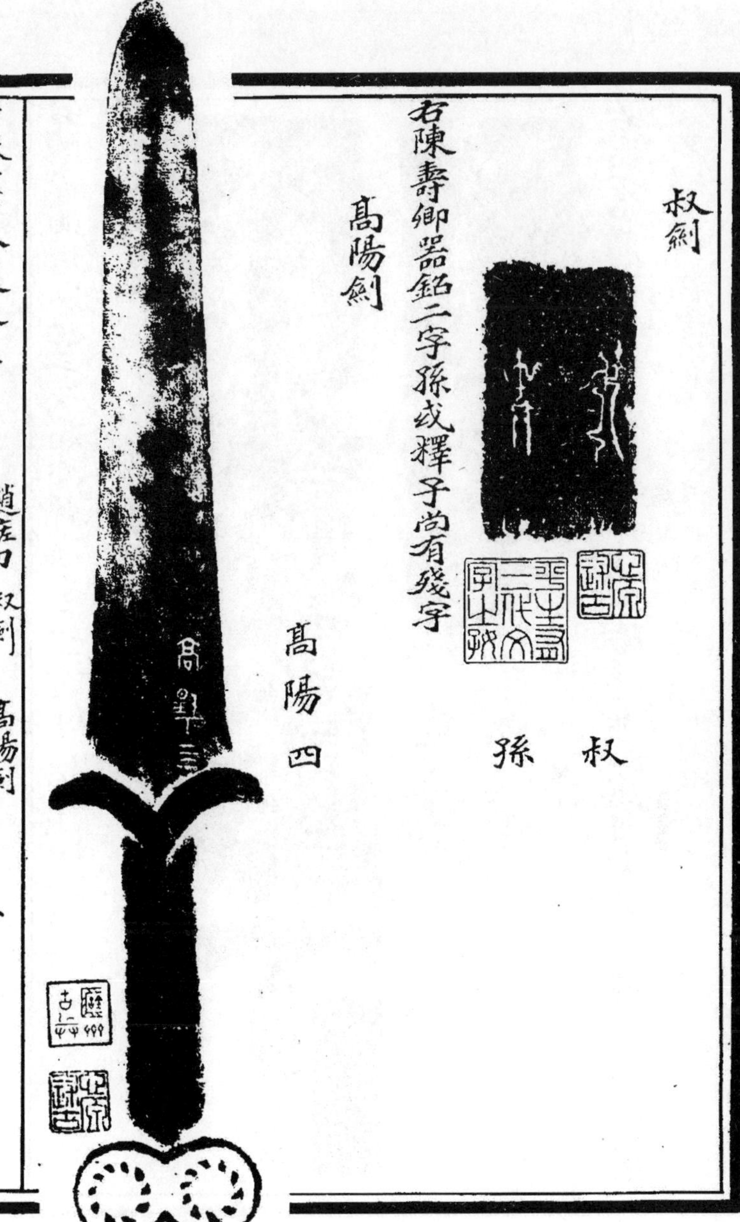

叔劍

叔孫

右陳壽卿器銘二字孫或釋子尚有殘字

高陽劍

高陽四

成聿劍

右陳壽卿藏脊銘三字高陽縣漢志屬涿郡

故稱卅之首州劍也

平陽戍聿劍

右謝方山贈本銘五字平字詳拍盤平陽縣漢志屬河東郡應劭曰堯都也成聿人名須畫書作𦘔此聿字是也拓本截作兩段以存原式

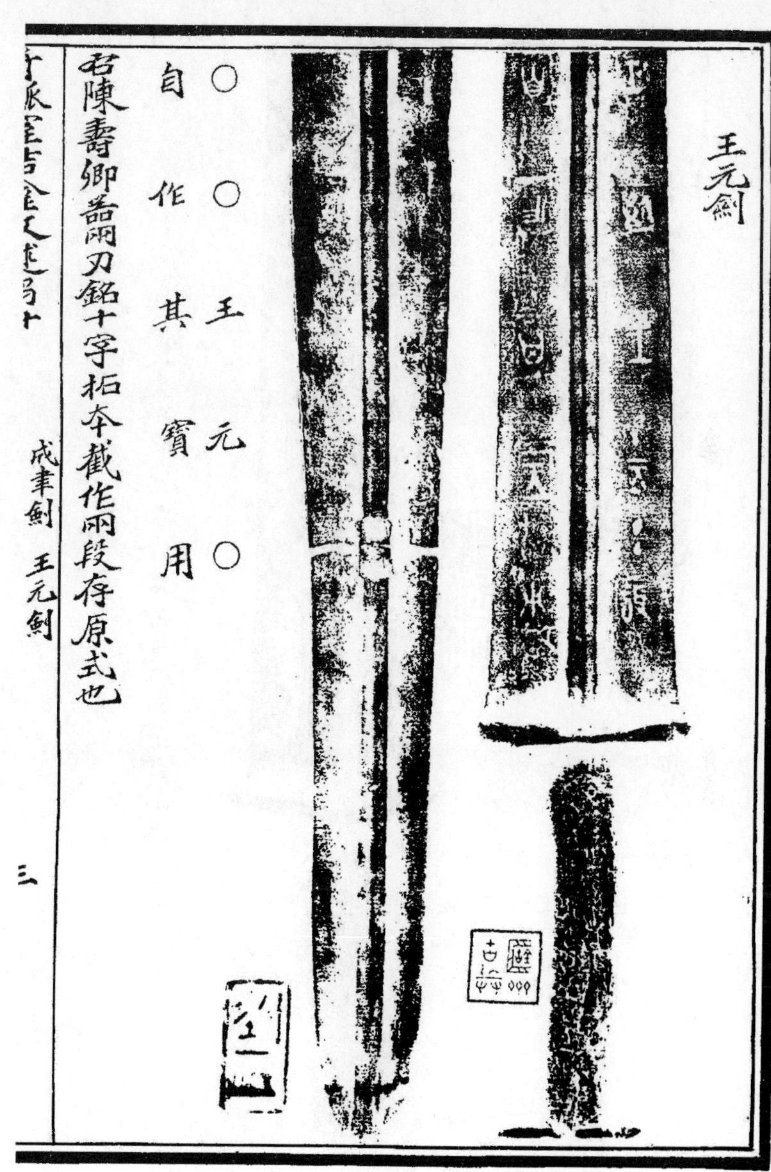

王元劍

○○王元○自作其寶用

右陳壽卿藏兩刃銘十字拓本截作兩段存原式也

茲父劍

茲父孔非〇戉於品艸戉〇丝又右〇小州

右賗夲脊銘十八字多不可識拓夲截作兩段

劍環

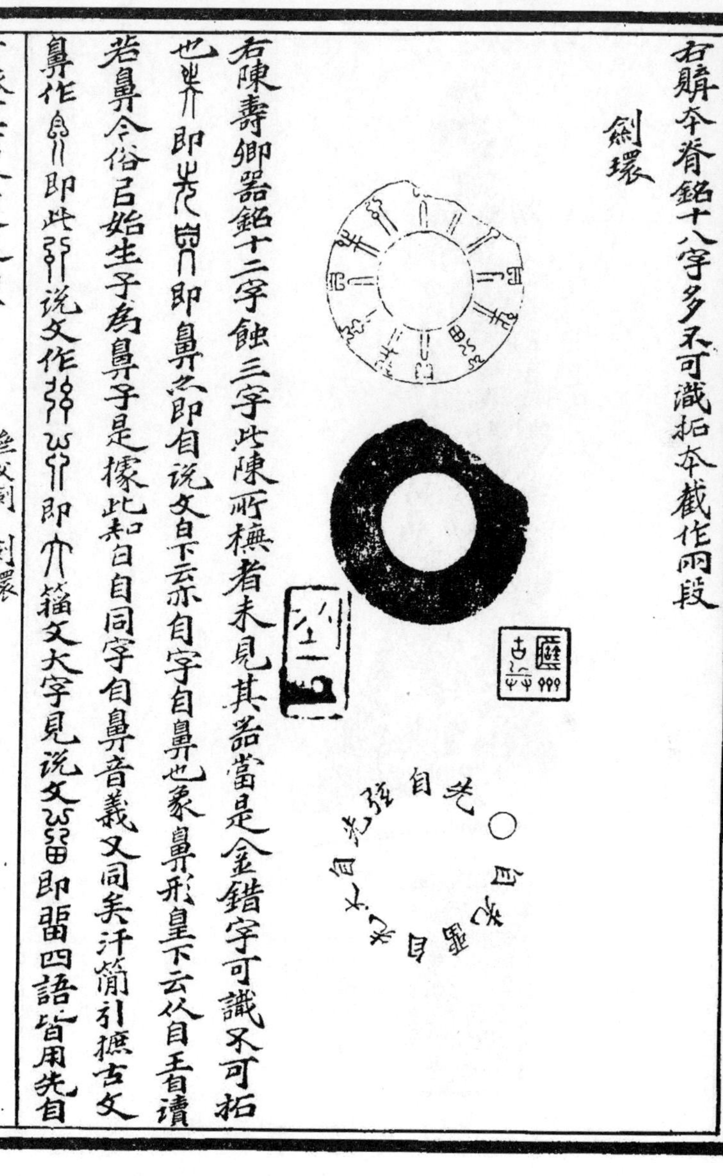

右陳壽卿器銘十二字蝕三字此陳所橅者未見其器當是金錯字可識不可拓也□即□□即鼻□即自說文白下云亦自字自鼻也象鼻形皇下云从自王自讀若鼻今俗呂始生子為鼻子是據此知白自同字自鼻音義又同矣汗簡引摭古文鼻作□即此□說文作□□即□籀文大字見說文□即畱四語皆用先自

無文劍　劍環

二字先自弦者自反而縮也先自大者擴而充也先自留者不尚气也

古戈一

右陳壽卿畱援兩面銘各一字不可識或曰花文也

古戈二

右陳壽卿器援銘四字胡銘四字皆蝕

亞戈

亞

右陳壽卿畜内銘一字亞人名

京戈

京

右陳壽卿齋內銘一字京人名

宜戈

宜

右陳壽卿器內銘一字宜人名吾字刀泐不穩決為後人加鑴者

右邗戈

右陳壽卿器内銘二字右、軍邗人名

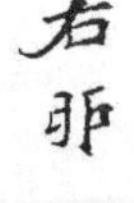

右邗

黃戈

黃

右陳壽卿器援銘二字蝕一字黃詳婉子敔

右邗戈　黃戈

侃痕戈

侃　痕

右陳壽卿器胡銘二字為人名㾗說文作痕

白斨戈

白
斨

右陳壽卿畜內銘三字蝕一字白姓斨名斨龍龕手鑑音料

就戈

右陳壽卿畣胡銘四字蝕二字就人名造从戈吕畣取義高密戈亦如此

鹽右戈一

作鹽右

右陳壽卿器内銘三字鹽地名漢志臨淮郡有鹽瀆縣此从水从鹵从皿會意

鹽右戈二

作鹽右

右⿰月奇本內銘三字陽文釋詳前器史記秦本紀昭襄王十一年鹽氏下正義引括地志鹽故城在蒲州安邑縣是此戈不必定爲鹽瀆物也己亥三月校

陳戈

陳○已

右陳壽卿器胡銘奴存三字

右濯戈

右涷壽卿呂胡銘三字右、軍濯人名

皇宮戈一

皇宮左

右陳壽卿器胡銘三字皇宮地名陳侯因資敦皇考作㞷即此

皇宮戈二

皇宮左

右胡夲內銘三字陽文釋詳前器陳壽卿藏拓鍾皇考作皇

歸戈

右陳壽卿藏內銘三字上一字未詳歸人名从帚緐文㠯止離篆

皇宮戈二 歸戈

[illegible]散父戈

右陳壽卿器胡銘三字散父人名二字合篆父字仰形近人連散字釋之非也武父矛亦合篆父作乂仰友而近人亦未詧案芮伯敔多父字並作乂蓋作乂可證而知

奠戈

右陳壽卿器内銘三字奠人名亦可釋鄭

周右軍戈

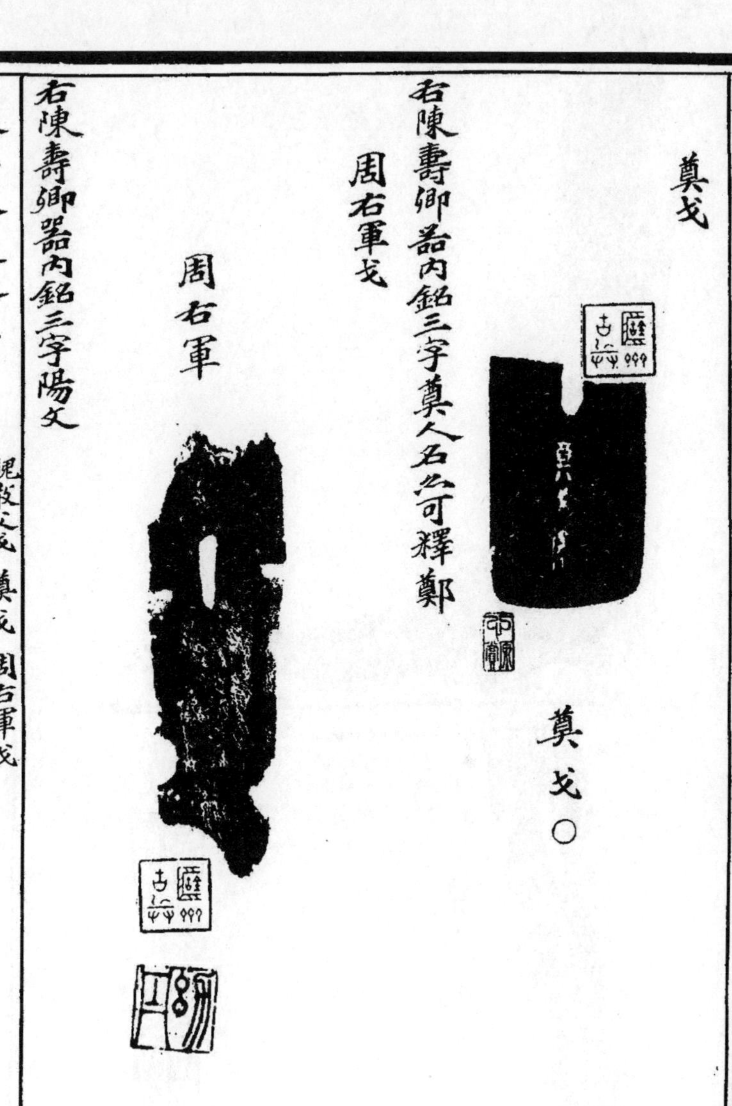

右陳壽卿器内銘三字陽文

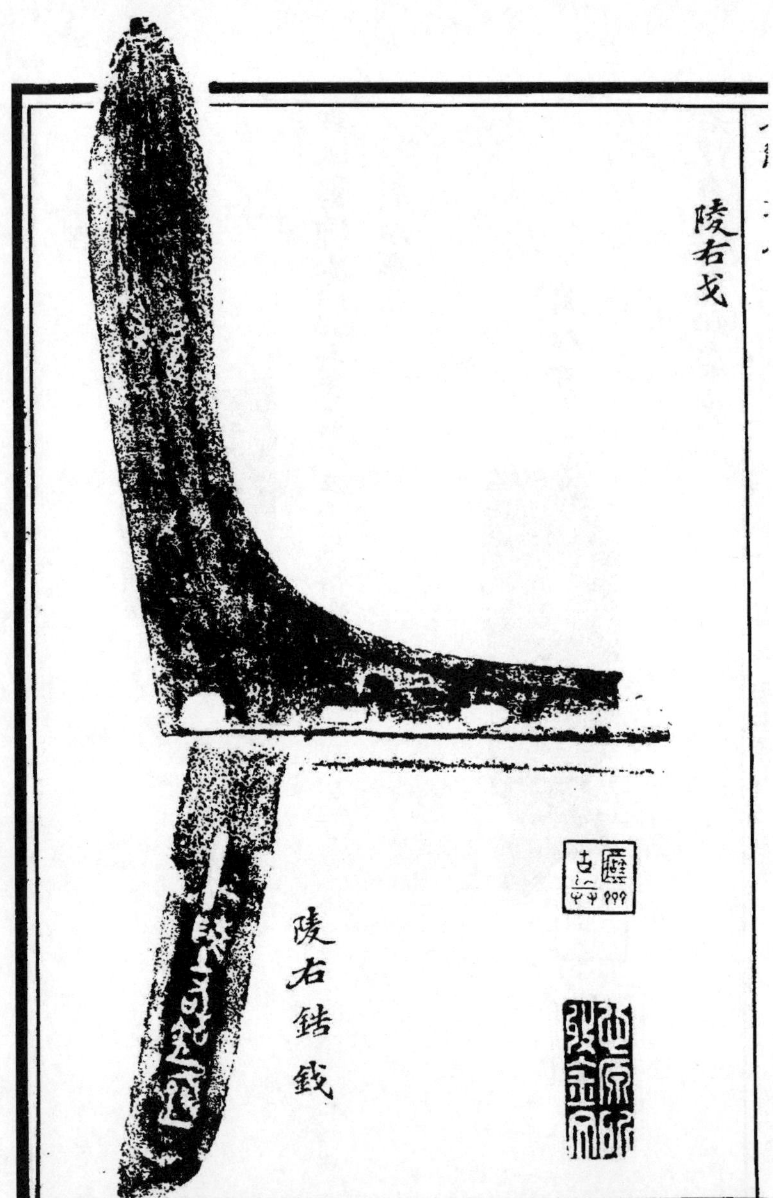
陵右戈
陵右鍇錢

右陳壽卿器内銘四字造戈皆从金見平陽戈郘呈戈

散戈

陳〇散鈛

右陳壽卿器内銘四字弟二字未詳戈亦从金

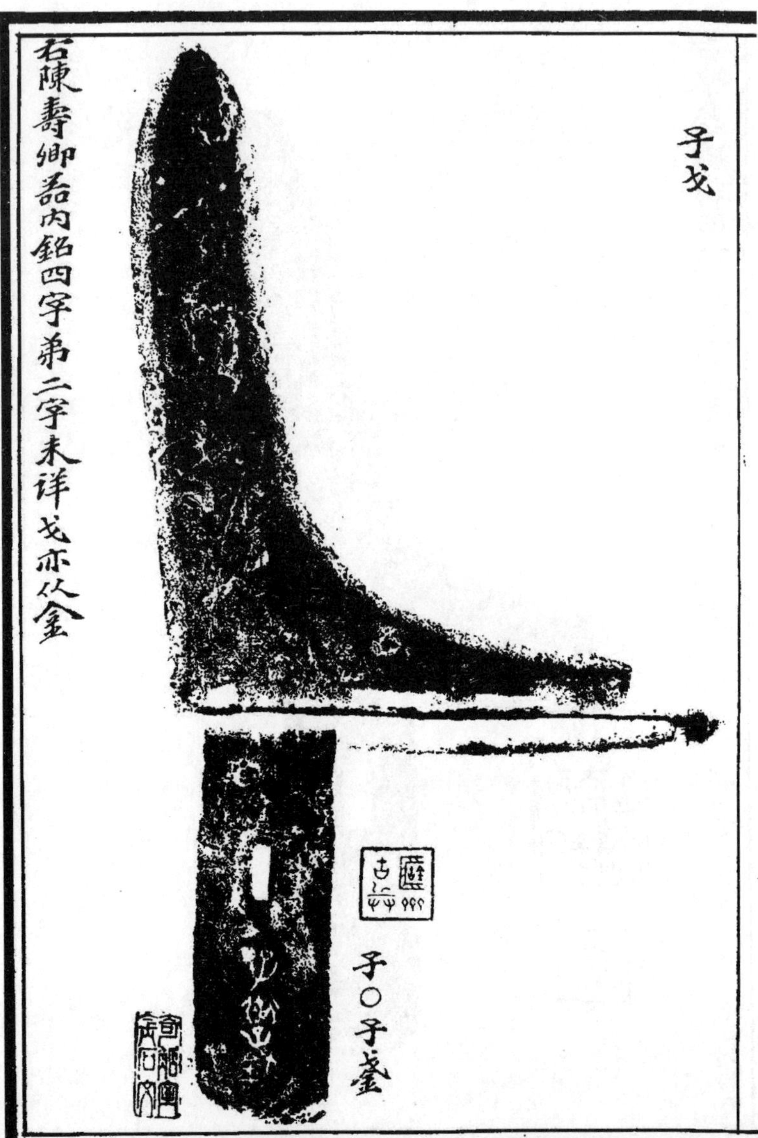
子戈
右陳壽卿藴内銘四字弟二字未詳戈亦从金
子〇子鍌

高密戈

高密鍇戈

右陳壽卿器胡銘四字高密縣屬北海郡鍇亾从戈

子戈　高密戈

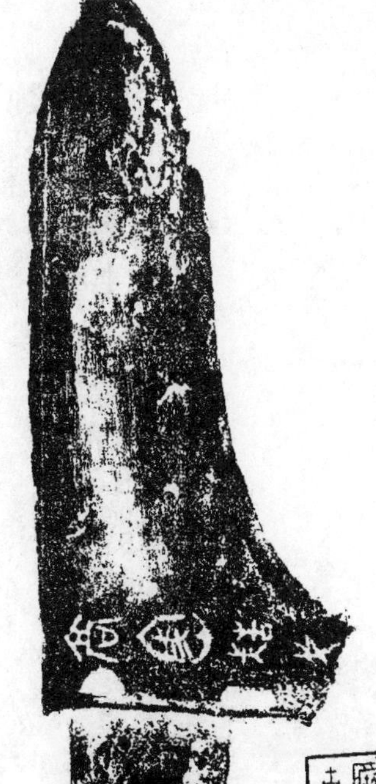

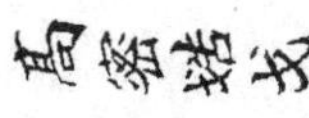

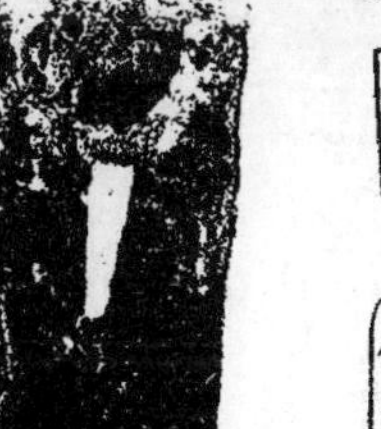

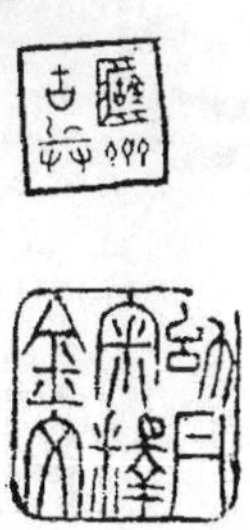

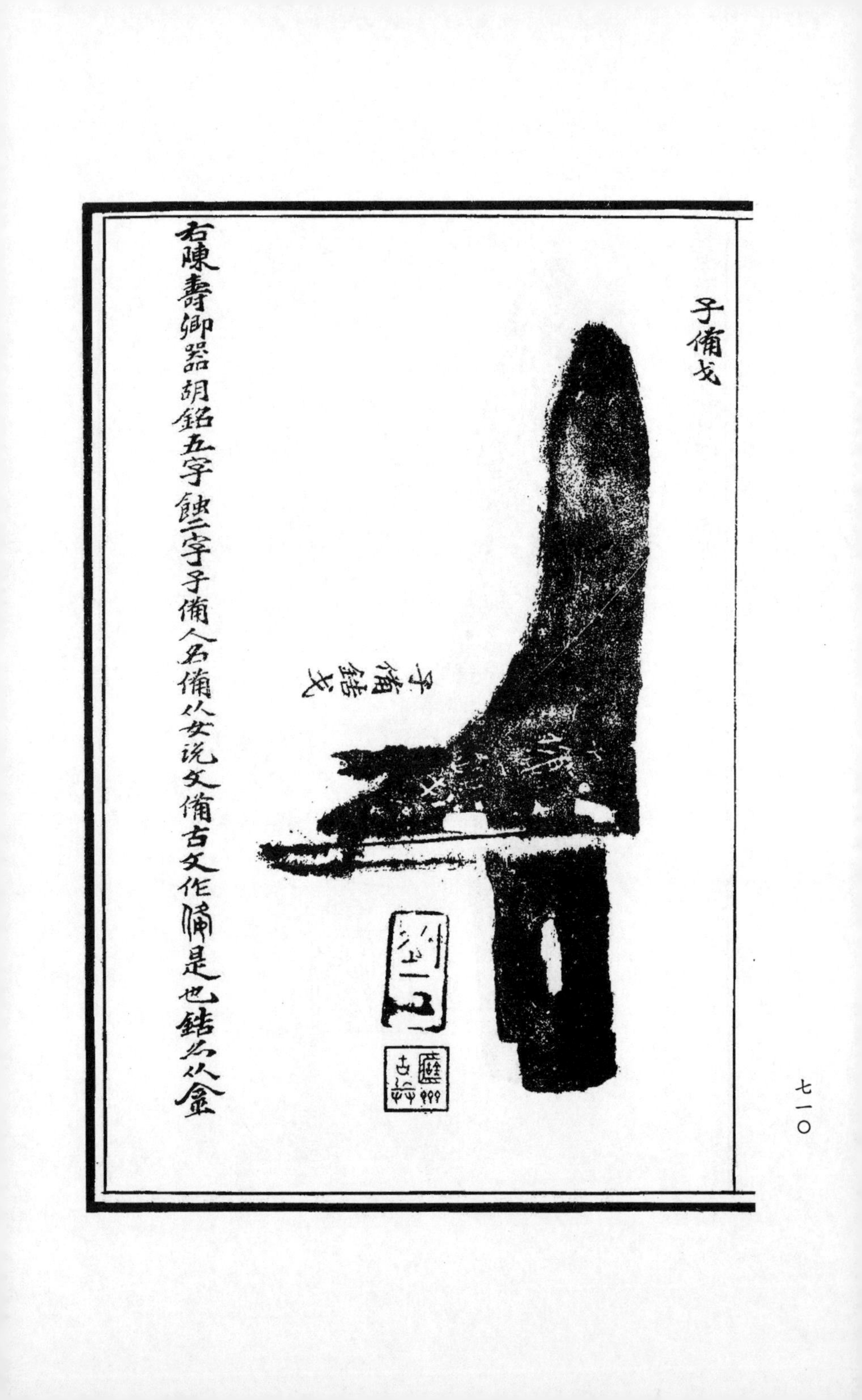

子備戈

子備鋯戈

右陳壽卿器胡銘五字蝕二字子備人名備从女説文備古文作𠈍是也鋯名从金

仕戈

仕作徒戈

右陳壽卿器胡銘四字仕人名及篆作倒書徒步兵也見莊子徐無鬼注

子甫之　士之

合呈戈

右陳壽卿喬胡銘五字合郃省郃姓呈名錢𨓺陵君戈末一字未詳

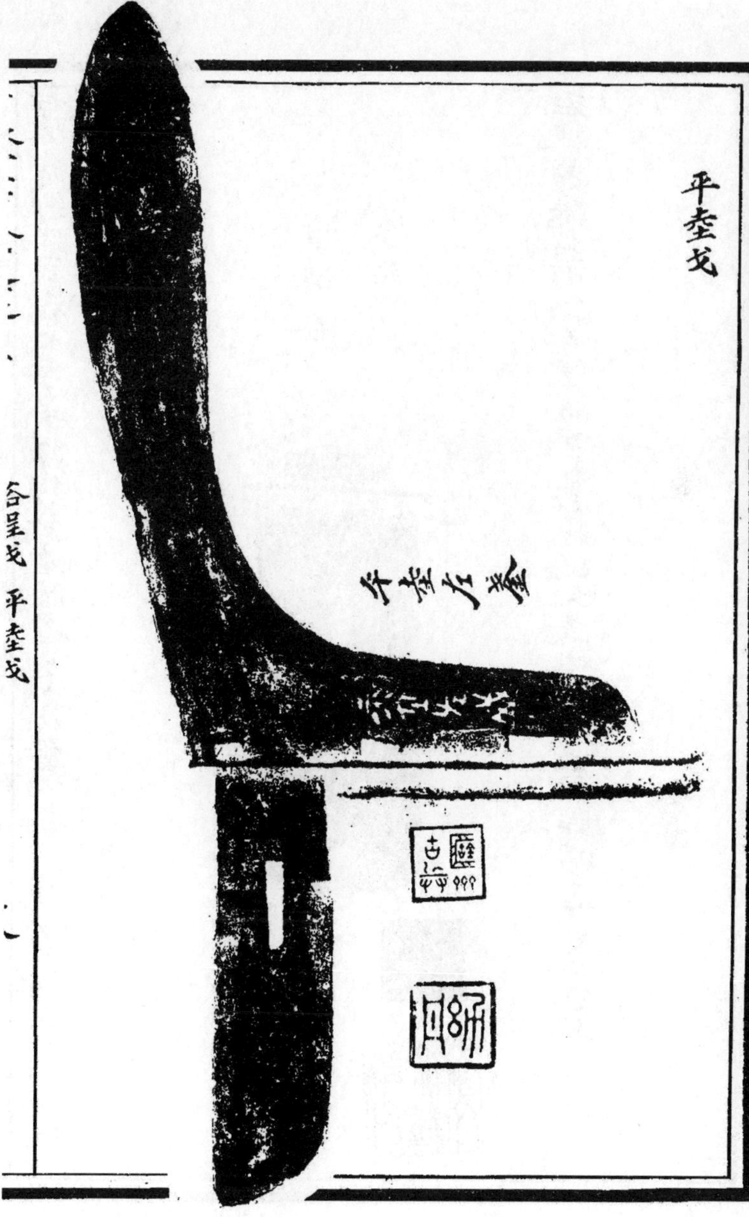

平坴戈

右陳壽卿器胡銘四字平詳柏盤坴陸省戈亦从金

陳丽子戈

子造鈛

陳丽

右陳壽卿器內銘五字丽古文鹿見說文造从穴与窖同詳頌鼎戈亦从金

平陽戈一

平陽
右戈

右陳壽卿器內銘四字平陽詳成聿劍

平陽戈二

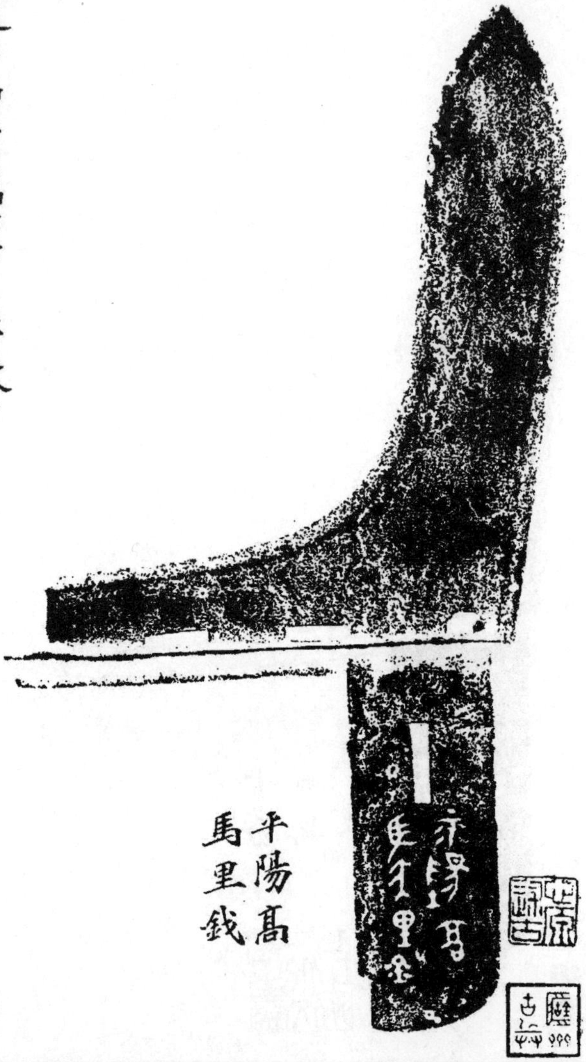

平陽高馬里鈛

右陳壽卿器內銘六字戈亦从金

羊子戈

右陳壽卿器胡銘五字見積古𭃂

平陽戈二 羊子戈

晉左軍戈

按據此戈今在予家以晉左軍□造第二字不類晉第五字似師又似帥

〇晉左軍〇造

右歸本援銘六字造从穴見陳丽子戈

王戠戈一

五牧鋸
郾王戠作

右陳壽卿器內銘六字郾縣名漢志屬潁川郡廣韻同鄢國名紀開封之鄢陵也王戠人名第四器戠作旹則知戠下又从日从者皆繇文說文熾古文作戭可互證五牧鋸當是此戈之名陳懋仁庶物異名疏關壯繆青龍偃月刀一名冷豔鋸是兵器之可名鋸也

王戠戈二

釋同前

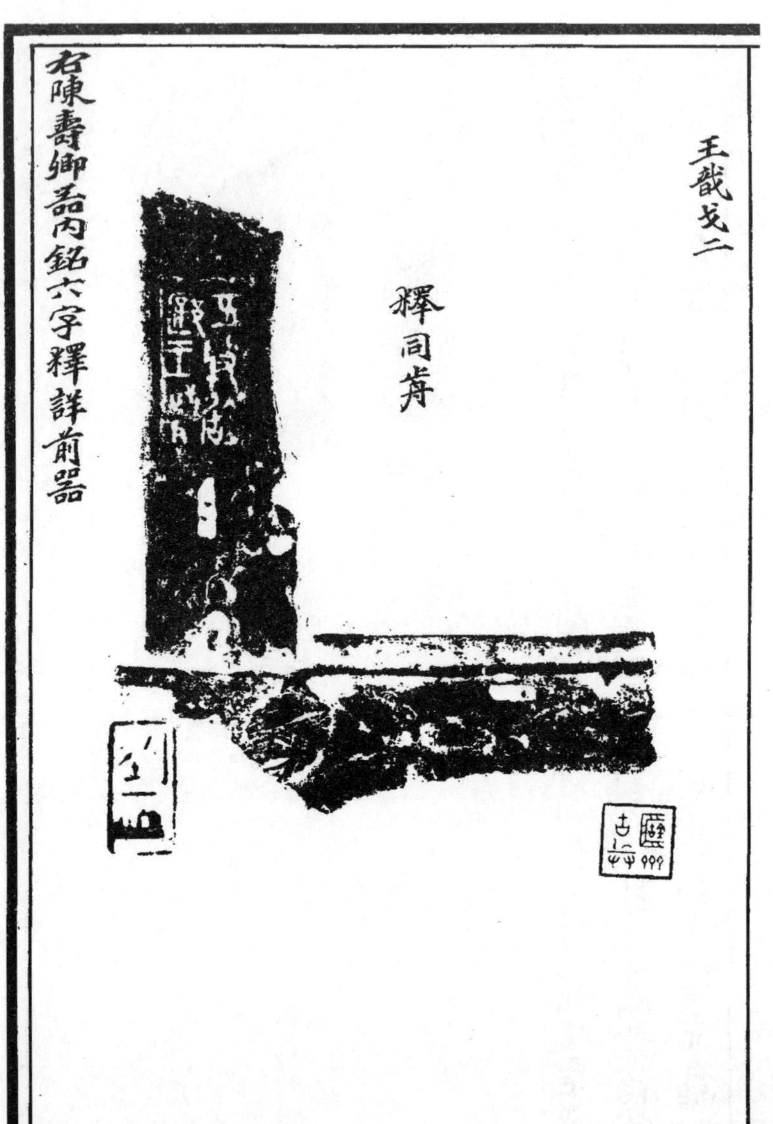

右陳壽卿器內銘六字釋詳前器

王戠戈三

釋同前

右陳壽卿器內銘六字作下二字与前後三器異

王戠戈四

戈

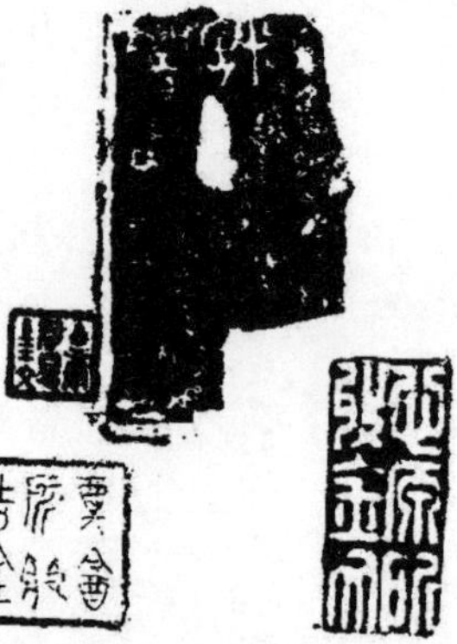

釋同前

右潘師器內銘殘存者三字釋同前

陳侯因資戈一

陳侯因咨造

夕昜○

右䏼本胡銘三字內銘五字夕昜即夕陽漢志夕陽縣屬右北平郡因咨即因資詳陳侯因資敦 國名紀五昔陽故鉅鹿境一曰夕陽 昔陽見左昭十二年傳元和志謂之夕陽城

王戟戈四 陳侯因資戈一

陳侯因資戈二

戈

陳侯因資之造

右潘師器內銘六字釋同前器

宋公差戈

所戈
之族
差昜
公不
宋造

右陳壽卿器胡銘十字造从貝異體也丕陽地名當是丕山之陽周語禱杌次于丕山即

大郘山也族戉釋矣戉釋疑皆非字从止 即肉 即㫃詳叐癸鼎楚語在中軍者王族
而已注族部屬也是也

鑄戈

○鑄伐戠大戰

○○鑄其載戈

右陳壽卿器胡銘十二字首一字蝕鑄人名詳曾伯霥簠戠即戠說文故國在陳留今作
戴戰字并戈於單戈十木即詳矢人盤載說文云乘也从車𢦏聲載戈車上所用者

[鬲司]巨戈

庚午日舟[鬲司]巨申○○作

右蹟本援銘十字或云此非戈

梁伯戈

魌方戈攟古录

口魌方緐卿口北

口口口宫行元用

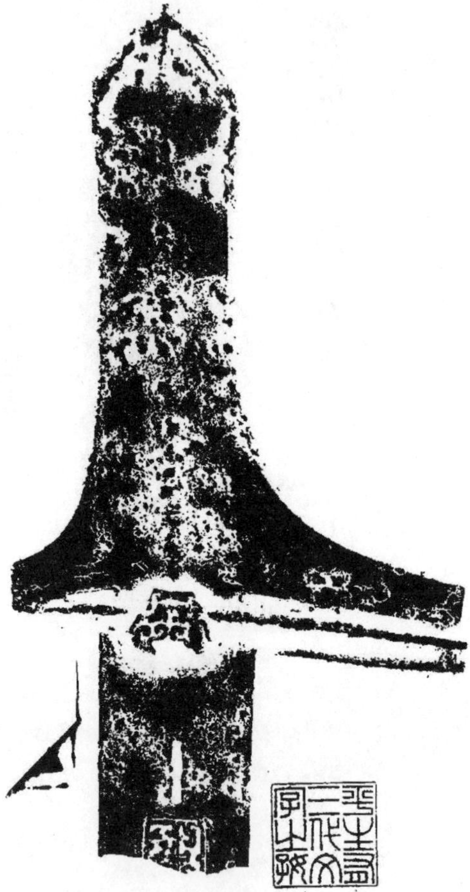

○ 魌 方 緐 ○ ○ ○

梁伯作宮行元用

右陳壽卿器兩面胡銘各七字梁省木梁國名見左傳宮行即公行左宣二年傳其庶子

梁伯戈

為公行注掌率公戎行又云餘子公行疏主車行列謂之公行元用大用也秦子戈亦云作造公族元用魁从夊說文無五音篇海二卷鬼部有魁字音鬼卜夊同音䰰即魁魁方即鬼方也

秦左軍戈一

○○雝

左軍單戟○

右陳壽卿藏銘殘存者七字䧹从𠂤古泉匯尖足布有䔵𦝠字近人釋蘭心源釋雚雝各不同然皆𠂤𠂤𠂤為佳此即當日之俗省者也𠂤𦝠即雝古刻雝皆从○○地名加邑

古刻常例詳曾伯霥簠

秦左軍戈二

皇卌三年業初

左軍功攻山

秦左軍戈一 秦左軍戈二

右陳壽卿器內銘十二字王木即功通攻繹山刻石功戰日作吕功爲攻叔弓鎛女肇敏于戎攻吕攻爲功是也　校按古戈中此字屢見非師即帥 然此攻字

輅庶長戈

四年邘命輅庶長
功鄧討〇〇莫

右陳壽卿器內銘十三字莫讀鄭功詳前器

庶長畫戈

○庶長畫

右陳壽卿器胡銘四字首一字蝕

輅庶長戈　庶長畫戈

秦子戈一

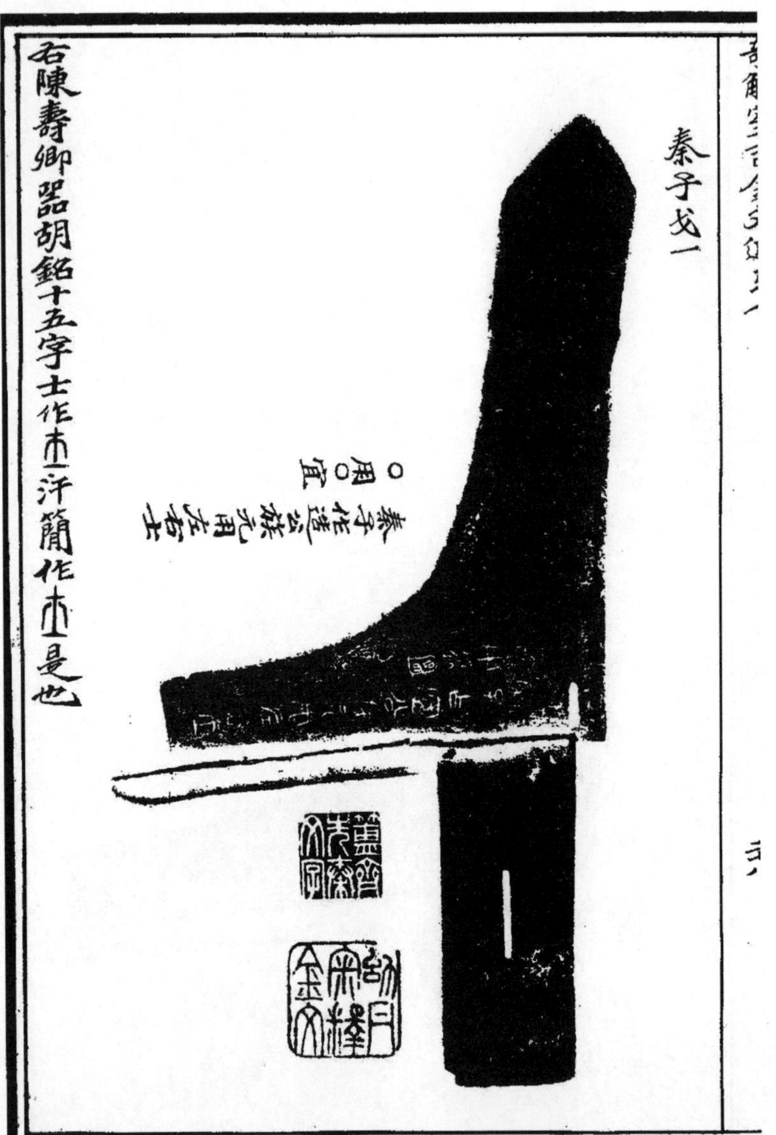

右陳壽卿器胡銘十五字士作杢汗簡作杢是也

秦子戈二

○ 秦

二年秦子攻西陽戟
左○○許○丹○

右下亾伸字
吳釋戈下
二年庚子攻西鄙字
右晁〻陳討難〻同成

右陳壽卿器胡銘二字内銘十五字戟當是攻西陽楚地楚王鍾徙自西陽是也漢志西陽縣屬江夏

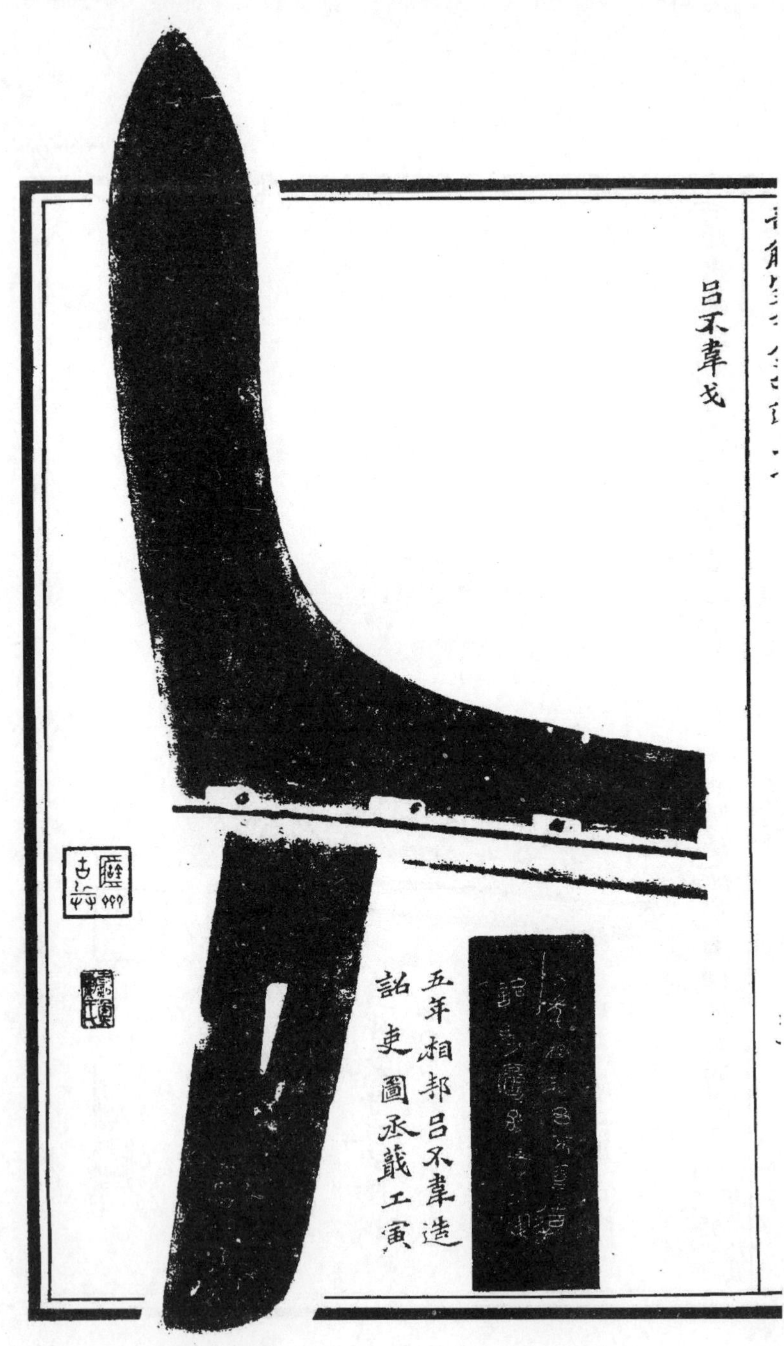

吕不韦戈

五年相邦吕不韦造

詔吏圖丞蕺工寅

吕不韦戈

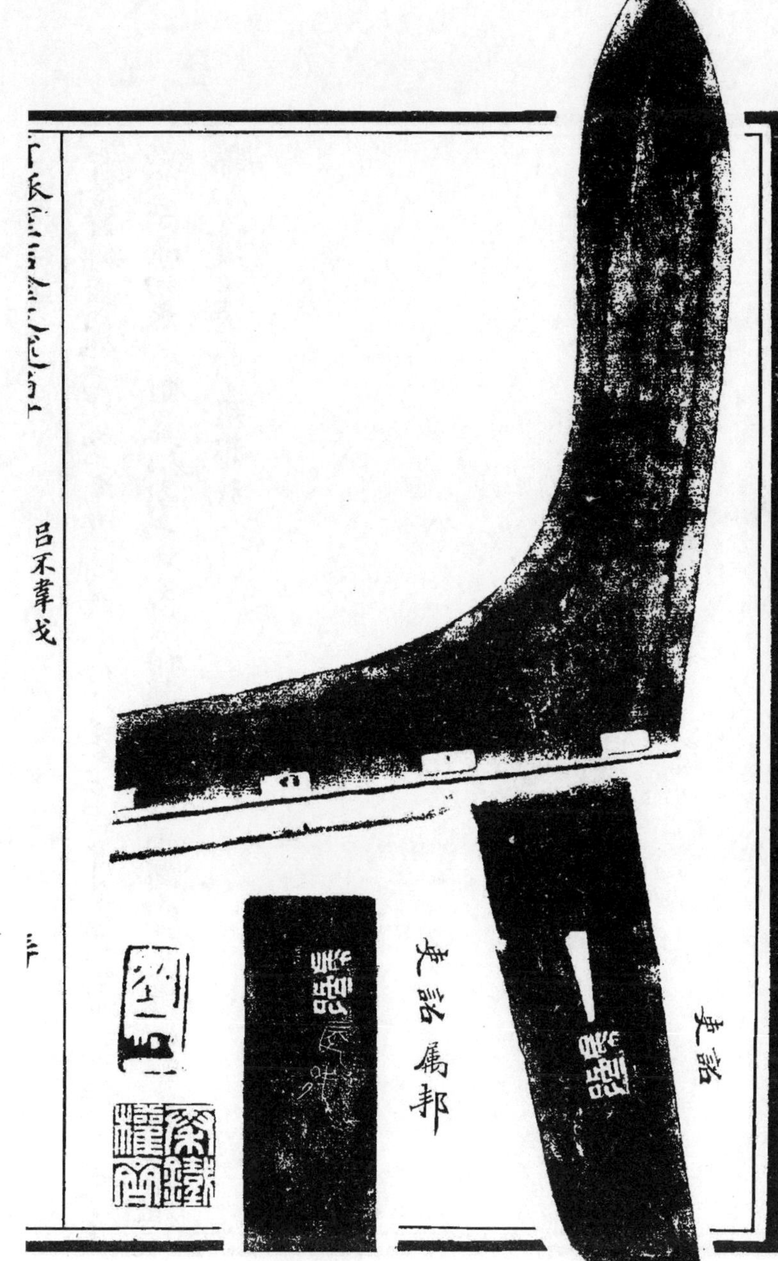

右陳壽卿器内銘二字又二方不知何物今付此戈之下皆壽叟手拓者一方銘十五字一方銘四字漢初承秦制置相國而此戈倂相邦漢有典屬國而此戈倂屬邦蓋避高祖諱而改後遂用國不用邦矣

大矛一

大矛一

右賻夲面背内銘同丙乃商省

大矛二

右陳壽卿器内銘作兩刀形与前器同此及後二矛陳氏皆題為戳然戳為戟屬与此形製不同余以此為矛之大者耳

大矛三

右陳壽卿器背面銘各一字疑是羋

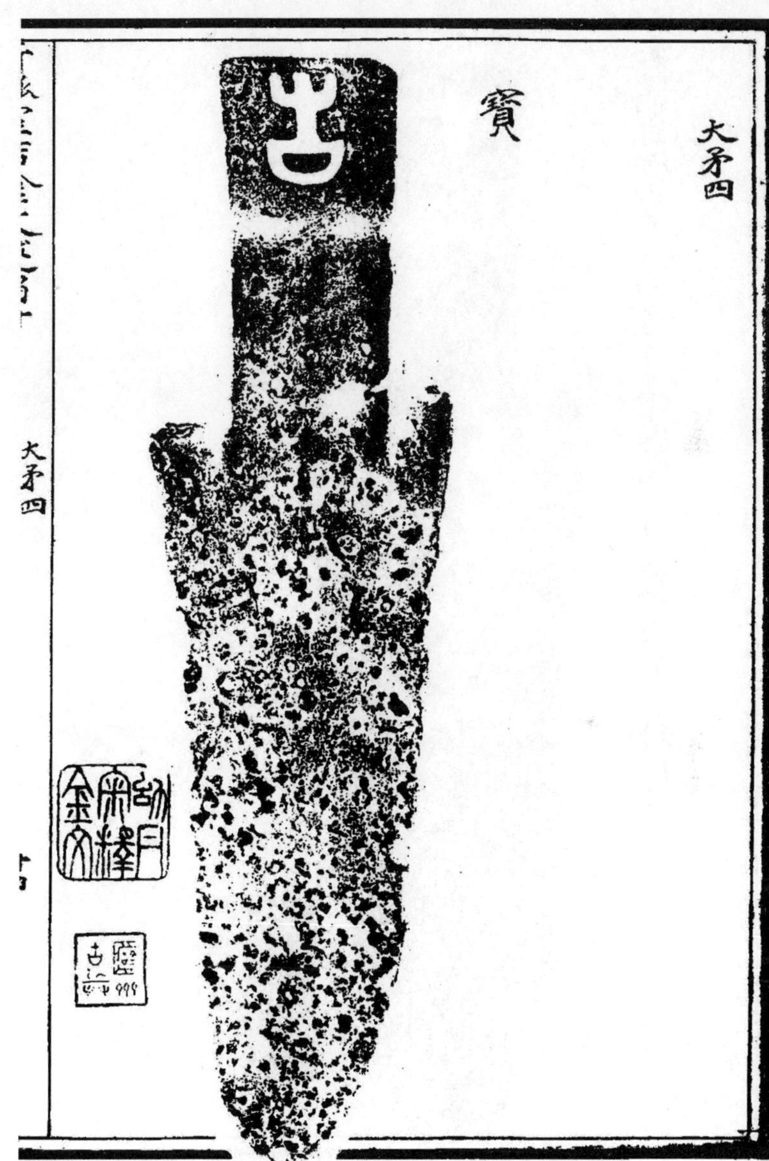
賓
大矛四
大矛四

戈
右陳壽卿器内銘面背各一字賓字省商女禹乳古用即此

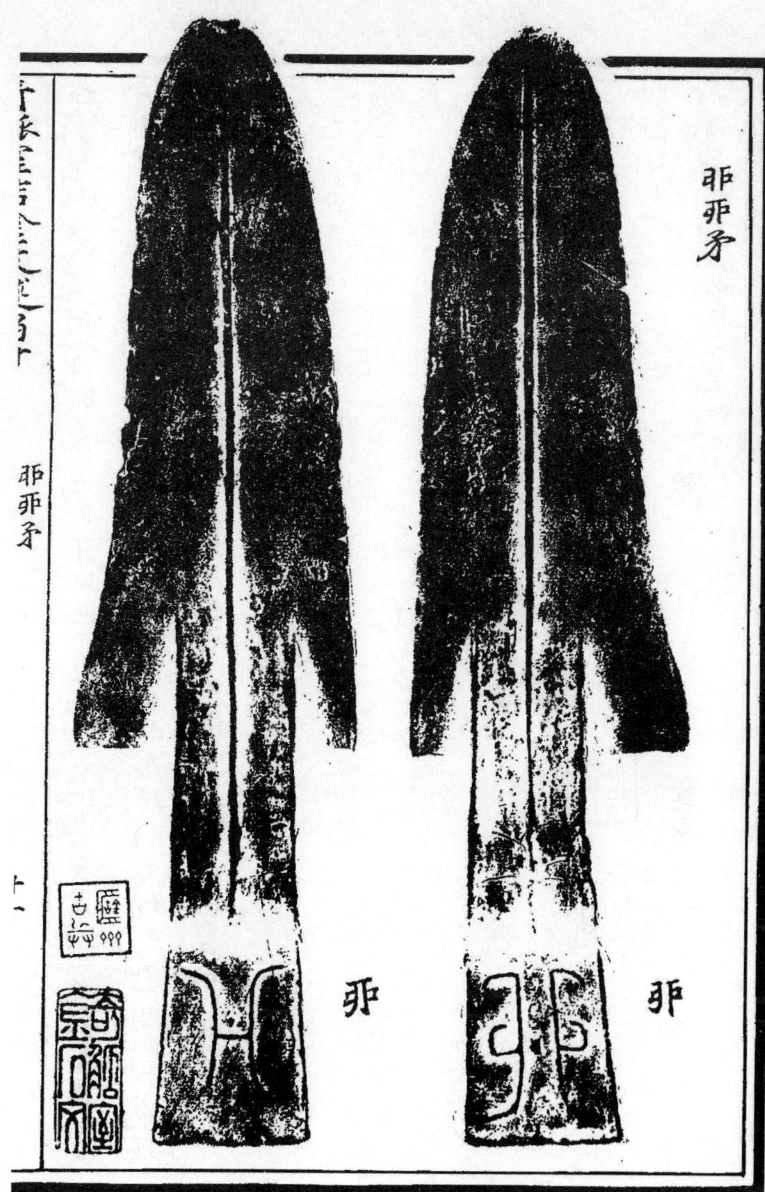

右陳壽卿器內銘面背各一字說文丣冒也二月萬物冒地而出象開門之形故二月爲天門酉下有丣字云古文酉从丣丣爲春門萬物已出丣爲秋門萬物已入一閉門象也此作)(吕)(爲門而吕一閉之是古文酉也詩氾歷樞卯酉爲革政銘蓋取此義耳

高岡矛

高岡

右陳壽卿器內銘二字高岡人姓名

武父矛

武父敢

右陳壽卿器内銘三字父字反而仰近人漏釋詳魏散父戈春秋左氏桓十二年經公會鄭伯盟于武父注武父鄭地陳留濟陽縣東北有武父城即此敢人名

安家矛一

安家

右陳壽卿器內銘二字家隊省

安家矛二

安家右

右陳壽卿器內銘三字釋同前器

王戠矛一

郾王戠作
五牧鋸

右陳壽卿器內銘七字詳王戠戈

安豕矛一　安豕矛二　王戠矛一

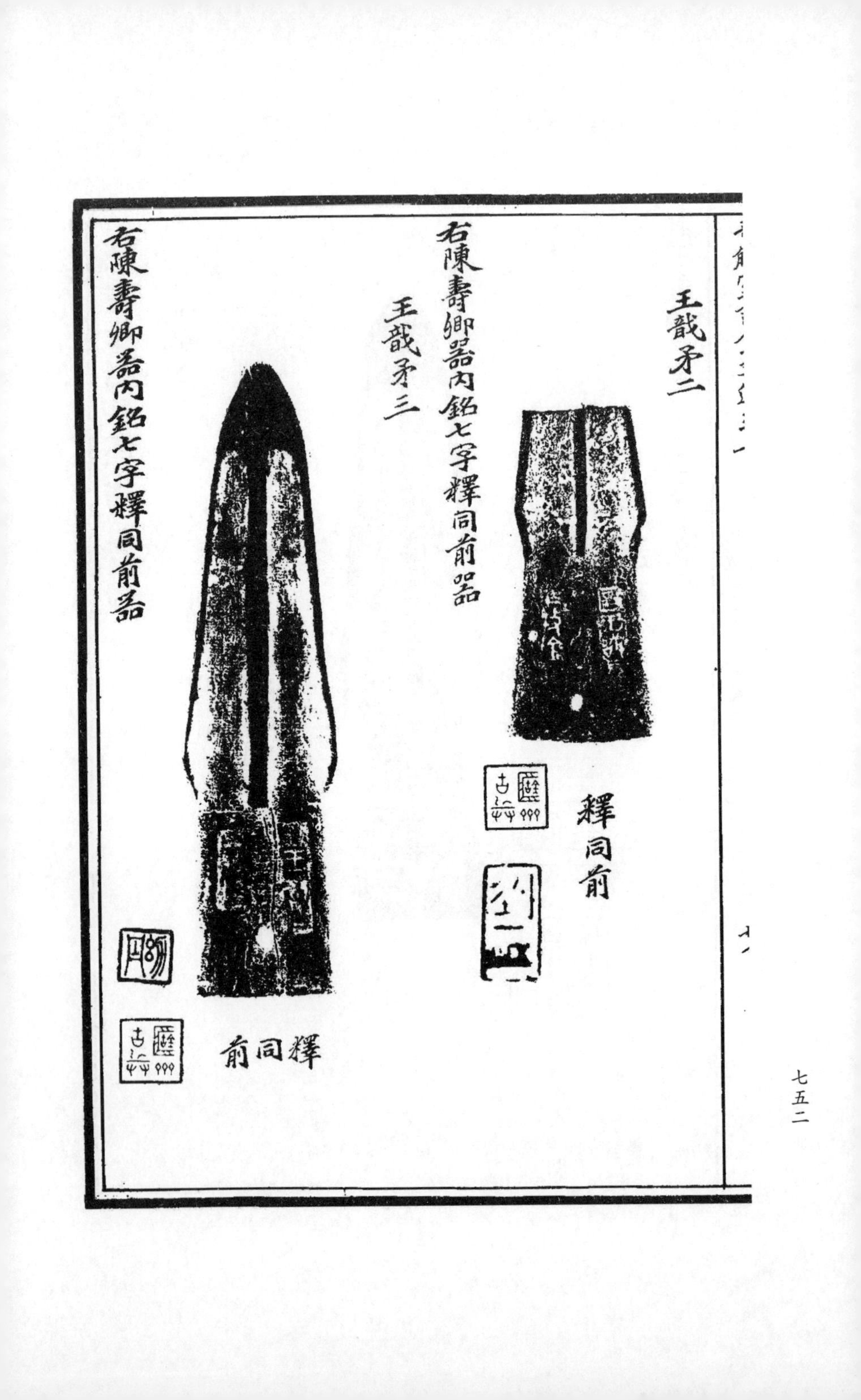

王戠矛二

釋同前

右陳壽卿器内銘七字釋同前器

王戠矛三

釋同前

右陳壽卿器内銘七字釋同前器

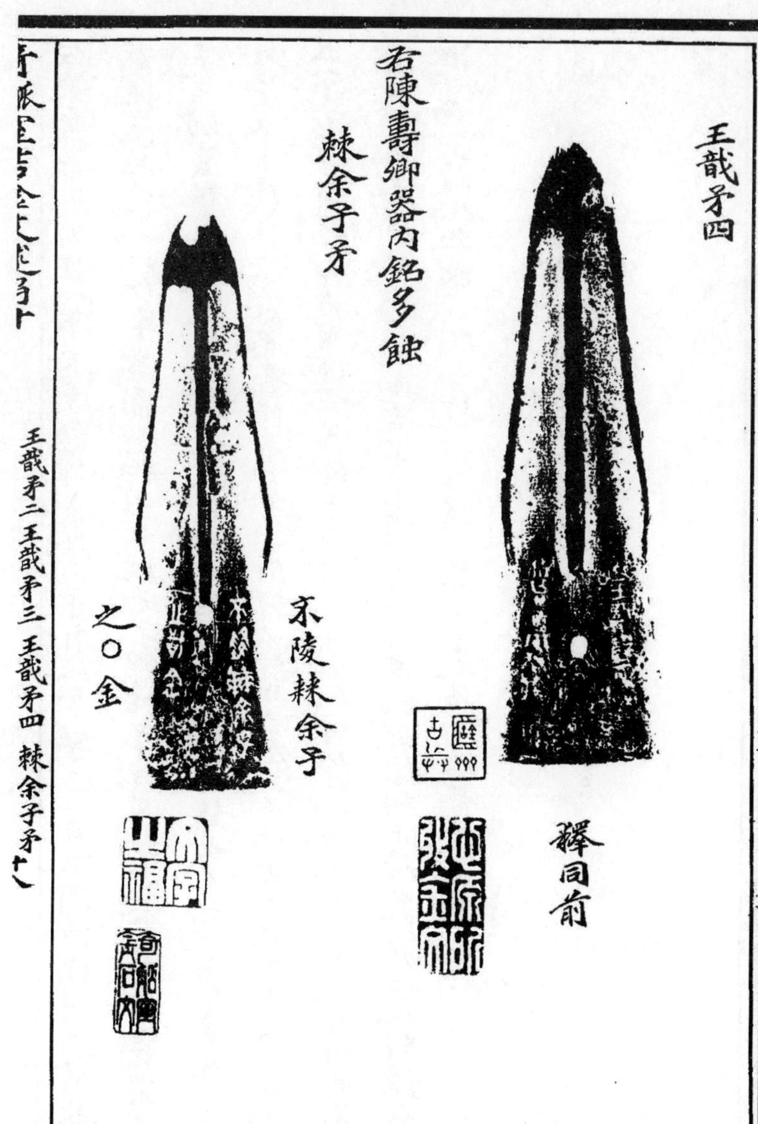

王戠矛四
右陳壽卿器内銘多蝕
𣏌余子矛
不陵𣏌余子
之〇金
釋同前

右陳壽卿器内銘八字不陵或釋帝降桼帝非帝字漢書匡衡傳注後漢書耿弇傳注竝云丕或作不靈帝光和四年魏元丕碑作不說文丕下段注丕字中直貫下是呂論曹魏者曰丕之字不十也宋公差戈丕陽作帝牀弓鏄女不彖夙夜之不作帝此从丄从丨竝可取證說文音作啻本从帝許不知而呂為从丨从否失之矣帝从丄古文上字不字省从一即許所謂古文諸上字皆从一篆文皆从二二古文上字者也而許於不字又謏肊解詳盄龢鼎是呂人知有不不知有帝非有古刻遂誰糾正陵从降乃古人别體合隆字為之帝陵地名或呂為杏陵即涪陵也棘余子人名論語有棘子成

郘太叔斧

郘大尗吕新金
爲資車之
斧十

右潘師器銘十二字孫問羹淂之都市師吕三百金及瓦當三易之郘与郘𨙸薹鐘同
貣當貳之省文十字記數

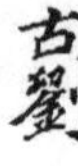

古劉

右吳子苾斝銘一字陽文吳釋劉云頎介一人冕執劉即此棨孔訓鉞屬鄭訓鑱斧此拓形制既殊篆亦不合未敢信也姑仍其舊名錄之

虎鎣

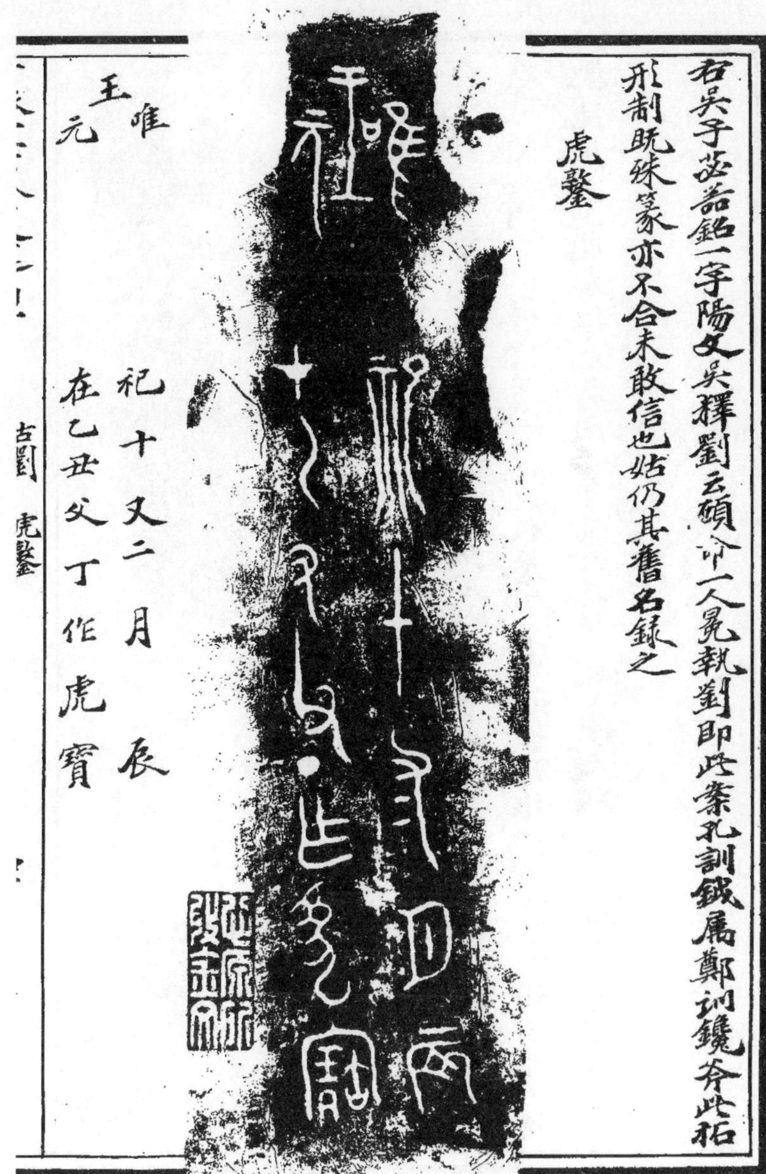

唯王元祀十又二月辰在乙丑父丁作虎寶

虎　子
形　寶　孫

丁

子孫

右枝江曹氏器荆南萃古編云得于湖南石門山中案此器長尺有咫棱脊旁出今人名鐵簡亦謂之鋼鞭或曰鐵尺攷説文鐜下垂也一曰千斤椎（都回切）詞林海錯蕭摩訶擲銑鋧〻音簡秦瓊尤善用之事物紺珠檛簡大鐵尺即此器也拓本截斷貼之

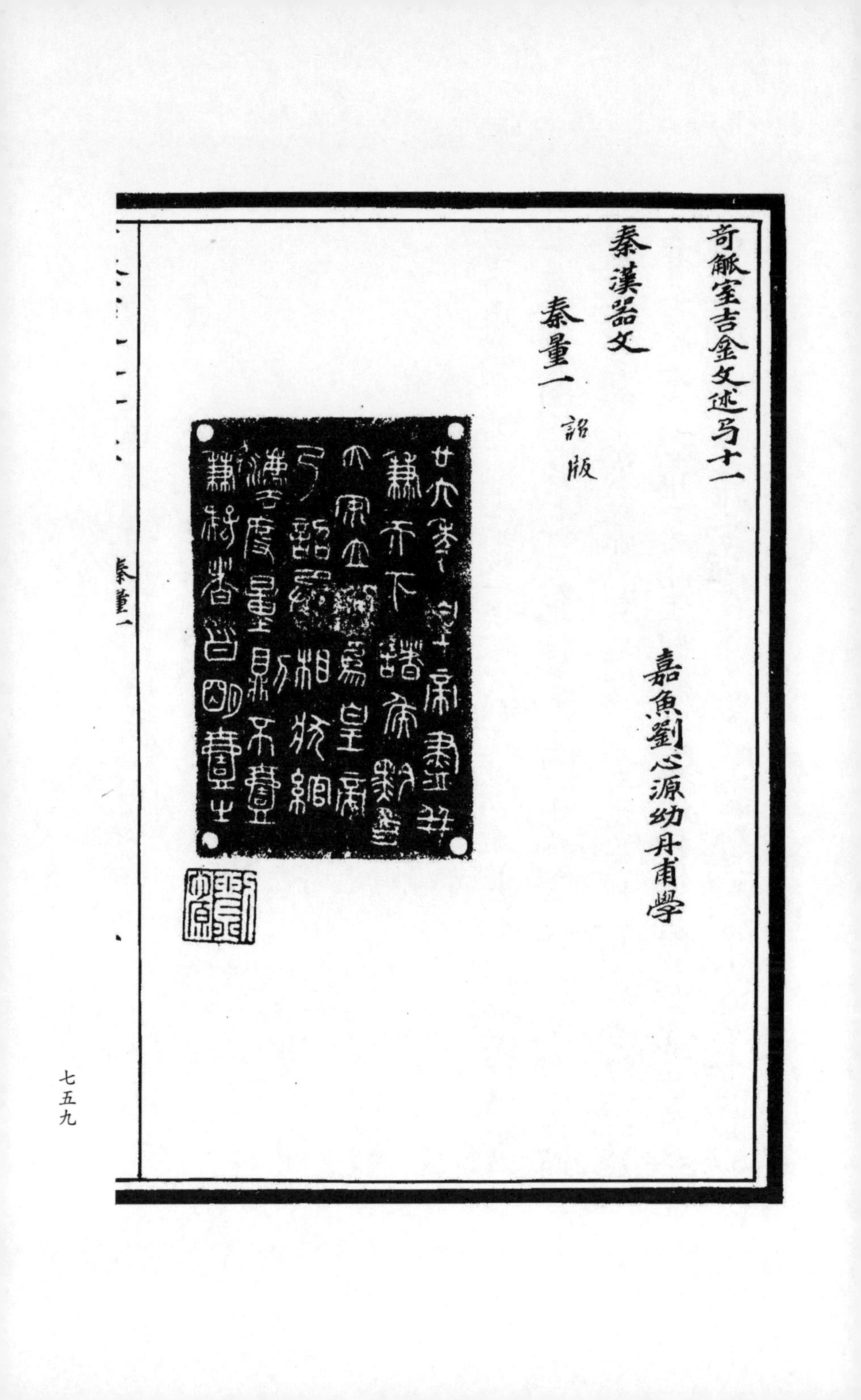

奇觚室吉金文述卷十一

嘉魚劉心源幼丹甫學

秦漢器文

秦量一 詔版

廿六年皇帝盡并
兼天下諸侯黔首
大安立○為皇帝
乃詔丞相狀綰
灋度量則不壹
歉疑者皆明壹之

右丁伯康贈本銘四十字立下殘一字據它刻是號字案此為銅板刻始皇詔書釘於律量四角有圓孔所以著釘也史記始皇本紀二十六年秦初并天下一法度衡石丈尺即此狀隗狀綰王綰本紀載琅邪石刻所列從臣姓名有丞相隗林丞相王綰索隱云隗姓林名有本作狀者非顏之推云隋開皇初京師穿地得鑄秤權有銘云始皇時量器丞相隗狀王綰二人列名其作狀貌之字時令校寫親所按驗王劭亦然斯遠古之證也心源

案今所見秦刻權斤皆是狀字史記林字傳寫譌耳歉疑即嫌疑乃偕用字本紀所載之眾東觀刻石云事無嫌疑是也

秦量二

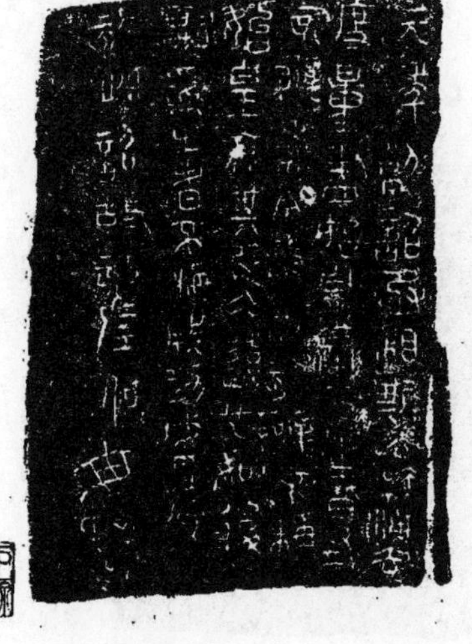

元年制詔丞相斯去疾灋度量盡始皇帝為之皆有刻辭焉今襲而刻辭不稱始皇帝其於久遠也如後嗣為之者不稱成功盛德刻此詔故刻左使毋疑

右但子榆贈本銘五十九字此爲二世詔書刻於始皇詔書後者今止得此一板也

秦量三

釋同前

右但子榆贈本銘已見上此反書襲下有號字爲異耳

秦量四

釋同前

右黄冉同贈本銘已見上

秦量五

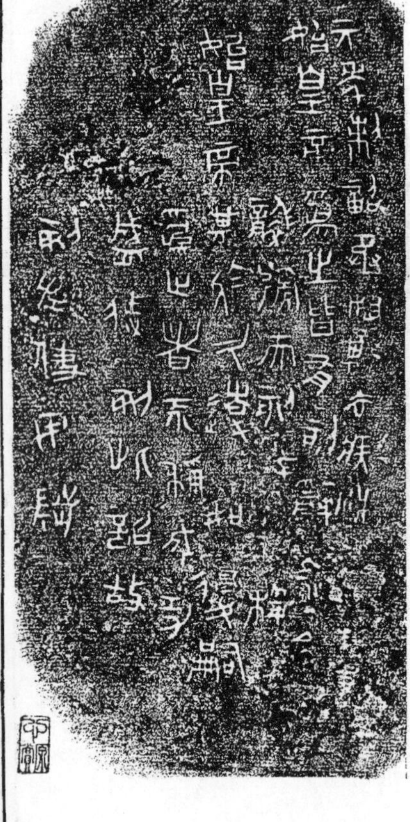

廿六年皇帝○并兼天下
○○黔首大安立○○皇帝○
詔丞相○○灋○量則○
壹歉疑者皆明壹○
元年制詔丞相斯厺疾灋○○盡
始皇帝為之皆有刻辭焉今
襲號而刻○○稱
始皇帝其於久遠○如後嗣
為之者不稱成功
盛德刻此詔故
刻左使毋疑

右宜都楊惺吾守敬贈本銘百字蝕十六字積古九同范

秦量六　此范今在予家　敬記

釋同前

右楊惺吾贈本銘與前同兩詔相聯今翦貼之

秦量七　此是前器背文

秦量六　秦量七

釋見前

右陳壽卿器銘存四字

秦量八

右楊惺吾贈本与前銘同原刻相聯今翦貼之

秦權

釋並同前

文同前此也作殹末有平陽斤三字

右楊惺吾贈本銘與前器同惟也作殹爲異詳樂石文述石鼓文

秦弩機

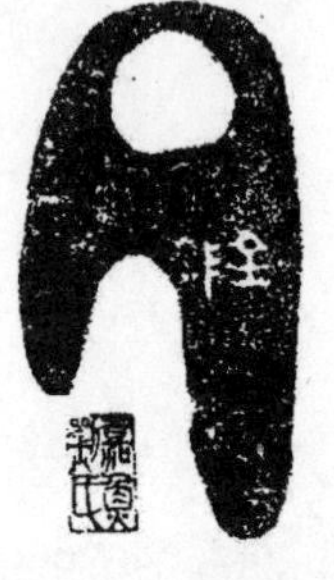

陰

右黃再同贈本銘一字即陰之異文

漢尚方銅器

尚方
羊形
故治方
八十

右楊惺吾贈本積古十同範不知何器後漢書百官志尚方注掌上手工作御刀劍器物

漢龍節

王命[叀辵]賃

一桮飤之

右黄再同贈本銘八字兩面書之見積古齋彼吕命下兩小橫為重文今審是璺痕

疐或釋道阮釋惠案道从𠧪从貰不得从叀惠又不得从行从止阮書彙啟作叀从釋彙即此說文叀部疐礙不行也从叀引而止之叀者如叀馬之鼻从此者與牽同意詩曰載疐其尾（許於足部引此句作躓）是滯礙不行為疐从行止意更明此讀彙謂總債一棓也棓阮依吳說釋菴彼云口中有小橫此拓碣然从口不从日當是棓公羊成二年傳踊于棓而窺客注凡無高下有絕加躡板曰棓跣但有懸絕加躡板者皆曰棓是所謂債一棓者即今案板之類特不知所飲者何指耳

漢楊廚鼎

楊　廚銅一斗鼎重十一斤三兩地節三年十月造

右賻本器銘十九字地節宣帝年号

漢賢胅鼎

賢胅

一斗半

右陳壽卿器銘五字賢胅地名或釋賢為眉宋人呂古刻賢壽字為眉壽此

踵其譌耳説詳古文審鑄公簠此鼎明〻眘字多一横筆仍釋作眉何耶

漢上官鼎

梁上官

膚郙

右陳壽卿畚盉銘五字脣銘六字朱梁眘𡭗眘皆膚郙即鄜古刻地名字多加邑餘未詳

漢好時鼎

好時
共廚
銅鼎
第十
八斤
一兩

右楊惺吾贈本銘十二字積古九同笵漢書地理志右扶風好時有梁山宮秦始皇起槖漢陵廟皆有廚三輔黃圖昭帝平陵爲小廚喻麋鼎云汧共廚長安鋗名云共廚是其體例

漢銅鼎

銅鼎容二斗重十一斤

銅鼎重二斤六兩

右楊惺吾贈本銘十六字積古九同范後一行當是蓋文此拓工并入一紙也

漢承安宮鼎

承安宮銅鼎容一斗重十四斤甘露二年安長丞福掾祿守令史宣夕世造第五

右楊惺吾贈本銘三十一字積古九同范甘露宣帝年号

漢區川鼎

區川○○官
○容一斗二○
○○重十斤

右賻本脣銘十六字區川地名

漢繁安鉼

酉　策

繁悫君大鉼弍㚔

右陳壽卿藏銘九字酉策未詳何義緐从每即敏捷向文敢繁鼄作𢿱繁時
布泉作𢿱其所从之每字可互證說文作緐此作繁也安从心漢時俗篆漢書地

理志千乘郡繁安注云侯國建元呂來王子侯者表元朔四年齊孝王子劉忠侯太初四年今侯壽繁安二侯未知此何屬亓即亣籒文大字見說文鉼从金并蓋呂鉼爲鉼末一字當是年从子亦俗篆

漢永建洗

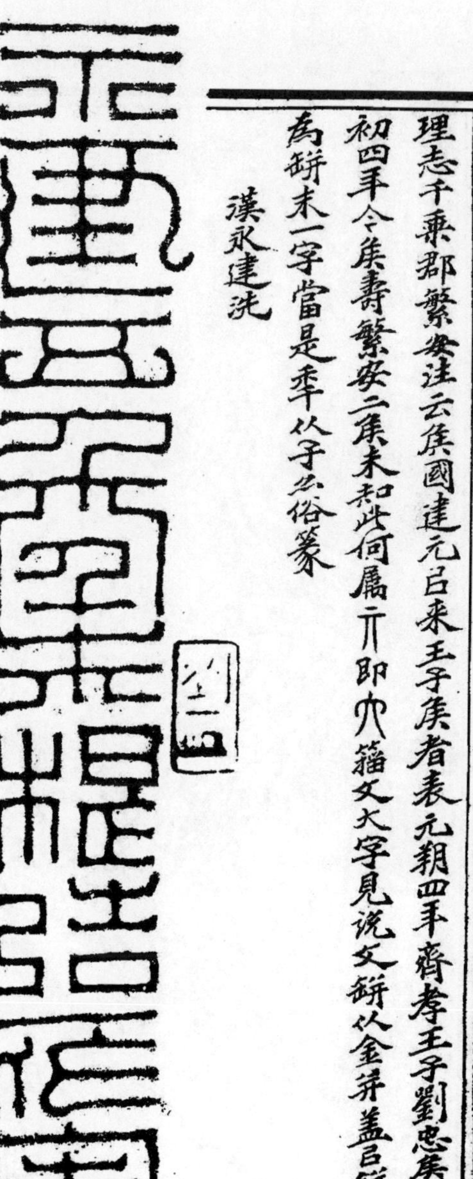

永建五年朱提造作寶

右南城吳銘禹觀察寳林器銘九字心源手拓之時觀察監夔州釐關也永建漢順帝年号朱提縣名屬犍爲郡漢志作提阮文達云隸書手旁与木旁往往相亂是也

漢永和洗

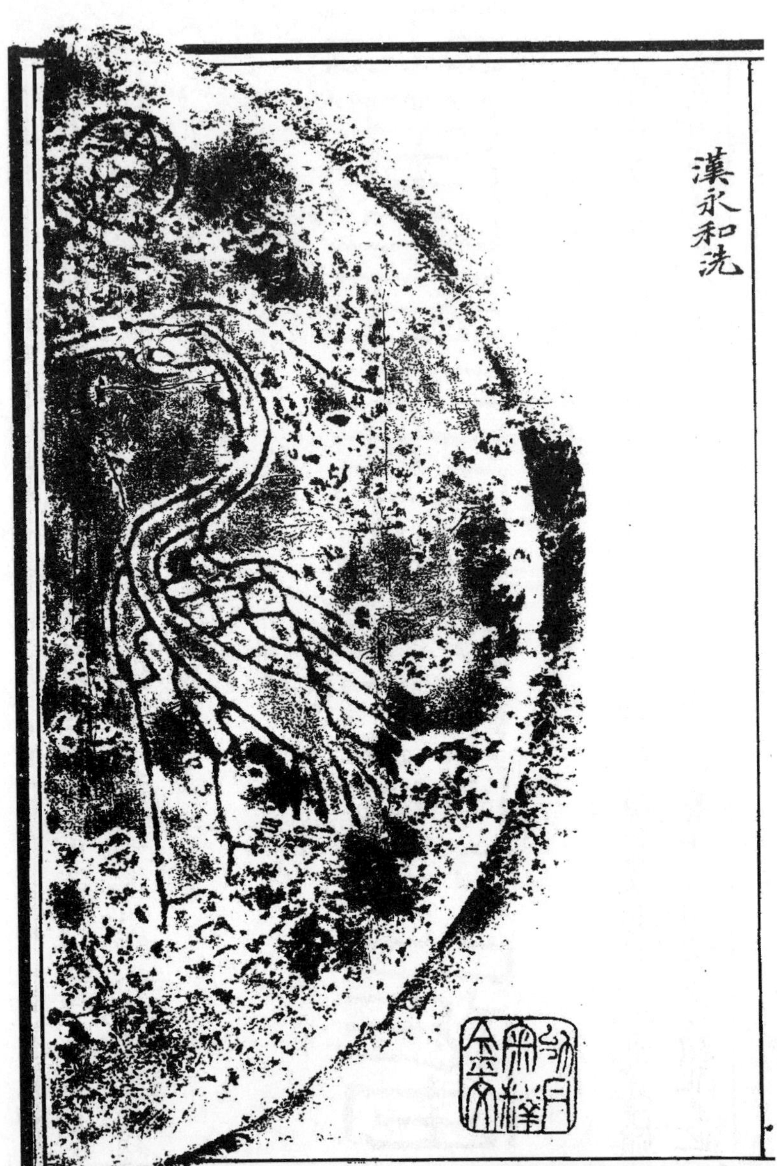

漢永和洗

永和元年朱提造作

右葉東卿嵒銘八字兩旁五銖錢文及魚鷺形朱提詳前嵒永和亦順帝年号

漢雙魚洗

富貴昌宜矦王

右楊惺吾贈本銘六字旁作雙魚形

漢貨泉洗

泉 貨

貨 泉

右楊惺吾贈本銘四字翦作葉形

漢宜侯王洗一

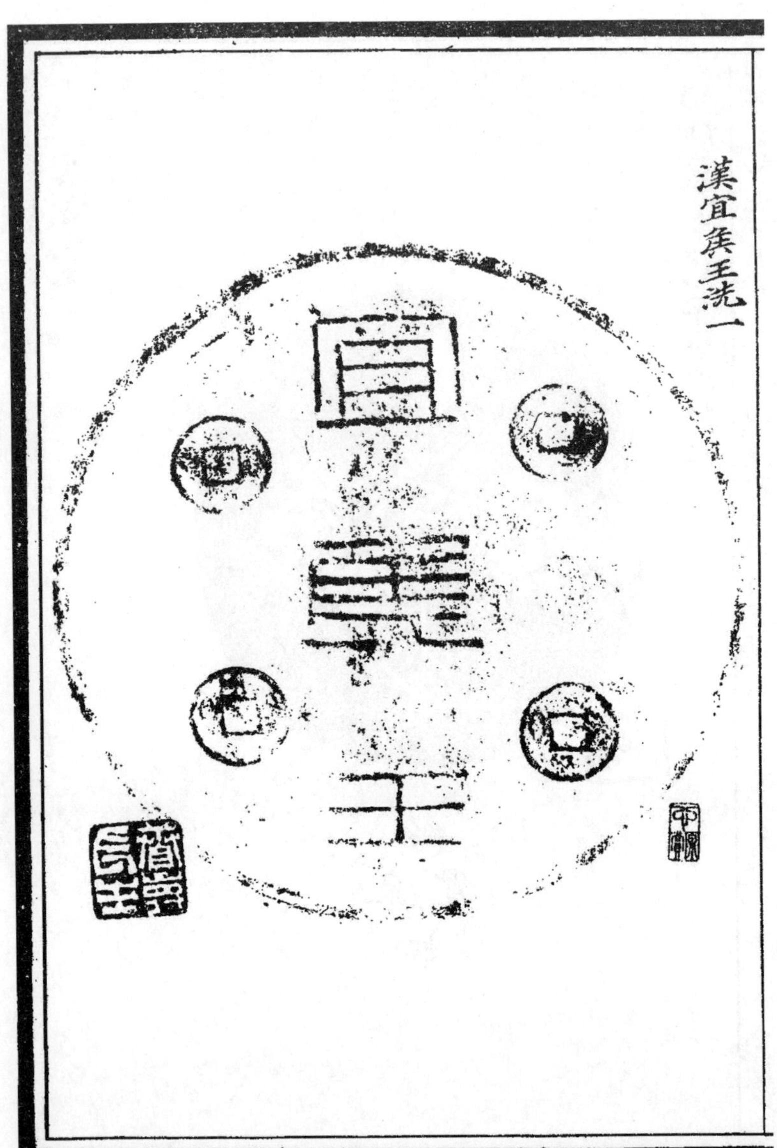

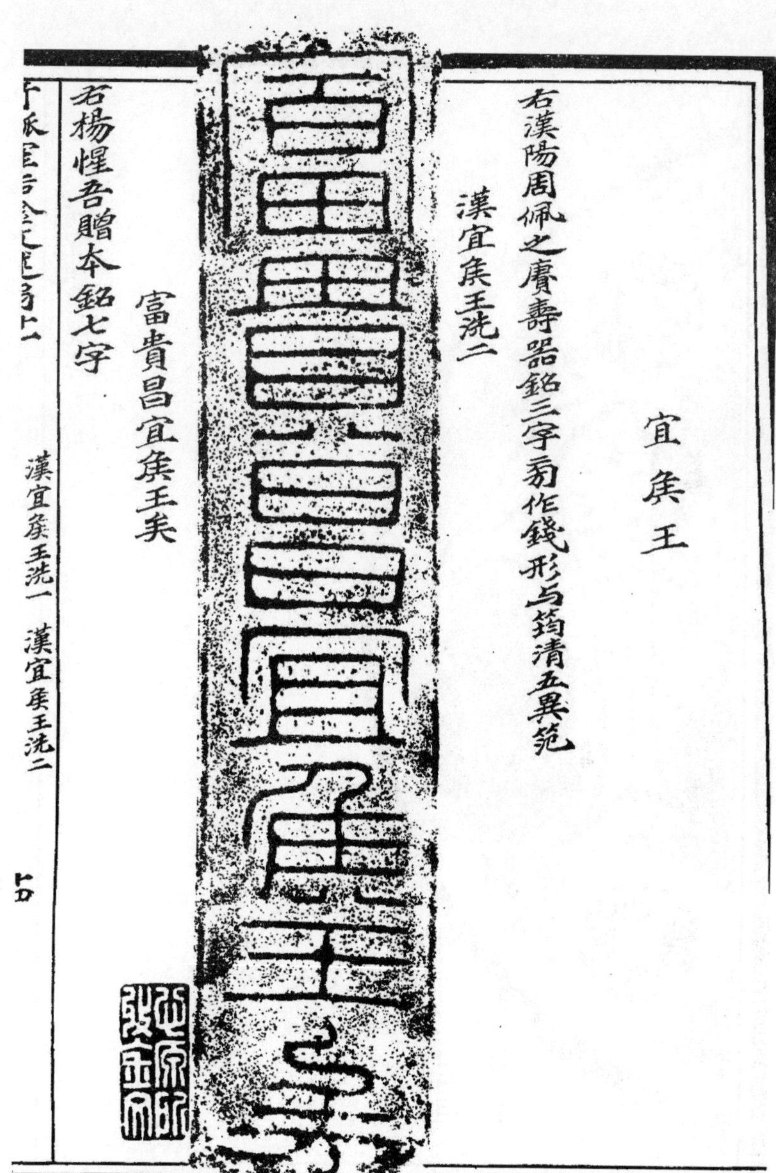

宜侯王

右漢陽周佩之賡壽器銘三字㓨作錢形与筠清五異范

漢宜侯王洗二

富貴昌宜侯王矣

右楊惺吾贈本銘七字

漢宜侯王洗一　漢宜侯王洗二

七五

漢宜侯王洗三

富貴昌宜侯王

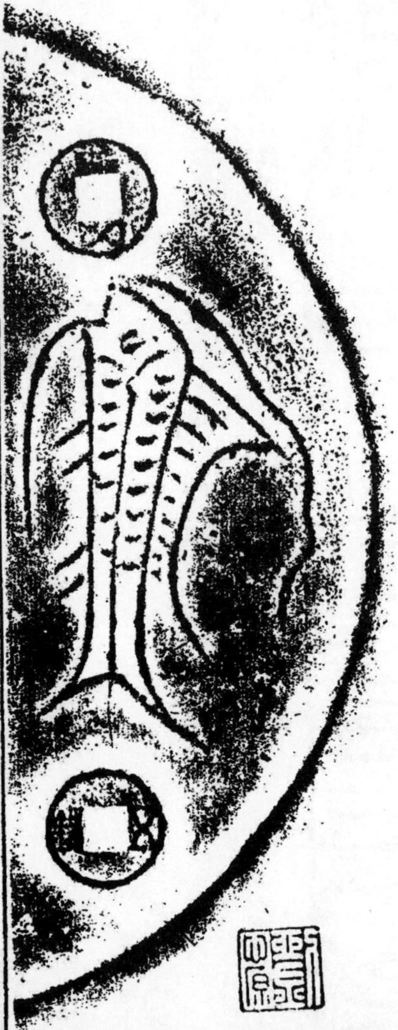

右漢瓜農器銘六字旁作四泉魚鷺形光緒丙戌四川酉陽龔灘出土

漢吉羊壺

大吉羊

右番師器銘三字羊祥省

漢富貴勺

大富貴

右搨本銘三字

漢定侯鋗

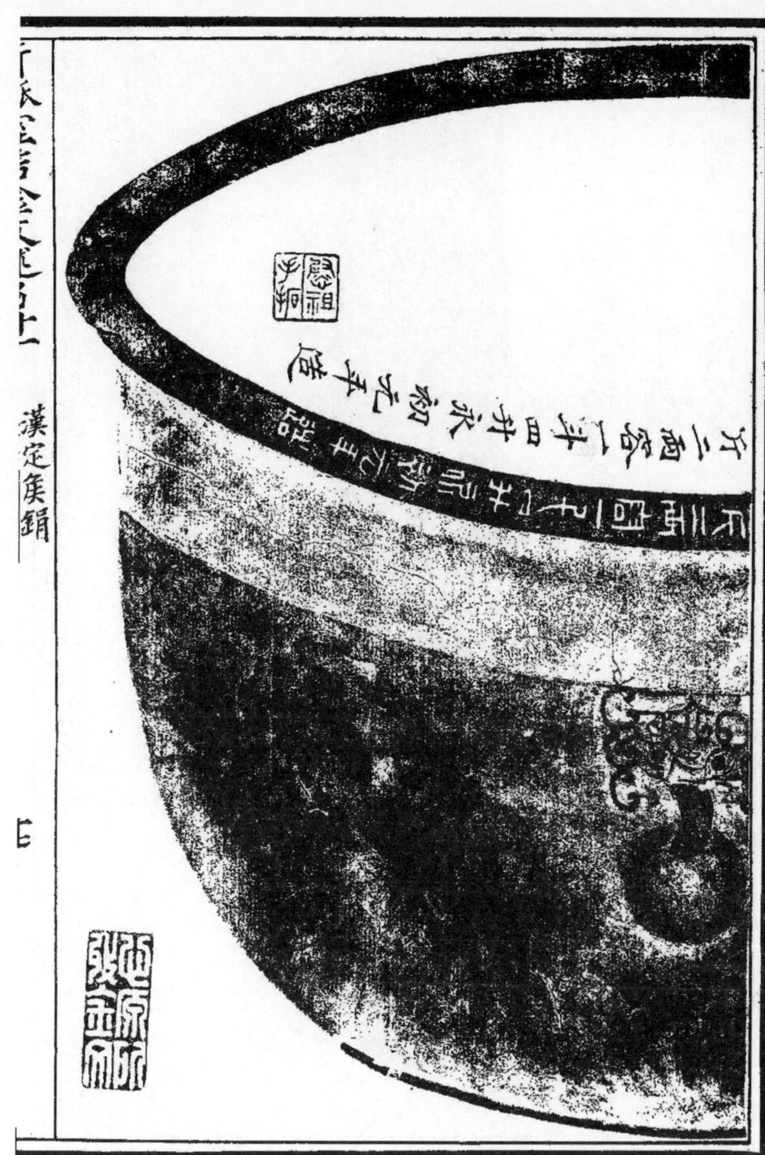

右姚觀察器銘二十字永初安帝年号說文鋗小盆也廣疋釋器鋗謂之銚急就篇顏注温器也

漢長安鋗

長安共廚銅三斗鋗卅枚第廿重十五斤
八兩元延元年十月造

右楊惺吾贈本銘二十五字積古兄同範元延成帝年号鋗詳前器

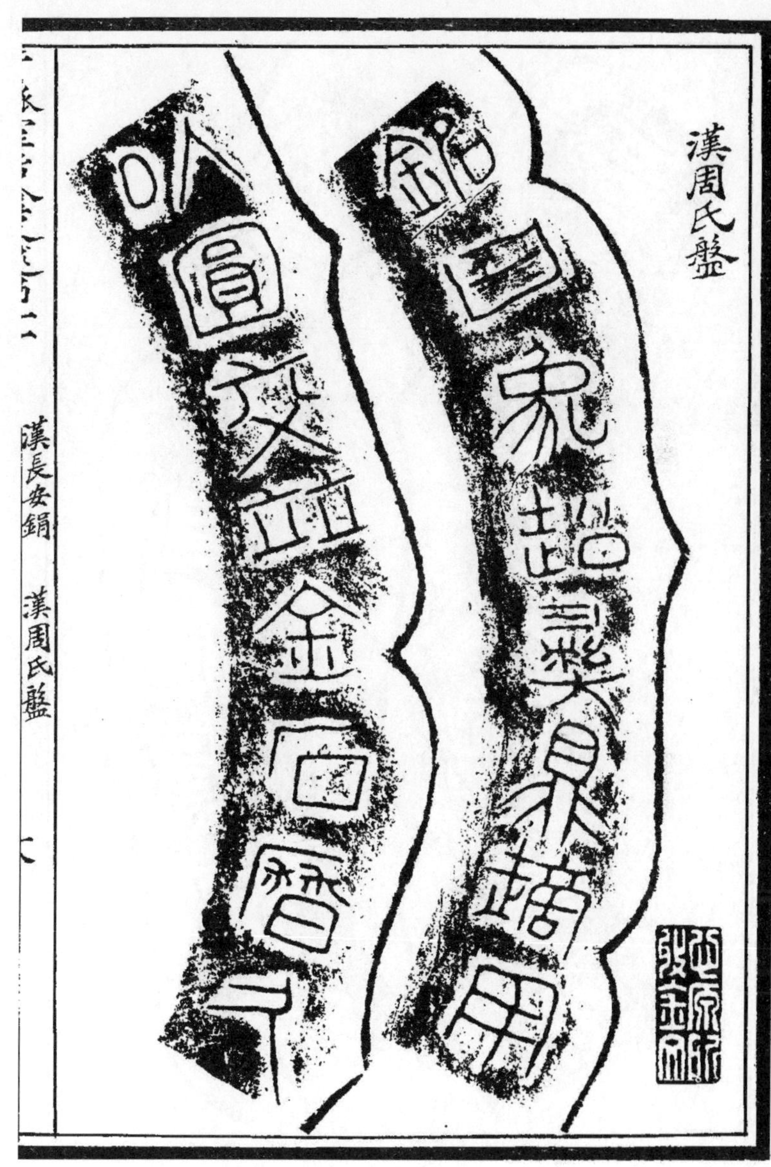
漢周氏盤

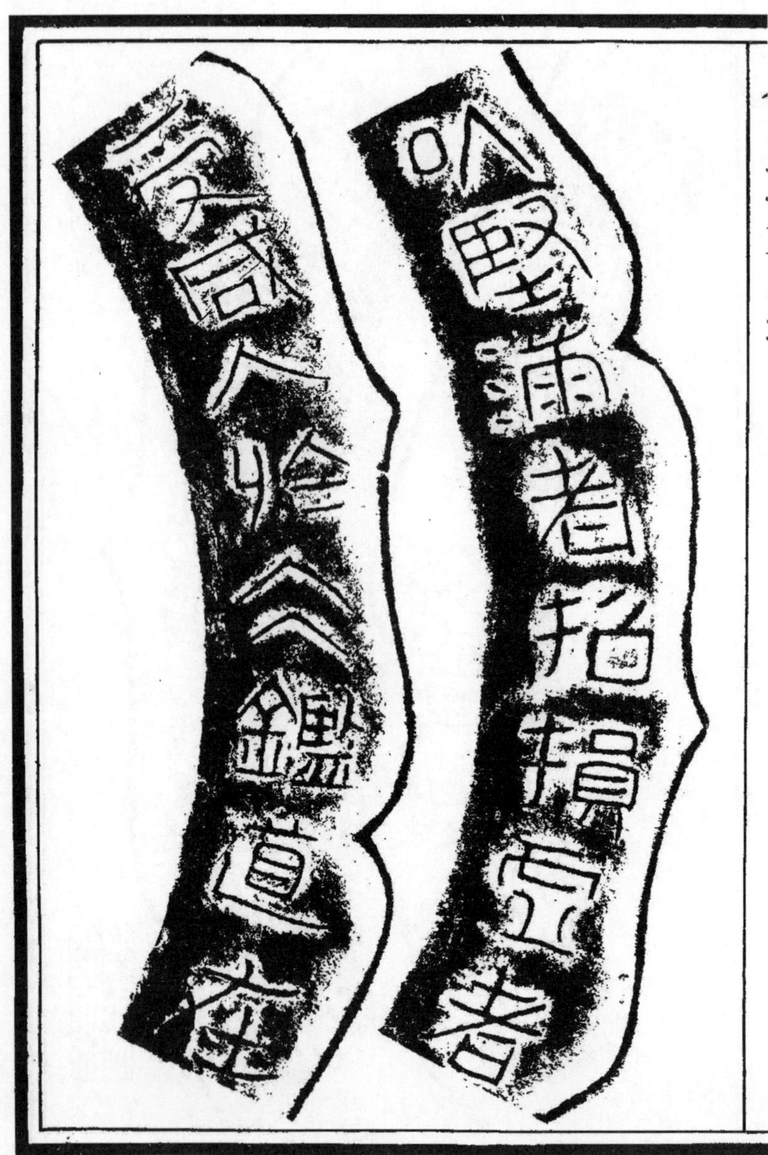

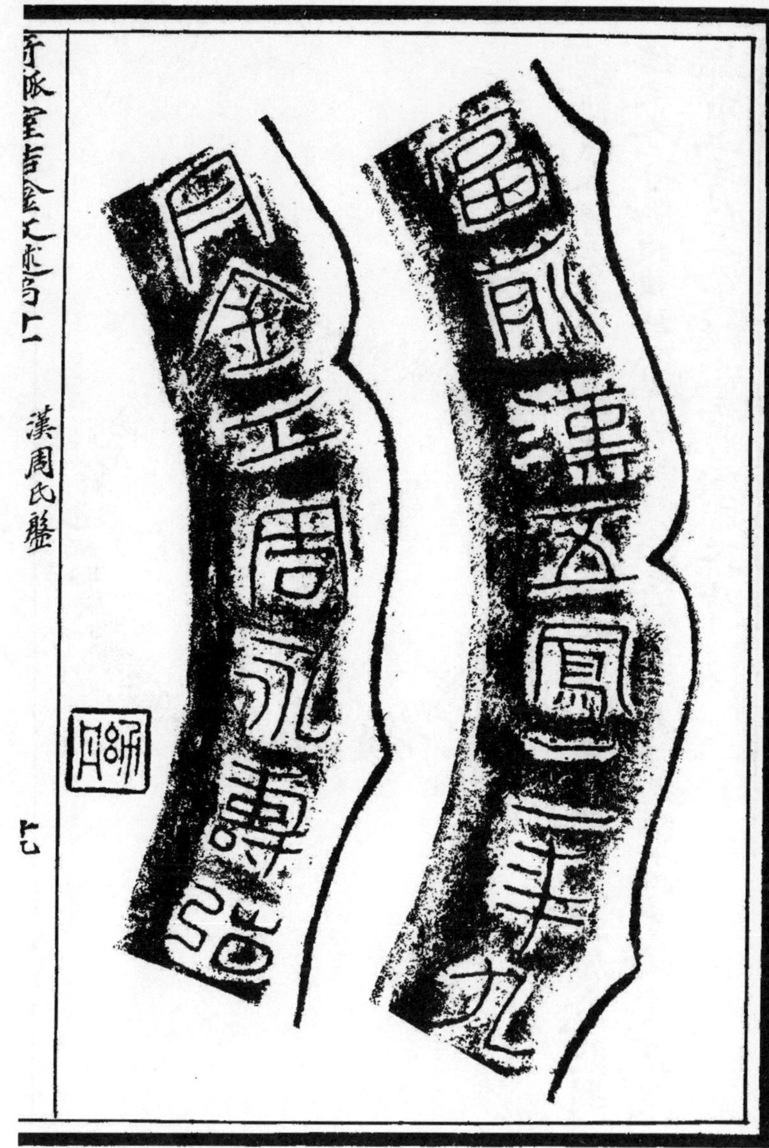

漢五鳳二年九月金工周元壽造銘曰象契彝其為用以圜支效金石愿之久[illegible]

右岐陽武敬亭器銘在盤唇四十七字劉翰先贈本翦貼之釋文即原式也盤圜徑尺文二寸蘄州黃祥人觀詧雲鵲為志刻盤内志云光绪十四手戊子得之成都市上三月下浣雲鵲志五鳳宣帝手号

漢菑川鑪

菑川大子
家金[火俞]
盧容二升
半重十
斤八兩

右楊惺吾贈本銘十七字積古九同范阮氏云漢書王子侯表龍邱侯等皆菑川懿王子陸元侯等皆菑川靖王子北鄉侯菑川孝王子此菑川太子不知何屬[火俞]字字書所無心源案筠清金文亦有菑川鼎吳氏云菑川國名建武十三年并入北海

漢熏鑪

蓋文　熏盧蓋重九两

器文　熏盧重○斤二两容二斗四籥

右楊惺吾贈本銘共十八字筠清五同箎吳云籥龠之借

漢𢊁盧鐙

放家莊一苑犀宜子孫吉四字乃桐鄉金鄂巖處藏者

吉　大吉　宜子孫　吉

右楊惺吾贈本銘七字積古九同箎阮云器橢圓蓋作鹿盧形淺半著於器前半仰㠯承炷中有錐前後有小鋬〻上有環器口各有小鋬蓋底及兩翼並龍虎文與考古圖所載二器形制相類

漢駘蕩宮鐙

駘蕩宮銅登太初四年造少府中尚方令相省

右楊惺吾贈本銘十八字關中記建章宮有駘蕩殿三輔黃圖駘蕩宮春時景物駘蕩滿宮中也登鐙古今字太初武帝年号漢書百官公卿表少府屬官有尚方令丞

漢鴈足鐙

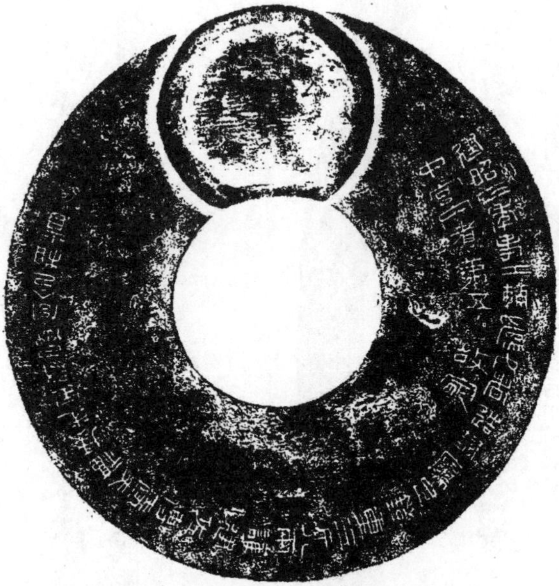

漢鴈足鐙

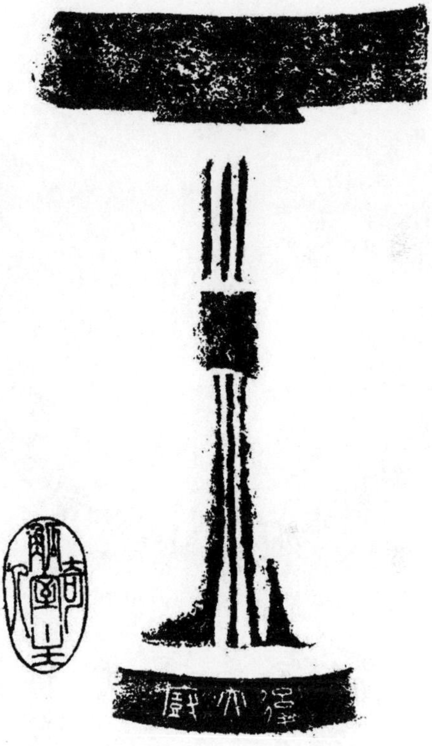

建昭三年考工輔為內者造銅鴈足鐙重三斤八兩護建佐博嗇夫福掾光主右丞宮令相省

中宮內者第五　故家

今陽平家畫一至三陽朔元年賜

漢大廚

右楊惺吾贈本銘共六十字積古九同篆阮云建昭三年西漢元帝即位之十三年漢書百官公卿表少府屬官有考工室武帝太初元年更名考工室爲考工内者内者令也右丞宮令守宮令之丞也皆屬少府護建佐官名漢表無考輔博福光主相皆人名外戚恩澤侯表陽平侯蔡義本始四年薨無後此陽平家當是大將軍王鳳〻子永光二年嗣封陽平侯銘云陽朔元年賜陽朔元年成帝即位之九年鳳于陽朔三年薨此鐙本宮禁之物成帝已賜鳳令陽平家已下十一字乃鳳所刻書者刻也一至三者當時所賜不止一器故備記之

漢黃山鐙

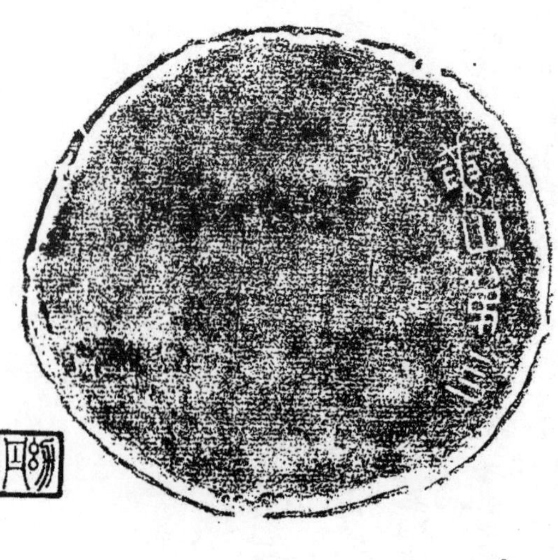

黃山第四

右楊惺吾贈本銘四字積古九異范阮云地理志右扶風槐里注有黃山宮孝惠二年起三輔黃圖黃山宮在興平縣西三十里

漢尚浴府燭盤

温卧

内者未央尚浴府乘輿金行燭盤容二升

重二斤十二两元年内向造第初八十四

右楊惺吾贈本銘三十四字積古允同范三輔黃圖温室殿冬處之温暖也案此殿在未央宮銘云温卧當指此向人名

漢苦宮燭定

苦宮銅鳥喙燭定重一斤

九兩高五寸始元二年刻

右但子榆贈本銘二十字定錠者始元昭帝年号苦宮無考

漢虘傂尺一

虘傂銅尺建初六年八月十五日造

右但子榆直牧祖蔭贈本銘十四字積古齋款識建初尺也漢書地理志虘傂屬太原郡師古音盧夷建初章帝年号

漢虘傂尺二

釋同前

右徐柿鴻觀詧器銘十四字案此与莽尺長短不同或據吕定周尺所不敢信

漢長安尺一

長安銅尺卅枚第廿元延二年八月十八日造

漢長安尺二

釋同莽

右二尺竝但子榆贈本銘各十八字文同長短亦不一元延成帝年号

漢長壽帶鉤

長壽

右楊惺吾贈本銘二字積古十異范

漢長宜子孫帶鉤

長宜子孫

右但子榆贈本銘四字積古十異范

漢願君毋相忘帶鉤

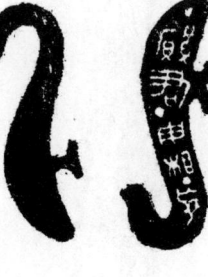

願君毋相忘

右楊惺吾贈本銘五字

漢宋鳳帶鉤

宋鳳

右蹟本銘二字

漢張師帶鉤

五月丙午〇

張師信印

右蹟本銘九字

漢金鋪一

豊

右陳壽卿器銘二字蝕一字豐旁加[illegible]未詳後器正作豐

漢金鋪二

豐

豐

漢金鋪一　漢金鋪二

右陳壽卿器銘一字

漢鞠

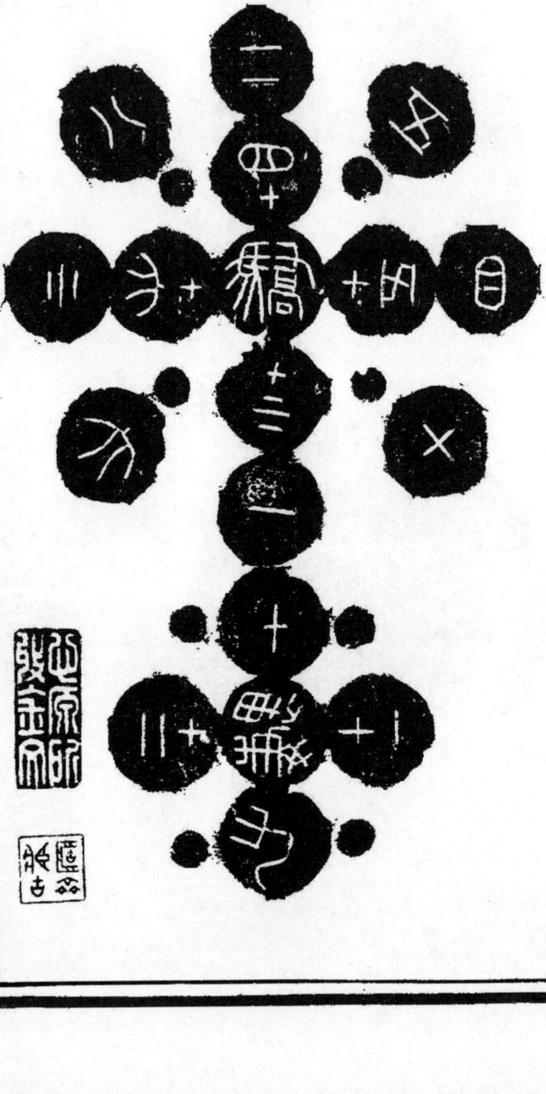

田
丑五七一
十十
二日十騎十三一十魏九
十十
八六六二
三

右陳壽卿器不知何物銘二十四字或曰鞠也司呂題名鞠即毬字

漢染桮

史侯家銅染桮第四重一斤十四兩

右楊惺吾贈本銘十四字未詳何器積古十同范

漢斗檢封

官律所平

鼓鑄為縊

右但子榆贈夲內銘四字底銘四字積古十同笵説詳彼書

王莽量一

律石衡蘭
○○容六升
始建國元年
正月癸酉
朔日制

右楊惺吾贈本銘二十一字積古十㠯為權令槩銘文曰石曰容則量也薛氏款識漢注水匜銘云律斤衡蘭注水匜容一斗始建國元年正月癸酉朔日制与此文㳄正同王莽當孺子嬰初始元年戊辰十二月改為建國即㠯十二月為歲首此云正月朔仍是初始元年之十二月朔也薛氏㠯為明年誤衡當是官名蘭當是人名阮㠯律石衡為官名攷莽權銘有云律二斤者又何說也

王莽量二

律石
始建國元年
正月癸酉
朔日制

右楊惺吾贈本銘十四字亦見積古十

王莽權

律二斤
始建國元年
正月癸酉
朔日制

右楊惺吾贈本銘十五字建与律字同形古人往往如此不足異也

王莽軍相刀

天鳳二年

軍相狃小刀

王可

右購本銘十一字天鳳王莽年号狃王可皆人名

奇觚室吉金文述弓十二

嘉魚劉心源幼丹甫學

泉布文上

鏟形布

丝釿川

背

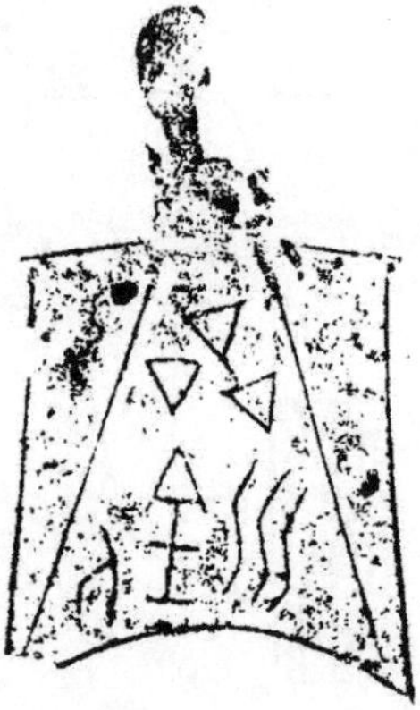

釋並

同前

右五品背皆無文貼一呂存梗概後悉仿此古泉匯釋作齊坤金化呂為齊地金貨

也桼川字篆無可稽齊為濟省如汶陽布作文是其例濟川當是地名濟水自可

脩川史記封禪書大川祠二曰濟曰淮是也釿反形从ㄒク⺆皆即小篆𠂆字譌不可易虞布作[illegible]安邑布作釿明之从斤鮑子年李竹朋竝析作金化失之說文斤部釿劑斷也段注从斤金聲讀若吟謂以斤斧之屬斲制金鐵物也通訓从斤金會意斤亦聲心源以為古布多言一釿二釿半釿或單一釿字不言數（如安邑釿是）或云充釿（見後梁布）尚釿（見後枎布）皆今斤兩字義史記平準書於是為秦錢重難用更令民鑄錢一黃金一斤索隱秦以一鎰為一金漢以一斤為一金由是以思古布釿字即斤矣余此卷所貼古布拓本皆自京都楊幼雲之僕所集楊與潘文勤師及鮑子年康李竹朋佐賢王廉生懿榮宗室伯羲盛煜臧泉甚富鑒別皆精每獲一品共相傳賞往往有諸公手書問難詩句題識其僕都為一冊今將手書別存而泉拓名每品數種及多至數十種者卷隘不得備載畧其精眼者著於篇別貼之本無多亦因類坿入

武

武

武

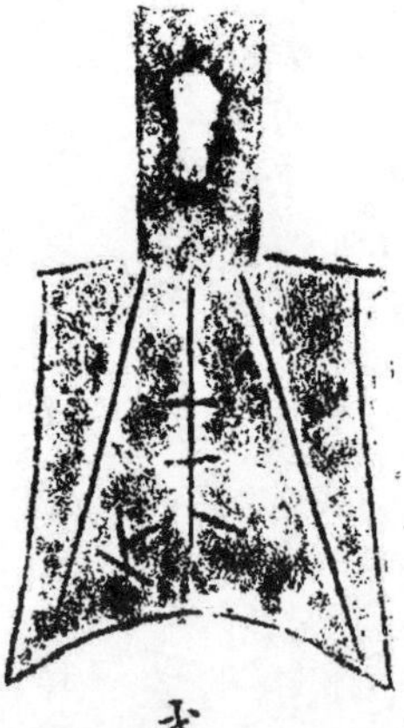

武

右四品背皆無文一二武字肩書三四武字就中脊綫文為之古泉滙吕武為地名引武城武平武安武羅然地名取武字者尚多未可泥也路史國名紀六吕武為武羅國又吕為衛之武父城亦未詳也

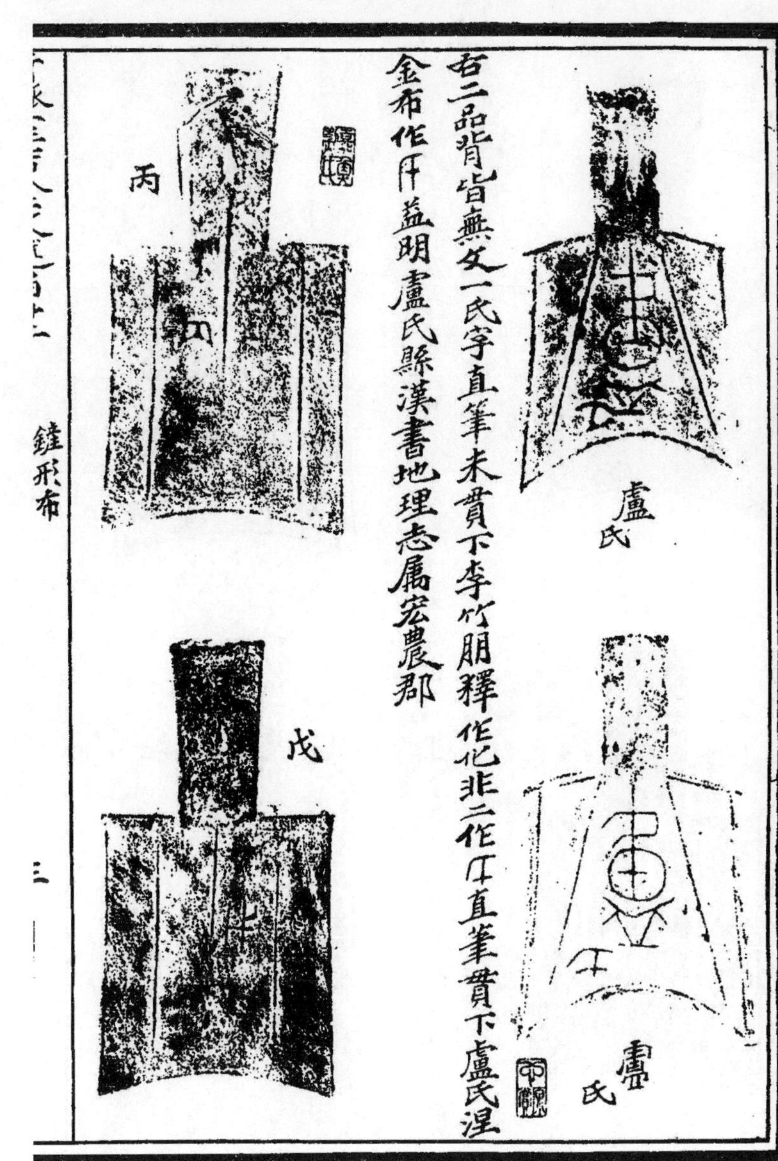

盧氏

盧氏

右二品背皆無文一氏字直筆未貫下李竹朋釋作化非二作斥直筆貫下盧氏涅金布作斥益明盧氏縣漢書地理志屬宏農郡

丙

戊

鏟形布　三

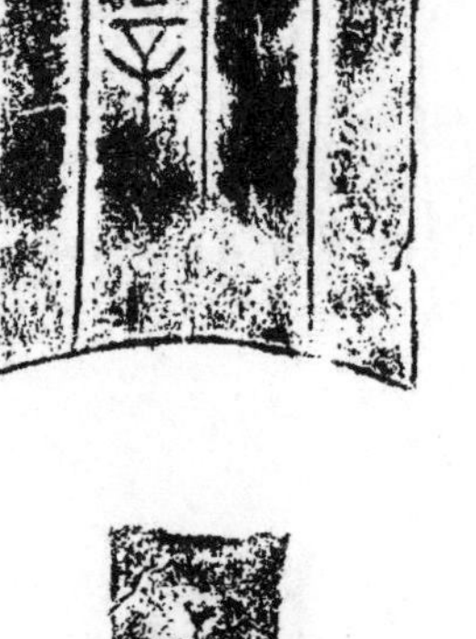

右四品吕天裕為識未得其全古泉匯又有[古文]己[古文][古文]字皆癸二品又有子卯未字是地枝三品也其午作[古文]乃誤認鍾鼎文氏字也

高

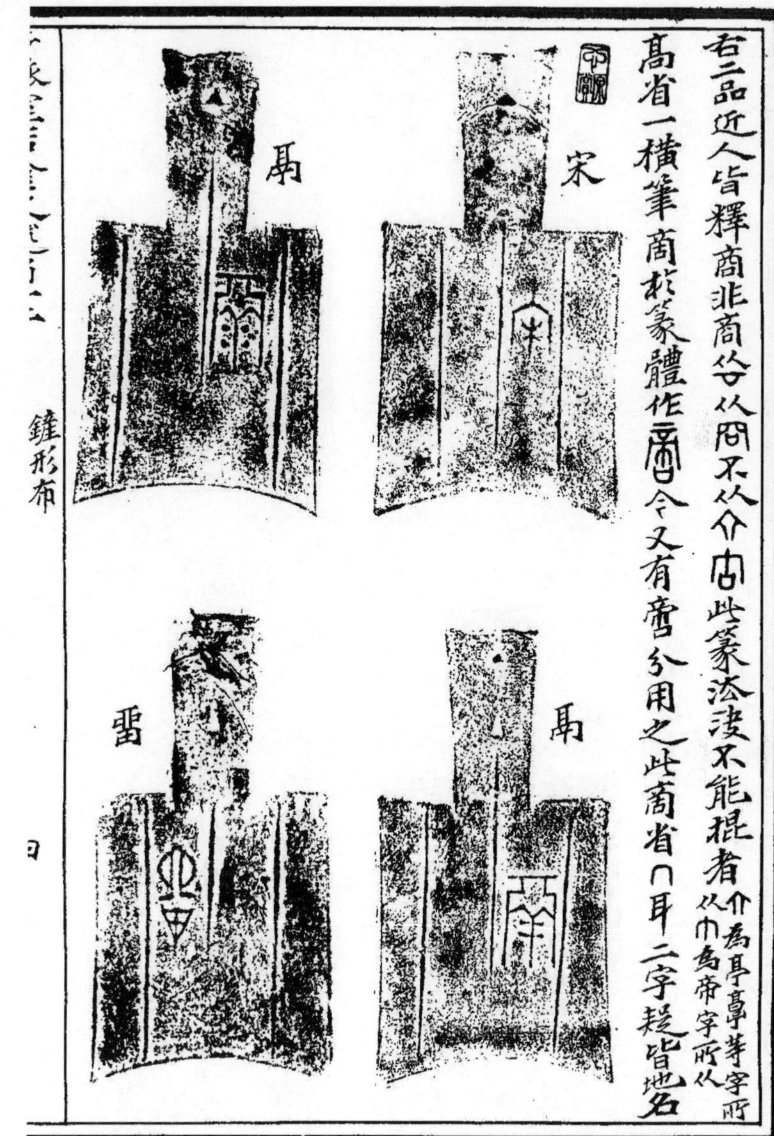

右二品近人皆釋商非商谷从冏不从介古此篆泐泼不能混者介為亭亳等字所从巾為帝字所从高省一横筆商於篆體作商今又有商分用之此商省冂耳二字疑皆地名

成

來

成

示

右八品皆紀地宋微子國禹夏諸侯國左襄四年傳杜注有禹國名今平原禹縣留宋地襄元年注今屬彭城郡又漢志陳留孟康曰留鄭邑成魯地桓六年經公

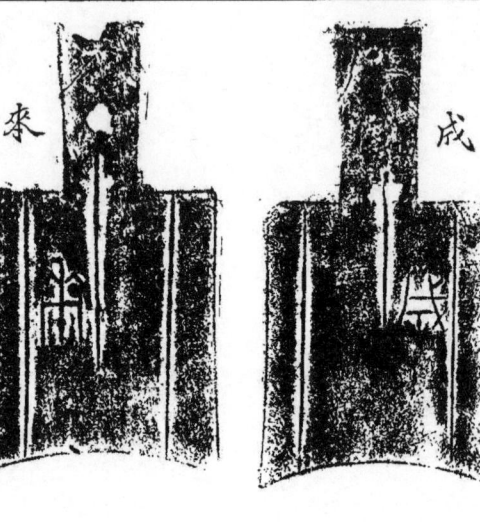

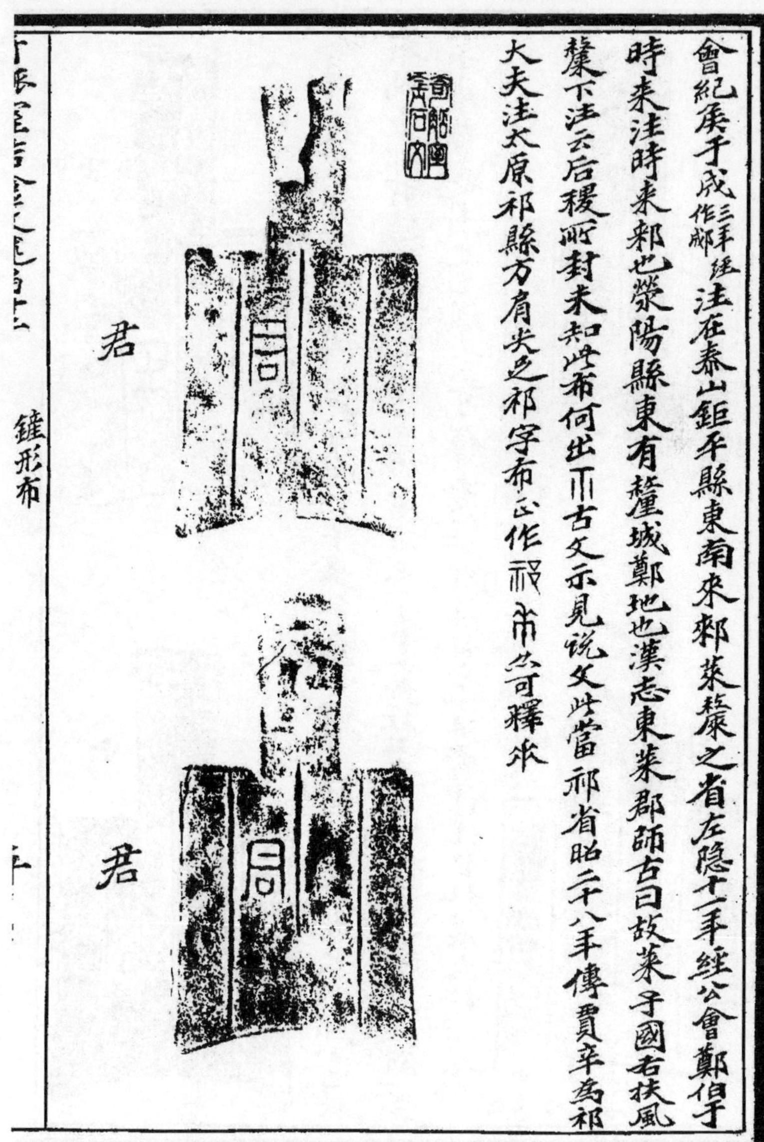

會紀侯于成三年經作郕注在泰山鉅平縣東南來郲萊薋之省左隱十一年經公會鄭伯于時來注時來郲也滎陽縣東有釐城鄭地也漢志東萊郡師古曰故萊子國右扶風釐下注云后稷所封未知此布何出亦古文亦見說文此當祁省昭二十八年傳賈辛為祁大夫注太原祁縣方肩尖足祁字布亦作祁 亦可釋來

君

君

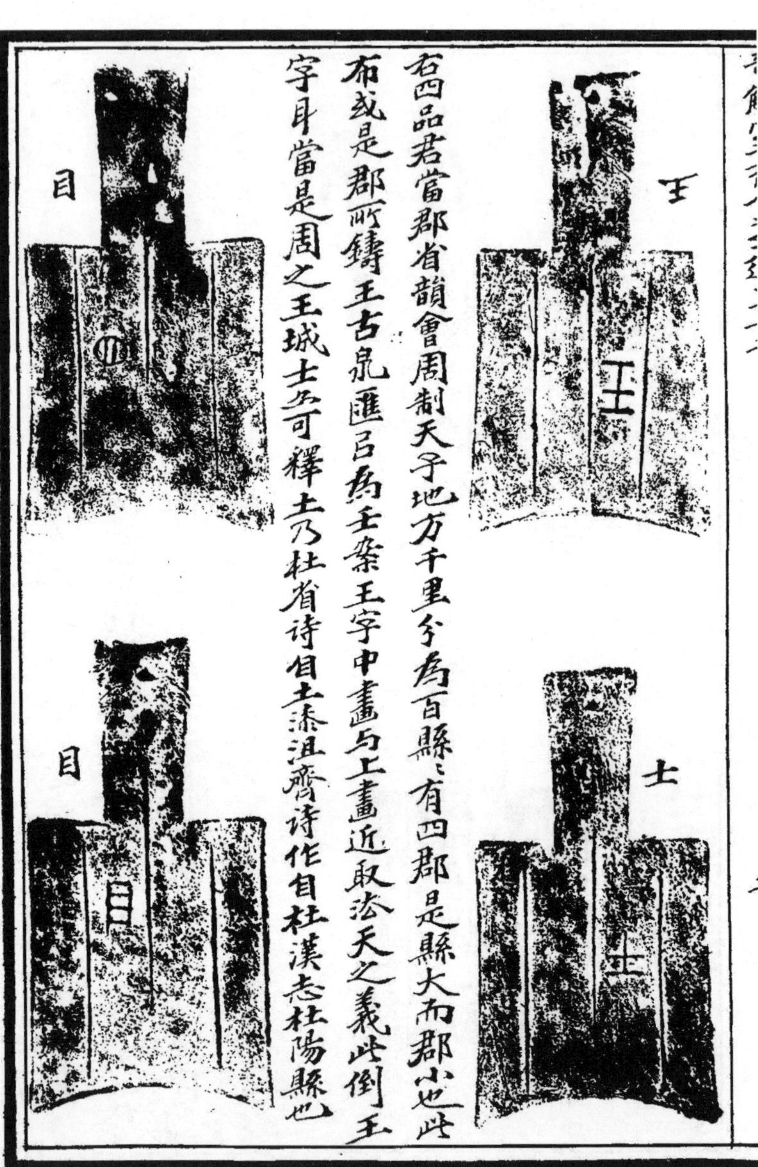

右四品君當郡省韻會周制天子地方千里分為百縣縣有四郡是縣大而郡小也此布或是郡所鑄王古泉匯呂為壬棨王字中畫与上畫近取法天之義此倒王字目當是周之王城士各可釋土乃杜省詩自土漆沮齊詩作自杜漢志杜陽縣也

宗

宗

嗌

右五品皆紀地近人釋一二為四三四為泉五為寶竝非目當是目夷路史國名紀四今之滕東有目夷亭宗从丌古文示字仲殷文敢宗室文蓋如此作左文十二年傳子

孔執舒子平及宗子遂圍巢注宗巢二國羣舒之屬說文益籀文作□上象口下象頸脰理博古圖□鼎釋作益即此已此知錢文□□字釋寶者不諳篆法也集韵二十二昔益古通作蒞漢書地志益縣屬北海郡集韵又云鄐地名當即此

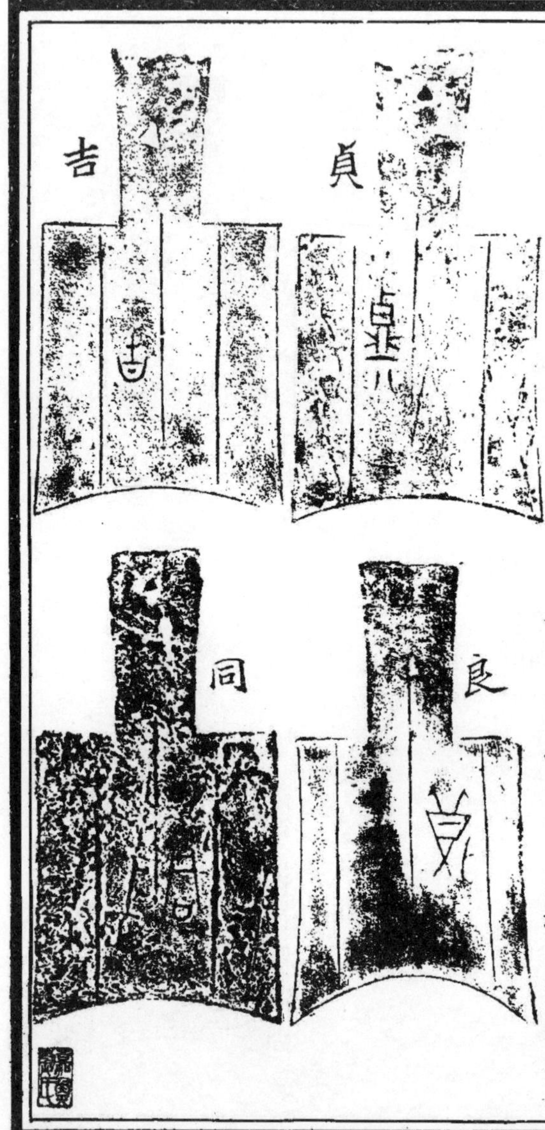

右四品近人呂一侶鼑字二侶彝器象形字貨布文字孜釋作貨皆非也說文鼎从貞
省聲古文呂貞為鼎籀文呂鼎為貞是鼎貞通用也詳古文審畢段敢此从卣八古泉
匯元十三有作[illegible]者皆从貞不省也貞地名國名紀七貞郎也集韻郎地名說文作
[illegible]古文作[illegible]即此漢志東海郡良成師古曰左氏傳所謂晉侯會吳子于良即此是
吉之地名國名紀一佶是氏通風俗通云殷時侯國一作吉桼集韻部地名即此也國名紀四
同一作郘春秋地圖謂今同州為同國玉篇郘鄉名 良見左昭十三年傳

智

智

右二品古泉匯引藁孜云鄭氏通志荀首别食知邑係晉地括地志引古人地名云解縣有智城

空

松

木

松

右四品居近人誤釋室桊[illegible]古泉匯元十三有作[illegible]者即說文[illegible]字許氏收入厂部

解為石贅而古刻从广从宀用為尻字智鼎王在遷庆中鼎埶王庆夌鼎先省野庆竝从广師虎敦王在杜宎唯林鼎在亩宎竝从宀皆可證也此布當是郾集韻郾國名是已松从地名吾憶燕王噲國亂為齊破敗於松下忘其書名矣木古泉匯呂為沐省其解木邑布引公羊傳湯沐邑為說不知古布所紀地名皆實湯沐係何邑也攷左襄二十七年傳託于木門注晉邑輿地志中有大木因名國名紀呂為衛鱄所封非也鱄奔晉居于此邑目木門大夫勸之仕不可何受封乎呂覽行論松下亂先君呂不安棄羣臣高誘注松下地名子噲戰松下為齊所獲丁酉歲元日偶檢得之急為補入

羣

室

上

寶

尚

帚來

小匕

右六品於地名無可攷若漆室夕室上陽上黨之類皆統同不足㠯示別識古人未必如是

帚來疑秭歸之倒文近人釋棘蒲篆形不合秭从禾歸从帚與此肖也乜即化即貨

安臧

安臧

安臧

安臧

右四品較前數品差小安臧當是地名

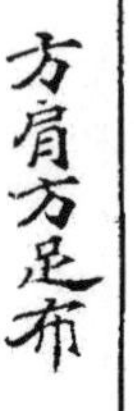

方肩方足布

背

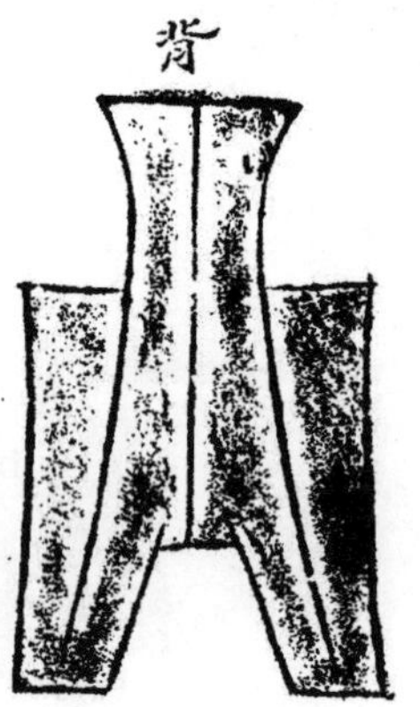

盧氏涅金

此滓麥臣縣布抄成雖薄却不違用戊子夏又翁

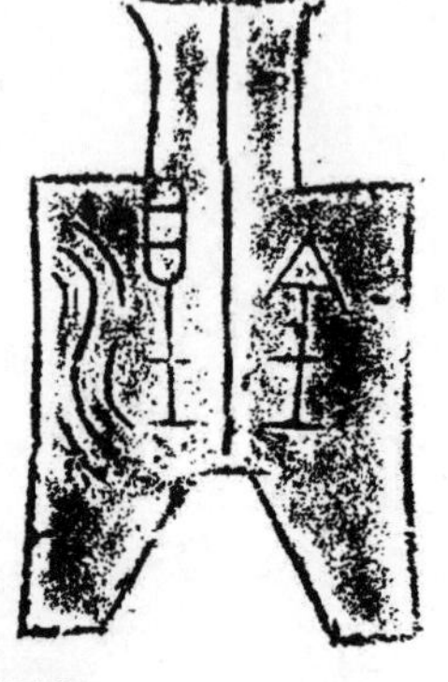

金涅

右二品一涅金合文有盧氏二字所記語為楊幼雲手筆二涅金分書古泉匯云一布兼兩地名義不可解心源疑是呂涅地金鑄盧氏幣也漢志涅陽屬南陽郡應劭曰在涅水之陽盧氏詳錐形布

甫反

一釿

埵一

茈

背

埵圭茈

右三品甫反即蒲坂吉金錄釋涑城非甫即甬之變蒲子布作艸甫說益明反从寸古文小篆从又从寸之字往往互有增省如[illegible]射對之類不可殫究寸又同形相通也

漢志河東郡蒲反孟康曰本蒲也晉文公以賂秦後秦人還蒲魏人喜曰蒲反矣案應劭謂秦始皇東巡見長坂故加反余攷紀年隱王三年秦王來見于蒲坂關十二年秦拔我蒲坂晉陽封谷是在始皇之前矣[illegible]反形梁之省字梁布作[illegible]見後漢上官鼎作[illegible]皆可證近人以此為乘非梁國名見左氏傳釿或釋金化非詳丛川布

右三品一面背全二面三背非一笵也此兩布足連未翦者俗目爲連布[古文]古文四字見説文此當泗省[古文]扶布作[古文]或釋布非釿省从十或釋十化非详盭川布尚當省

扶 ○

尚 釿

十

背 儥

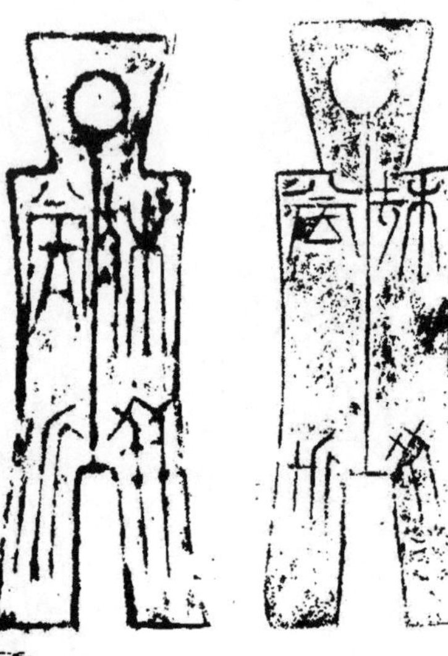

釋並同背

背

右三品一二面背全三面文或名殊布桼𣏌泼兆布字𣐿亦从夫与殊从歺朱迥別攷說文夫作𡗗从一从大大籀文大字夫即夫也說文扶扶疏四布也今扶疏字从手知扶扶通用漢志扶陽屬沛郡亦可讀郏漢志郏屬琅邪郡釿詳盐川布儥或釋貨兆說文作儥周礼胥師注賣也司市注買也此布十儥是其義桼从㒸从木亦非尚圻从十亦非釿心源复校記

鄴

鄴

郭

祁

祁

公

郲

背

五

豐

右八品一二三四五六八背皆無字七背文五字梁詳前此布又从邑大梁鼎作𨚵可證也郭从邑與鄴同意詩纘女維莘傳莘太姒國也又衛地左桓十六年使盜待諸莘又蔡地莊十年荆敗蔡師于莘又虢地莊三十二年有神降于莘又齊地成二年師從齊師于莘又

伊尹耕于有莘國名紀四注元和志古莘仲國濟陰東南三十里古莘國皆郝也未知此布何出公地名左昭二十一年華妵居于公里釋例云宋地又漢志沛郡有公丘縣祁鄉詳前豐文王邑見詩又詳豐兮卪敀

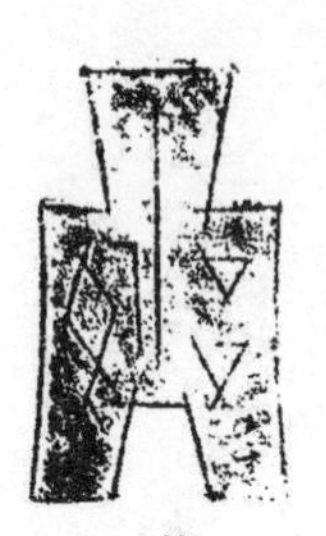

鄔　背

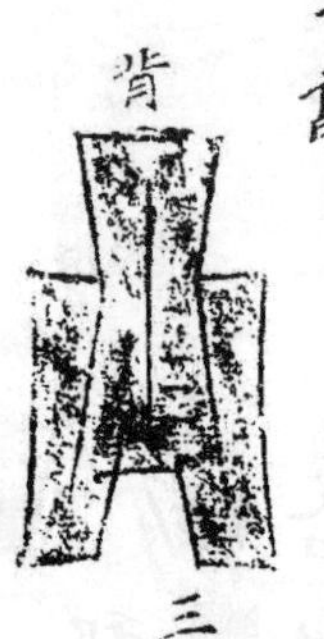

三

竝鄔字

右五品一背有三字餘背無文春秋有二鄔左隱十一年王取鄔劉蔿邘之田于鄭注河南緱氏縣西南有鄔聚昭二十八年司馬弥牟爲鄔大夫注太原鄔縣

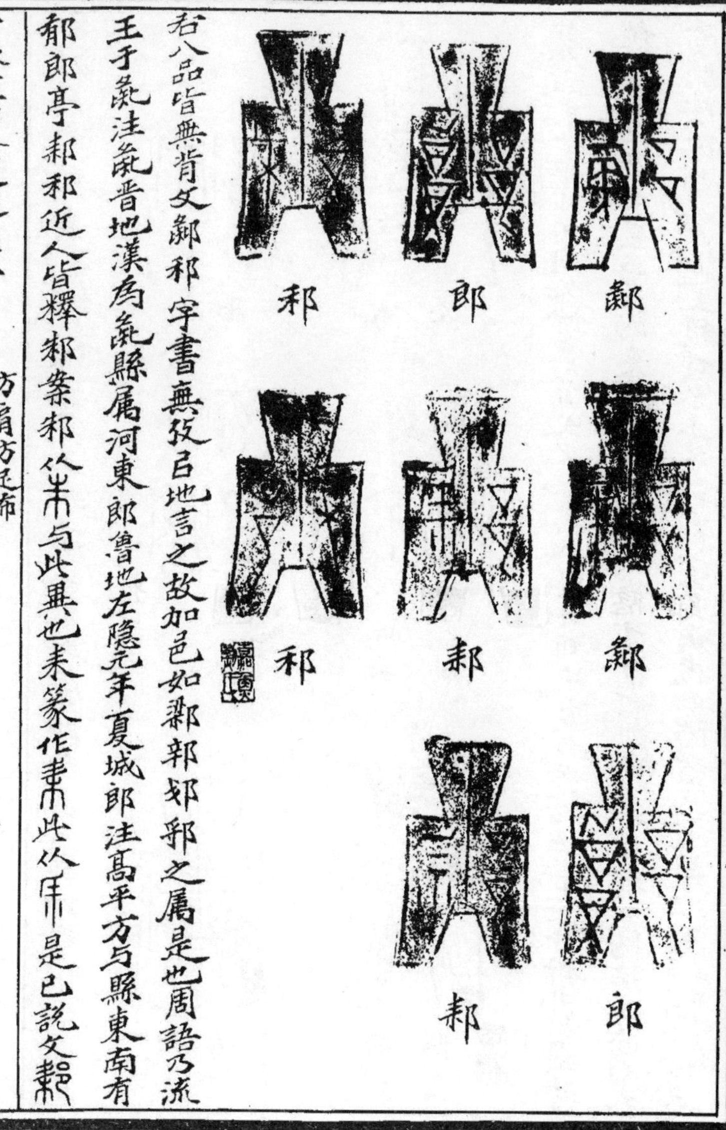

右八品皆無背文⿰彘阝郝字書無攷吕地言之故加邑如鄈郭郄郱之屬是也周語乃流王于彘注彘晉地漢為彘縣屬河東郎魯地左隱元年夏城郎注高平方与縣東南有郁郎亭郝郝近人皆釋邾案邾从朱与此異也朱篆作朱此从朱是已說文郝

今桂陽郲陽縣以耒水名之漢志作耒漢志上郡有木禾縣當即郲或曰郲即斄邑省古斄國也

安陽

安陽

安陽

安陽

背

安陽

右五品末一品背面同文餘無背文史記秦本紀寗新中更名安陽括地志寗新中七國時魏邑秦昭襄王更名安陽案莒亦有安陽後漢書方術趙彥傳莒有五陽注城陽南武陽開陽陽都安陽也又趙世家主父封長子章為代安陽君是又趙地矣首一品友人江夏吳華峰藏

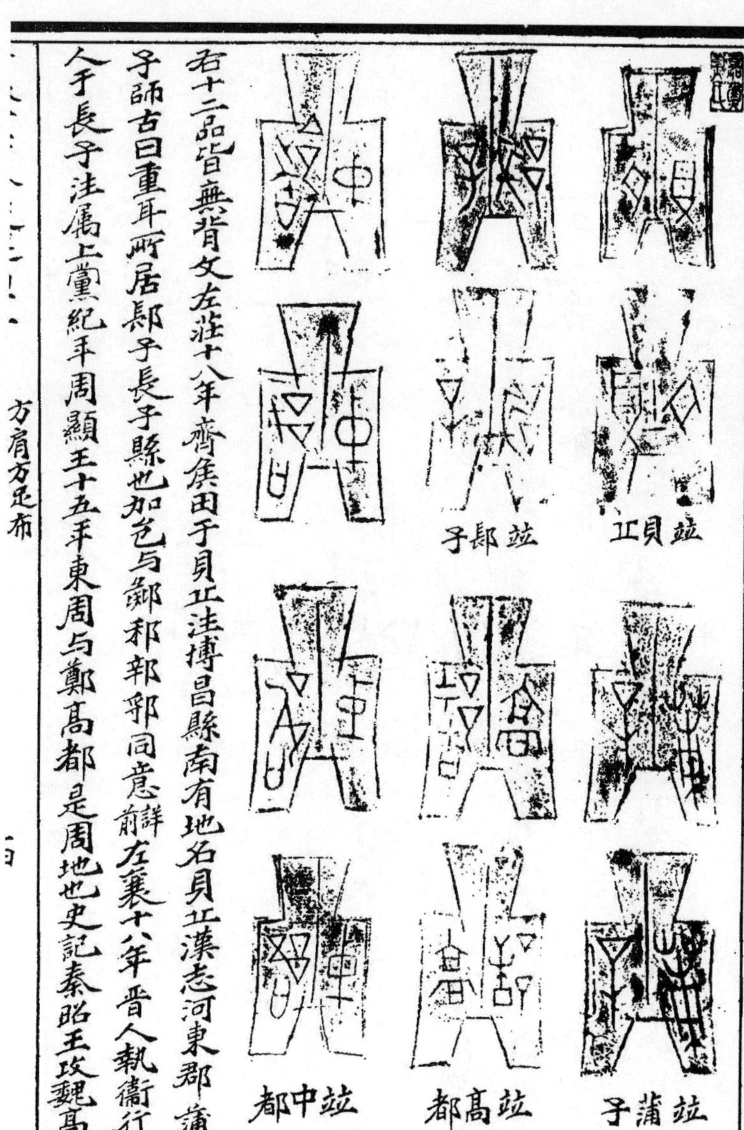

竝貝丘

竝鄍子

竝蒲子

竝高都

竝中都

右十二品皆無背文左莊十八年齊侯田于貝丘注博昌縣南有地名貝丘漢志河東郡蒲子師古曰重耳所居鄍子長子縣也加邑与鄭邪郛郛同意詳前左襄十八年晉人執衛行人于長子注屬上黨紀年周顯王十五年東周与鄭高都是周地也史記秦昭王攻魏高

都又魏邑也礼記夫子制於中都注魯邑左昭二年執諸中都注晉邑在界休縣東南

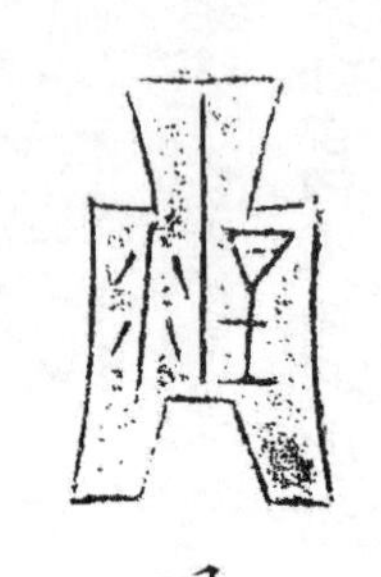

涅　露

涅　露

涅　露

右六品皆無背文涅見前國名紀露參盧之封荼陵露水之鄉有露水山字亦作潞蓋商周閒衍於河東北紫又曰潞齊邑昔鮑子及潞者左襄八年一云土軍縣今有地曰露漢之東露而幽之潞縣厶有潞水注即潞河露河也心源案詩胡為乎中露傳中露衛邑名此布或是厶可釋露即落

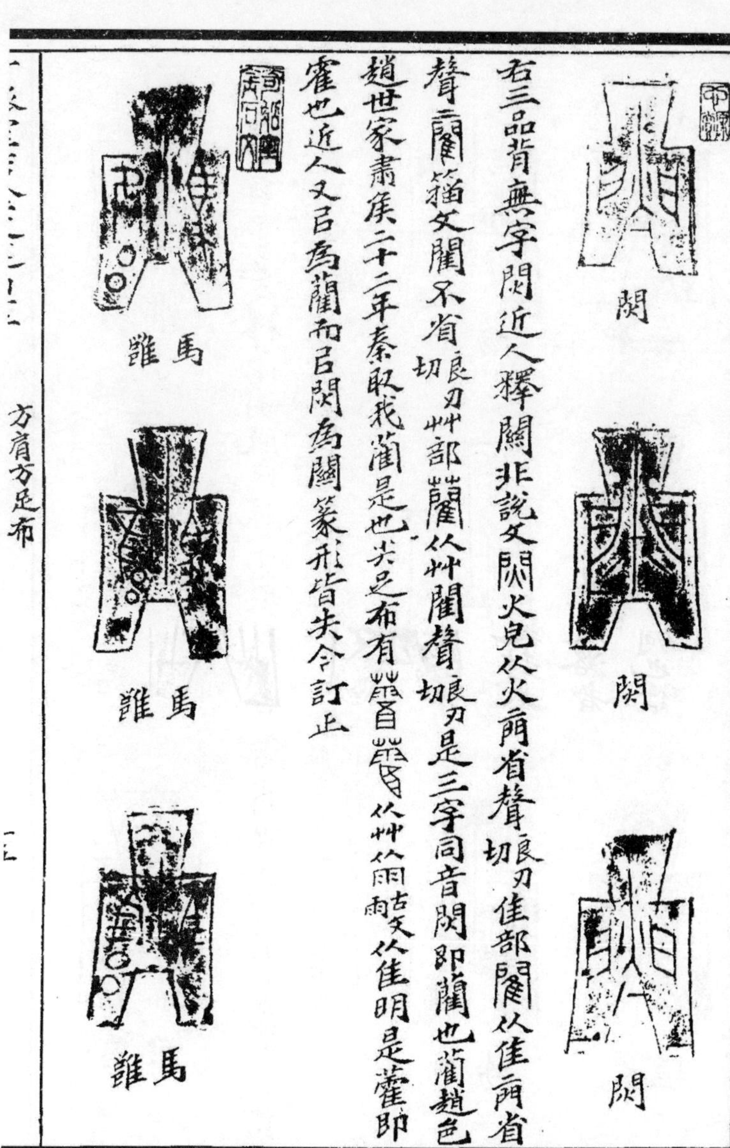

閱　閱　閱

右三品背無字閱近人釋闟非說文閱火皃从火兩省聲良刃切隹部閵从隹兩省聲閵籀文閵不省良刃切艸部藺从艸閵聲良刃切是三字同音閱即藺也藺趙邑趙世家肅侯二十二年秦取我藺是也尖足布有藺藿从艸从兩雨古文从隹明是藿即霍也近人又㠯為藺而㠯閱為闟篆形皆失今訂正

馬雝　馬雝　馬雝

方肩方足布

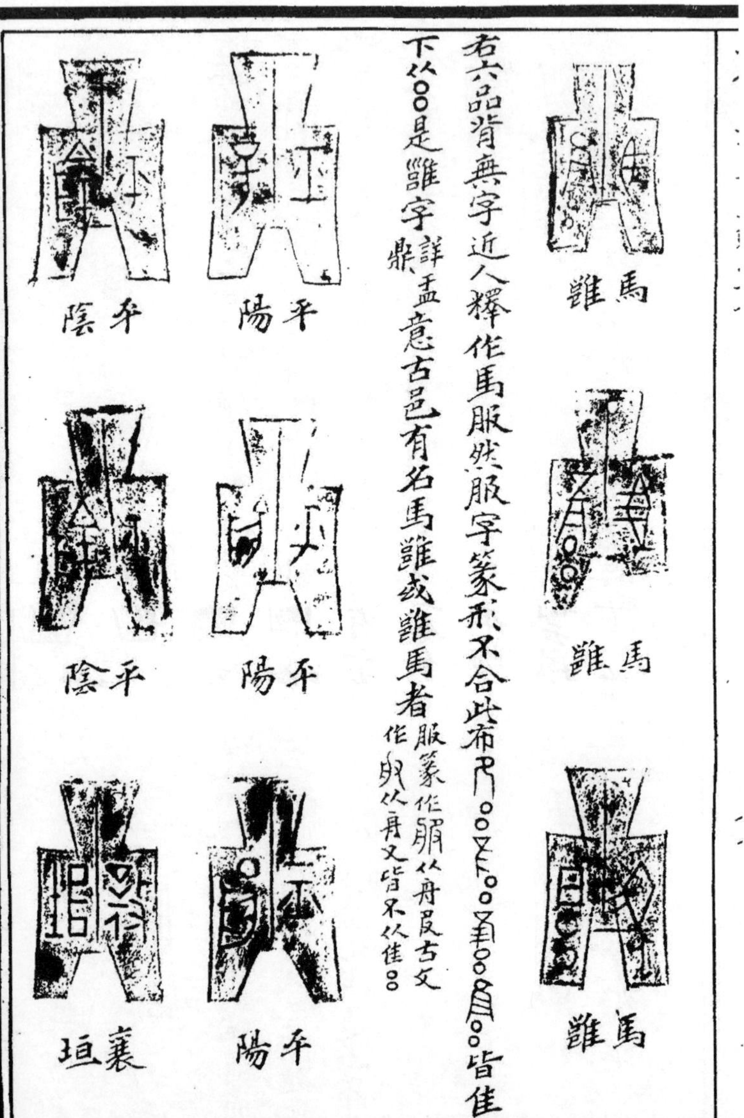

馬雎

馬雎

馬雎

右六品背無字。近人釋作馬服。然服字篆形不合。此布作𠃜。𢎘。𢀳。𦨈。皆隹下从。是雎字（詳盂鼎）。意古邑有名馬雎或雎馬者（服篆作䑺。从舟𠬝。古文作𦨈。从舟又。皆不从隹。）

平陽

平陽

平陽

平陰

平陰

襄垣

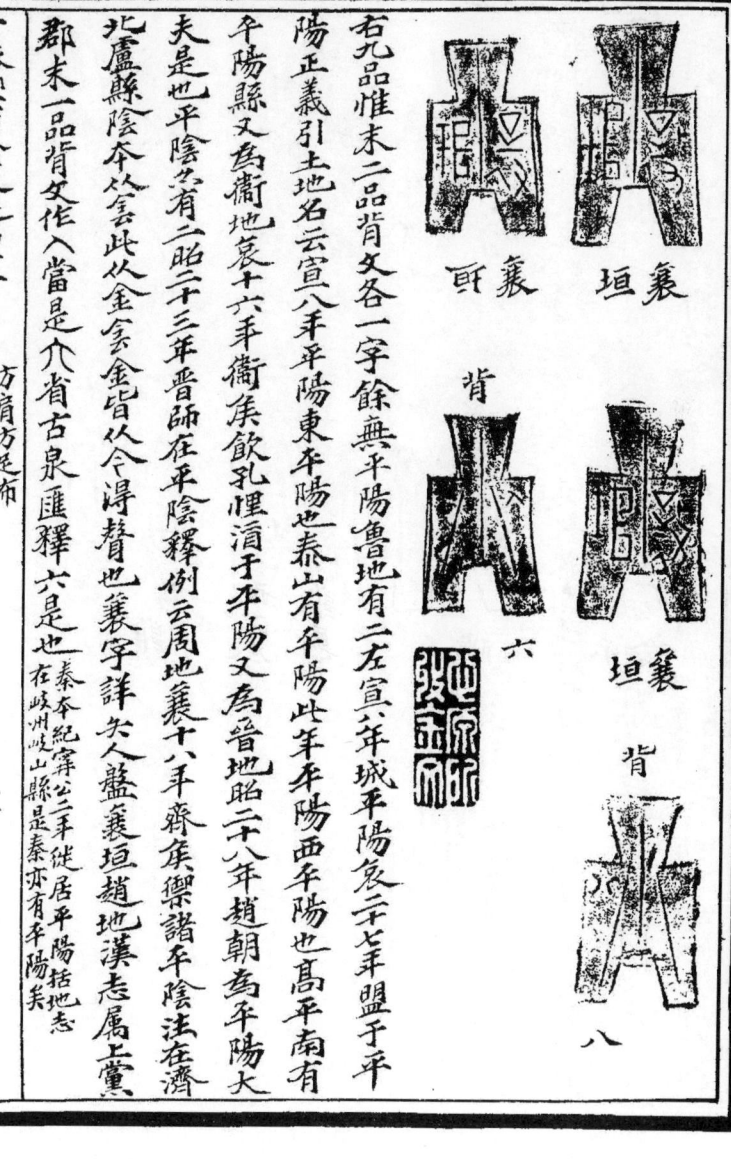

襄垣

襄𬇂 背

六

襄垣 背

八

右九品惟末二品背文各一字餘無平陽魯地有二左宣八年城平陽哀二十七年盟于平陽正義引土地名云宣八年平陽東平陽也泰山有平陽此年平陽西平陽也髙平南有平陽縣又為衛地哀十六年衛侯飲孔悝酒于平陽又為晉地昭二十八年趙朝為平陽大夫是也平陰亦有二昭二十三年晉師在平陰釋例云周地襄十八年齊侯禦諸平陰注在濟北盧縣陰本从侌此从金侌金皆从今淂聲也襄字詳矢人盤襄垣趙地漢志屬上黨郡末一品背文作八當是六省古泉匯釋六是也秦本紀寧公二年徙居平陽括地志在岐州岐山縣是秦亦有平陽矣

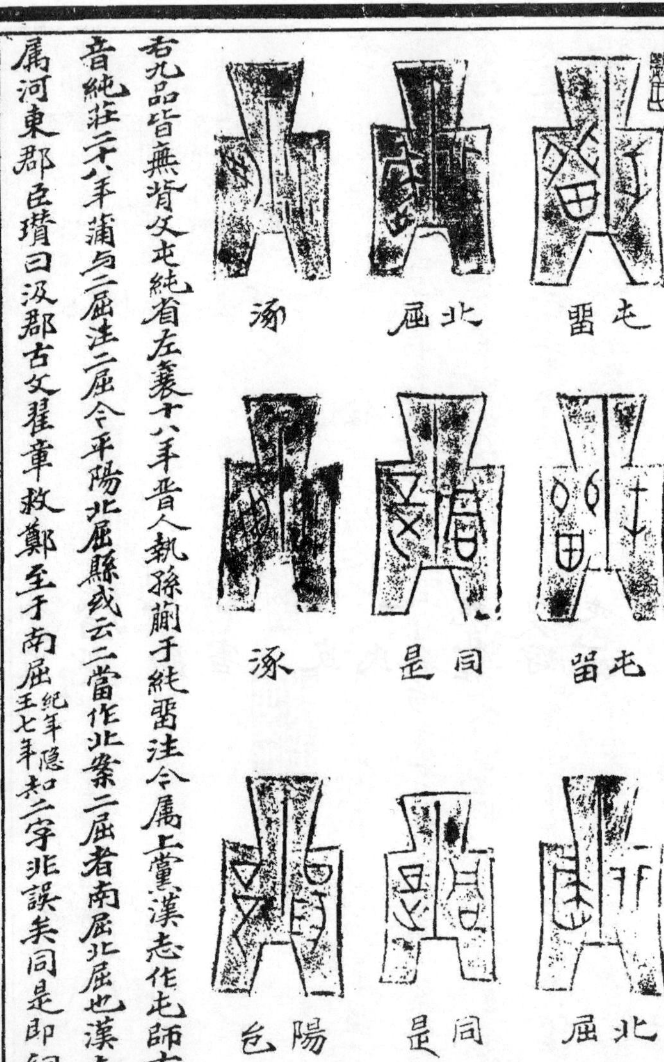

右九品皆無背文屯純省左襄十八年晉人執孫蒯于純畱注今屬上黨漢志作屯師古曰屯音純莊二十八年蒲與二屈注二屈今平陽北屈縣或云二當作北案二屈者南屈北屈也漢志北屈屬河東郡臣瓚曰汲郡古文翟章救鄭至于南屈紀年隱王七年知二字非誤矣同是即銅鞮

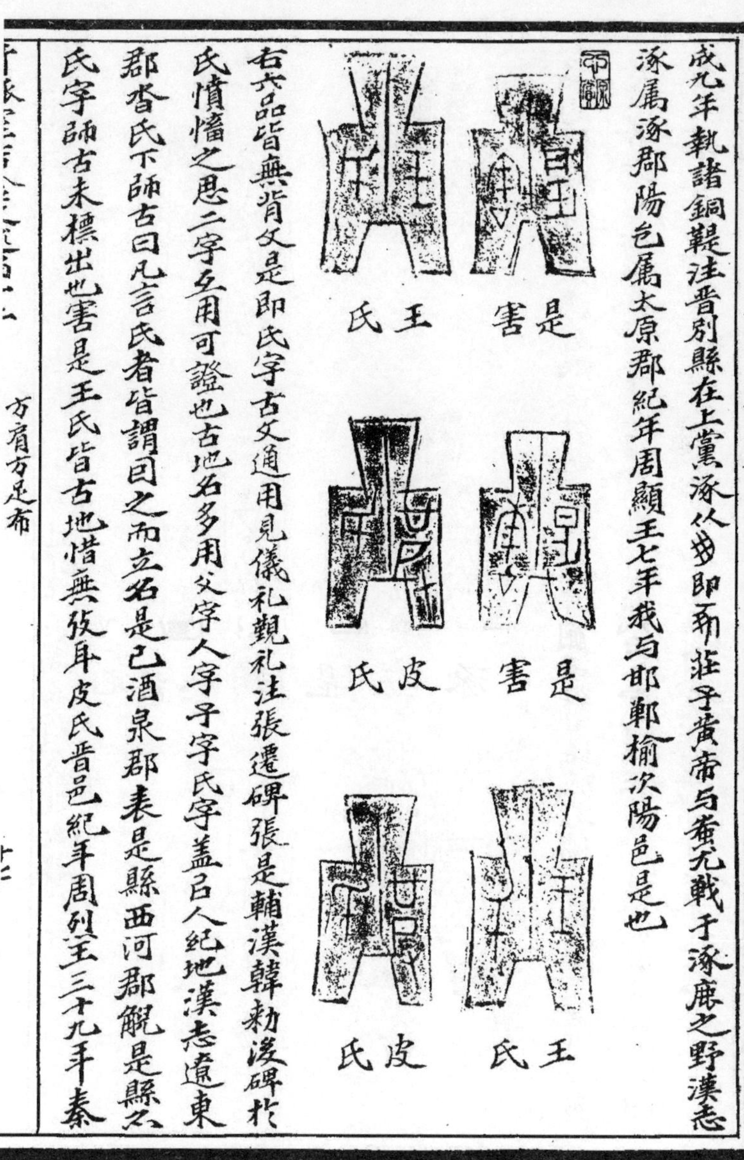

成九年執諸銅鞮注晉別縣在上黨涿从豕即邢莊子黃帝与蚩尤戰于涿鹿之野漢志涿屬涿郡陽邑屬太原郡紀年周顯王七年我与邯鄲榆次陽邑是也

右六品皆無背文是即氏字古文通用見儀礼覲礼注張遷碑張是輔漢韓勑後碑於氏憤慉之思二字互用可證也古地名多用父字人字子字氏字盖㠯人紀地漢志遼東郡沓氏下師古曰凡言氏者皆謂因之而立名是㠯酒泉郡表是縣西河郡觬是縣名氏字師古未標出也害是王氏皆古地惜無攷耳皮氏晉邑紀年周列王三十九年秦

取我汾陰皮氏漢志屬河東郡書通介詳無重鼎門彝能或釋周北周从用圖用不从甬

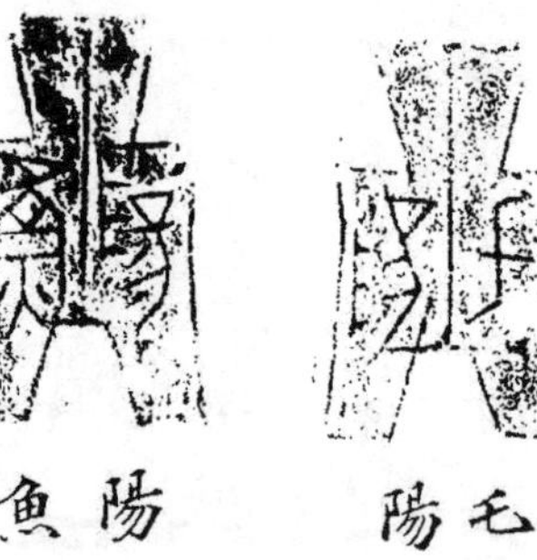

宅陽

毛陽

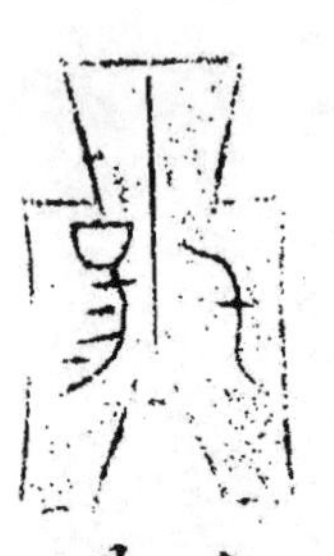

毛昜

陽魚

陽魚

陽魚

右六品皆無背文水經濟水注引紀年云晉出公六年荀瑤城宅陽史記穰侯傳正義引竹書云宅陽一名北宅韓世家正義在鄭州魚或釋魯然魯从魚下曰此从刀即漁之刀也魚漁省史記匈奴傳燕置上谷漁陽此燕將秦開事在秦置漁陽郡已前也毛宅省

垩是

宜陽

恭昌

郊

背

一分

郊

背

一分

右五品末二品背文各二字餘無隰或釋䊷非丝下从土乃垩字濕溼書者往往互亂左哀十年於是乎取犂及轅注黎一名隰濟南有隰陰縣二十三年黎丘注黎丘隰也釋文隰亦作濕棨濕亦作溼此垩是即隰隂又隐十一年隰郕注在懷縣西南未知

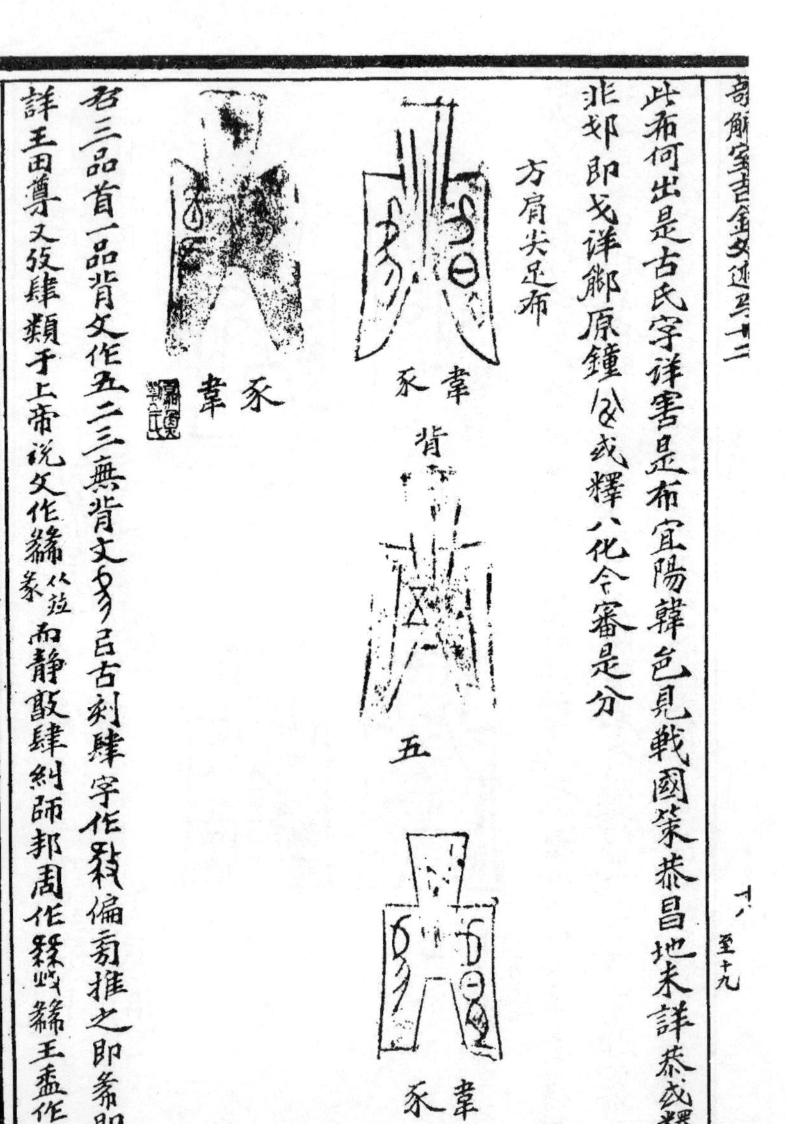

此布何出是古氏字詳害是布宜陽韓邑見戰國策恭昌地未詳恭式釋益

非郑即戈詳鄦原鐘公式釋八化令審是分

方肩尖足布

右三品首一品背文作五二三無背文[illegible]㠯古刻肆字作[illegible]偏旁推之即希即豕

詳王田尊又𢼸肆類于上帝說文作𦁂象从兹而靜敦肆糾師邦周作[illegible]𦁂王盉作[illegible]

豨下从山火古文火字實燹字由此知𨰻即豨說文豨闕脊者失攷也𨰻既是豨則希之豕但豨省不同耳鮮尊文未盡補之於此韋从日⊙汗簡作[illegible]即此古泉匯元八此希有作[illegible]者明〻韋字而李不識又有作[illegible][illegible][illegible][illegible]者乃豕韋合文而近人釋韓之謬左襄二十四年在商為豕韋氏注豕韋國名東郡白馬縣東南有韋城正義豕韋國君為彭姓也

商 正

背 四

正 商

背 四八

方肩尖足布

辛坓

商丌

背

六

商丌

背

五

右五品三背無文二背文二字餘叁一字辛商省說文作𠷎从口与前陶丌布从凵者異也丌說文作丌古文作坓从丌下从土丌十即古文也古泉匯釋作城非彼書又有作井𠔀井卄者𠔀井乃丌之橫書者此第一布亦土上橫安丌字井卄則橫而省也意古文作丌小篆破其上體許氏遂以北字說之耳商丌詳商丌叔簋余又攷方是布貝丌之丌作夕益知釋此布為城者謬也

郛

文昜
分

陽文

郛

背

陽文

背

中陽

背

三

川四

八

右六品二西六有背文餘無郛即虢从邑邑地言之與鄢郛鄭郝郝郊同曾伯霥簠詳程公說春秋分記西虢有二武王克殷封仲于西虢封叔在中國之西故曰二西虢仲之封今陝州陝縣又曰別于鳳翔之虢故名謂之南虢林之封今鳳翔府虢縣曰虢在中國之西又謂之

西虢隱元年制巖邑也虢叔死焉東虢也今鄭州滎陽未知此布何出文汶省左僖元年賜季友汶陽之田分字詳後閱布中陽魏地紀年周顯王十五年韓釐侯來朝中陽

晉分陽

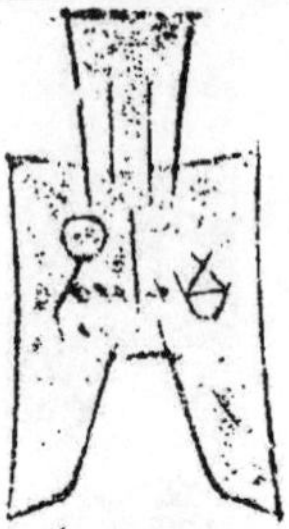

晉陽分

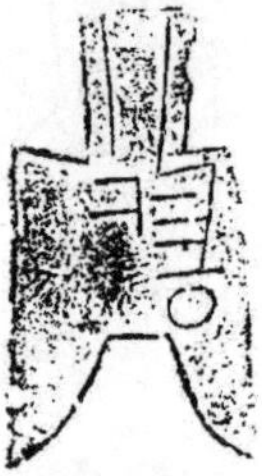

晉分昜

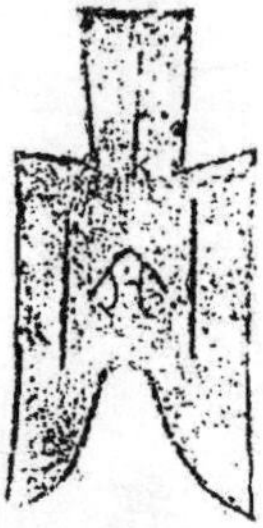

晉昜

晉人

人陽

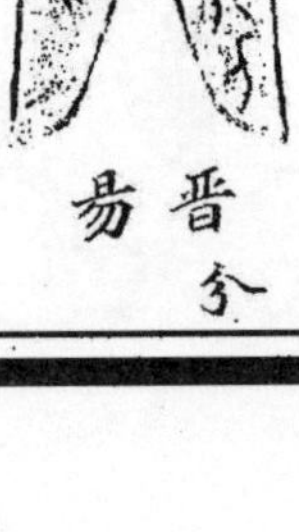

人陽

背

六

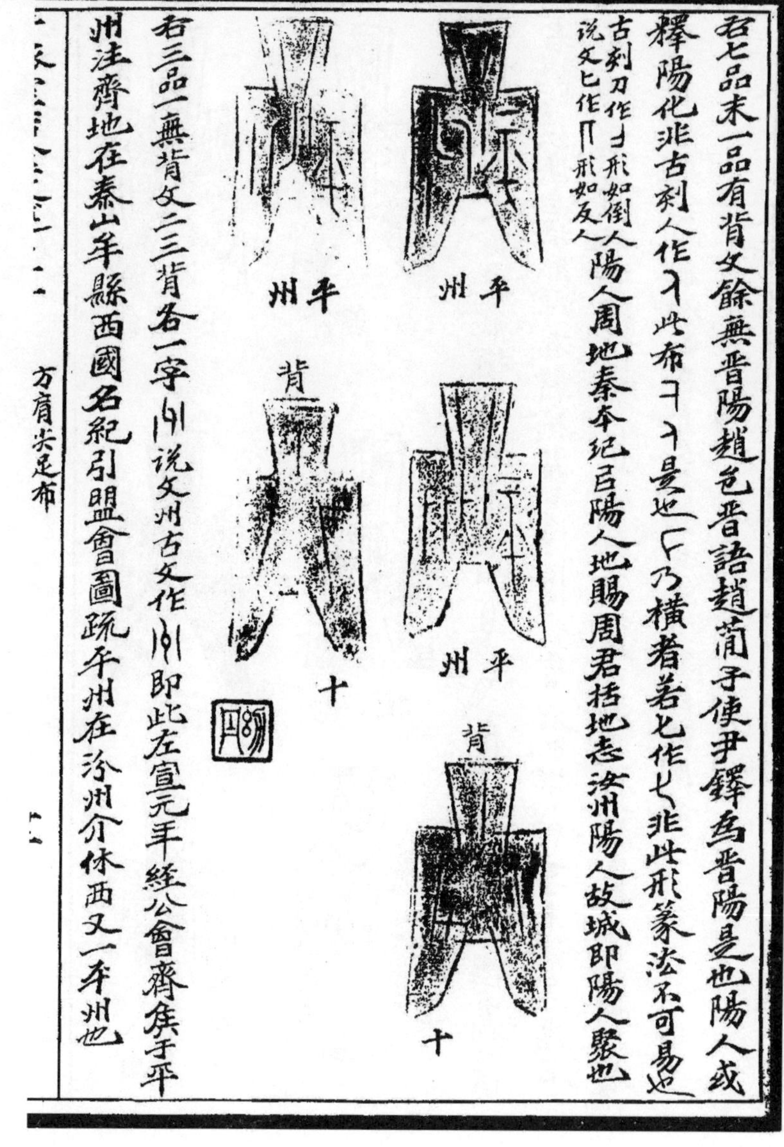

右七品末一品有背文餘無晉陽趙邑晉語趙簡子使尹鐸為晉陽是也陽人或釋陽化非古刻人作乀此布ㄱ十是也ㄈ乃橫者若七作七非此形篆法不可易也

古刻刀作ㄐ形如倒人陽人周地秦本紀呂陽人地賜周君括地志汝州陽人故城即陽人聚也

説文匕作ㄇ形如反人

右三品一無背文二三背各一字州説文州古文作州即此左宣元年經公會齊侯于平州注齊地在泰山牟縣西國名紀引盟會圖疏平州在汾州介休西又一平州也

方肩尖足布

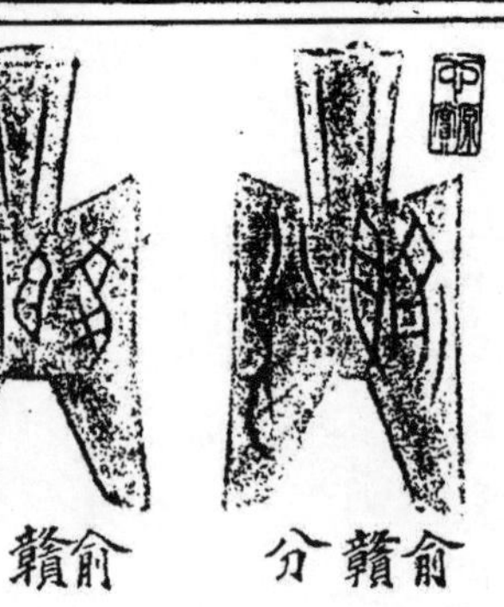

俞贛分

俞贛分

背

二

榆 ○

俞贛分

离石

右五品一有背文餘兼俞榆省四从木不省貝皆貝字古泉匯有作貝者（元四方足布）攷漢志琅邪郡有贛榆縣知俞榆皆贛省也惟俞字未詳耳离石近人釋萬石非說文离作𥜿从屮象獸角形此从𣏟象角枝出形尤肖离離省石从厂古文石字離石趙邑見史記趙世家分字詳後関布

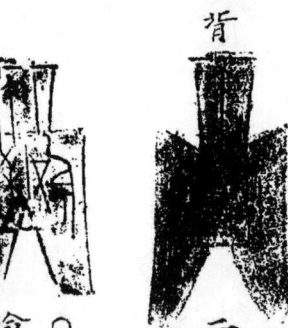

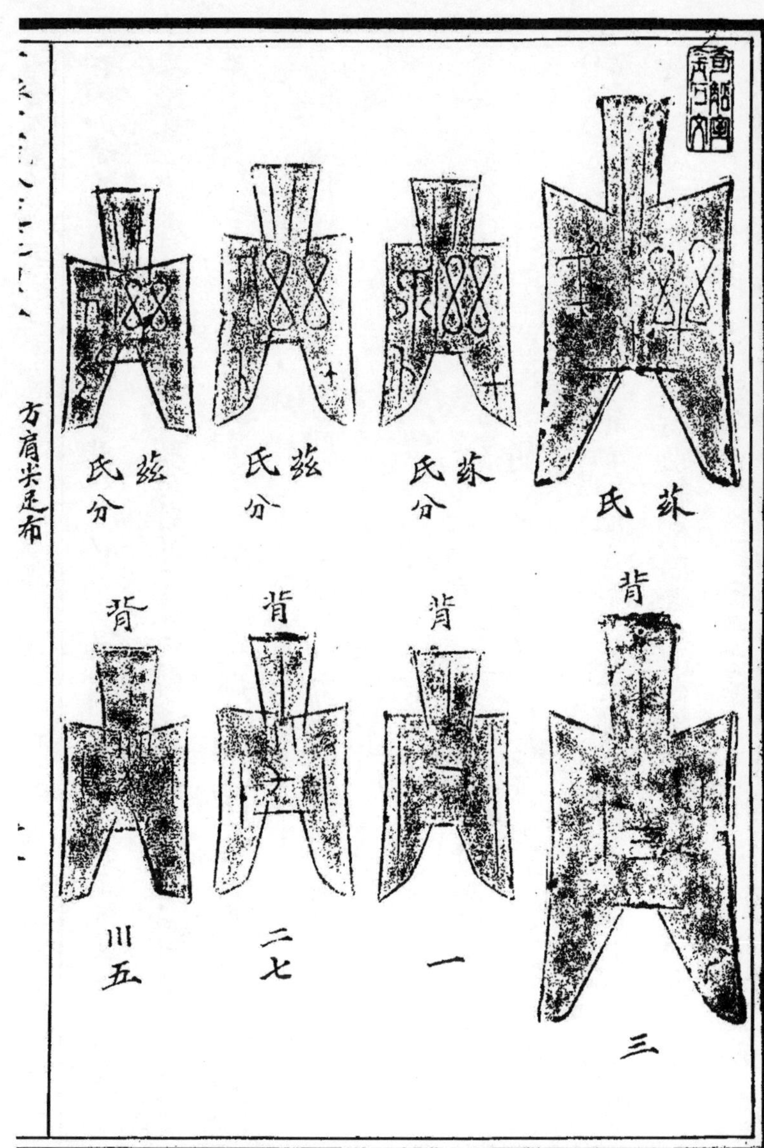

方肩尖足布

右四品皆有背文茲或釋戠非从十从木者乃林艸省也左昭五年經莒牟夷以牟婁及防茲邑來奔注姑幕縣東北有茲亭又茲氏縣漢志屬太原郡亦可釋作泫氏紀年周威烈王七年趙獻子城泫氏漢志屬上黨郡分字詳後閱布从木者乃从二幺之茲偏旁實茲字

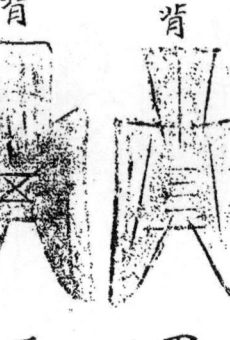

閱　分

背

四

分　閱

背

五

右二品皆有背文閱詳方足布分古泉匯釋八化二字呂化為貨字案此布八下八刀与彼書閱字布文同篆畫猶不甚碻彼書有右閱左八乙者榆布亦然尖足布並元集八吾書晉陽布八匕贛榆布八八皆反分字也彼書豕韋布彼書名豕韋在元八尖足榆布之後作八予吾書晉陽布作八予則明之分之

正形矣吾無怪今人釋古鼎布文止措意於乜字如釿爲乜金陽人爲陽乜郲氏贛榆汶陽晉陽豕常及此布之分字爲八乜（郑布亦然）皆不合篆形也分者別也古布多紀地名㠯示分別此閔分者藺邑所鑄如今人分股數曰某某分也（讀去聲）漢書地理志云魏分韓分趙分齊分魯分如此類者不一而足可㠯解此分字矣（近人釋盧氏布㠯氏爲乜亦非）

平周

平周

背

三

平周

背

八

右三品一無背文二三背文各一字魏世家襄王十三年秦取我平周十三州志在介休縣西

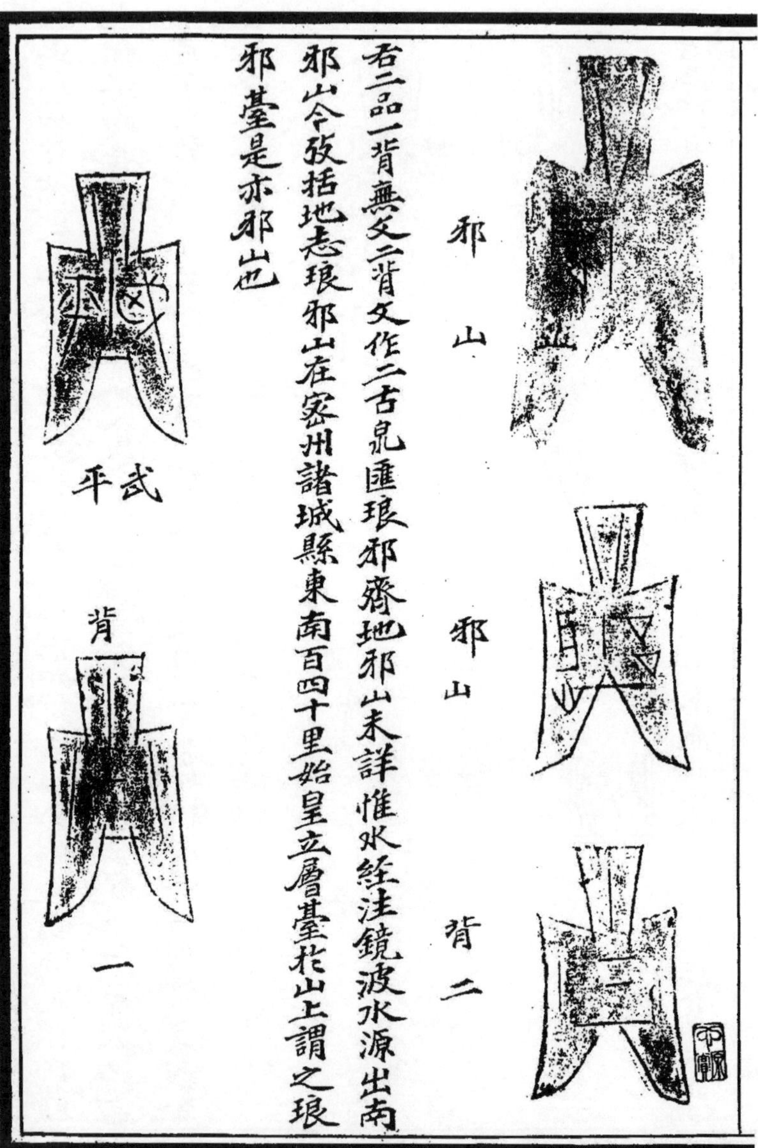

右二品一背無文二背文作二古泉匯琅邪齊地邪山未詳惟水經注鏡波水源出南邪山今攷括地志琅邪山在密州諸城縣東南百四十里始皇立層臺於山上謂之琅邪臺是亦邪山也

武平

背

八

武安

背

四

武安

背

九

右四品皆有背文趙世家惠王二十一年趙徙漳水武平西正義括地志武平亭今名渭城在文安縣北廉藺傳秦軍〻武安西集解徐廣曰屬魏郡在邯鄲西

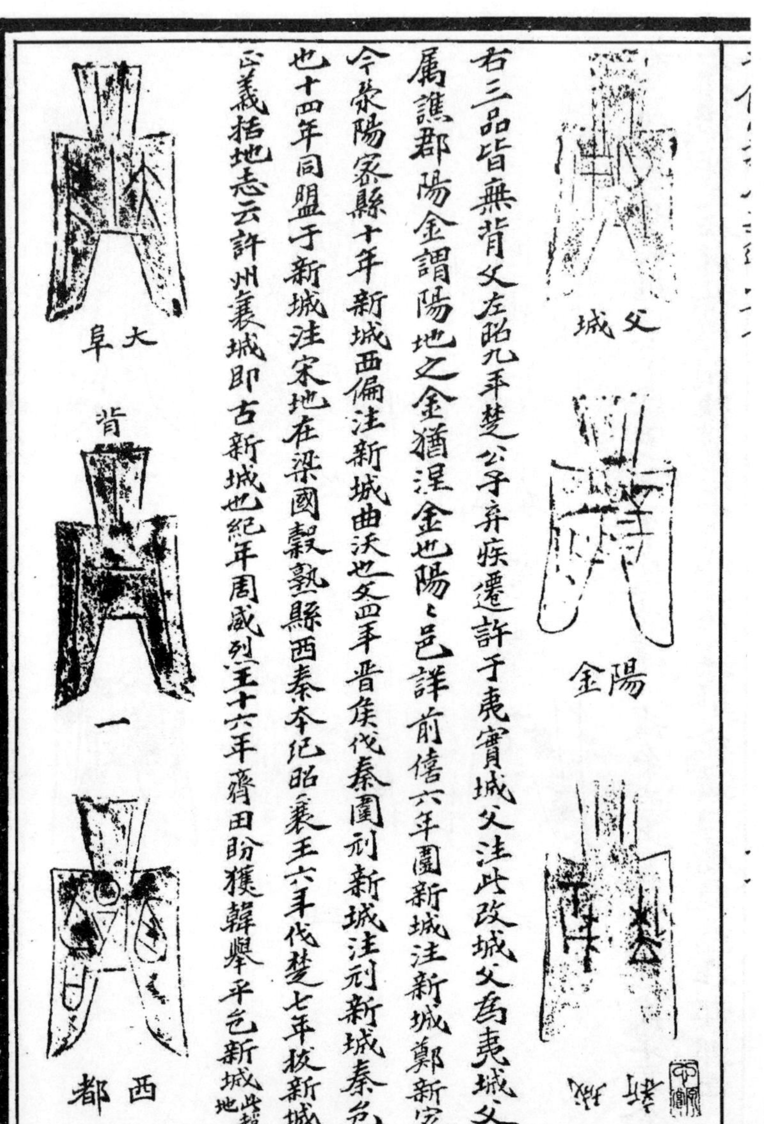

右三品皆無背文左昭九年楚公子弃疾遷許于夷實城父注此改城父爲夷城父屬譙郡陽金謂陽地之金猶涅金也陽〻邑詳前僖六年圍新城注新城鄭新密今滎陽密縣十年新城西偏注新城曲沃也文四年晋侯伐秦圍刓新城注刓新城秦邑也十四年同盟于新城注宋地在梁國穀熟縣西秦本紀昭襄王六年伐楚七年拔新城正義括地志云許州襄城即古新城也紀年周威烈王十六年齊田盼獲韓舉平邑新城此趙地

西都

厌陰

背

陰厌

背

七

四

右六品一四五皆有背文餘無大阜西都厌陰皆地名無攷卜古文阜或釋邑誤西或㠯為自釋作息非篆法自作𠂤沒不作𠂤此布有作𠂤者即𠂤其為西字審矣于邘省國名紀五于邘也左傳邘晉應韓武之穆也説文邘武王子所封在河内野王史記周本紀西伯伐邘是商時已有邘國後為武王子封也又隐十一年鄔劉蔿邘之田注蔿邘鄭二邑此文一邘也分字詳閱布十六可釋九

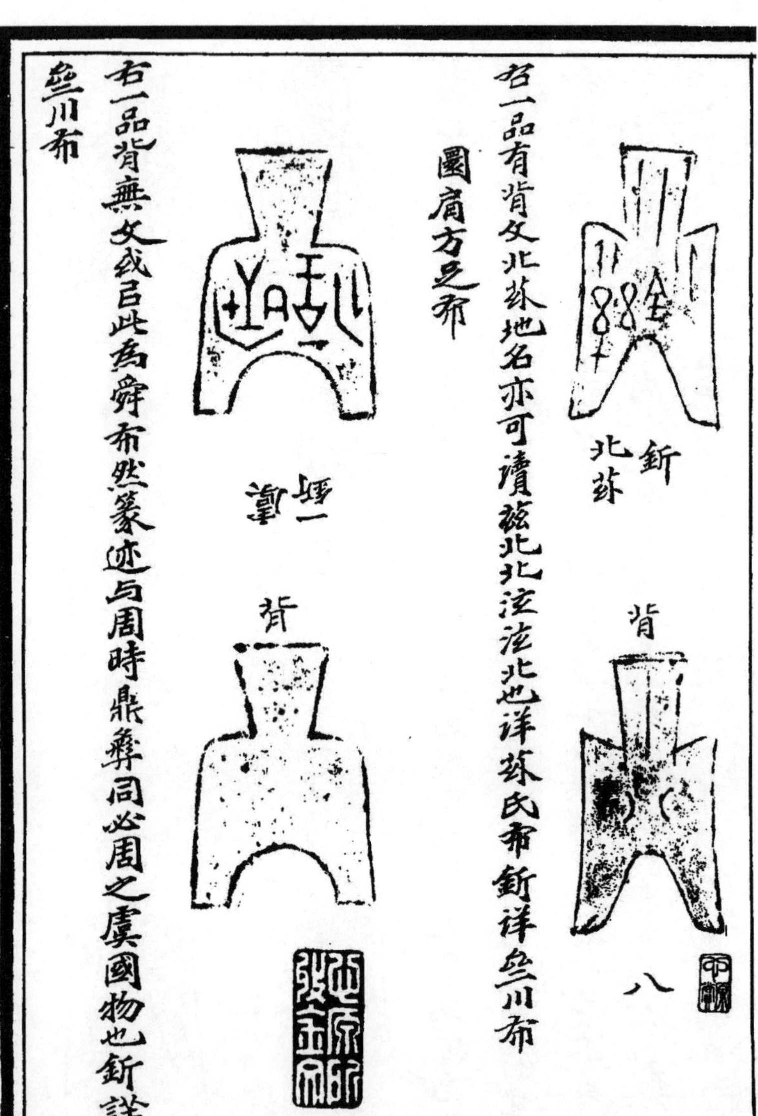
右一品有背文北𣅀地名亦可讀茲北北洨洨北也詳𣅀氏布釿詳𡉐川布

釿

北𣅀

背

八

圜肩方足布

𡉐一

[illegible]

背

右一品背無文或曰此爲舜布然篆迹与周時鼎彝同必周之虞國物也釿詳

𡉐川布

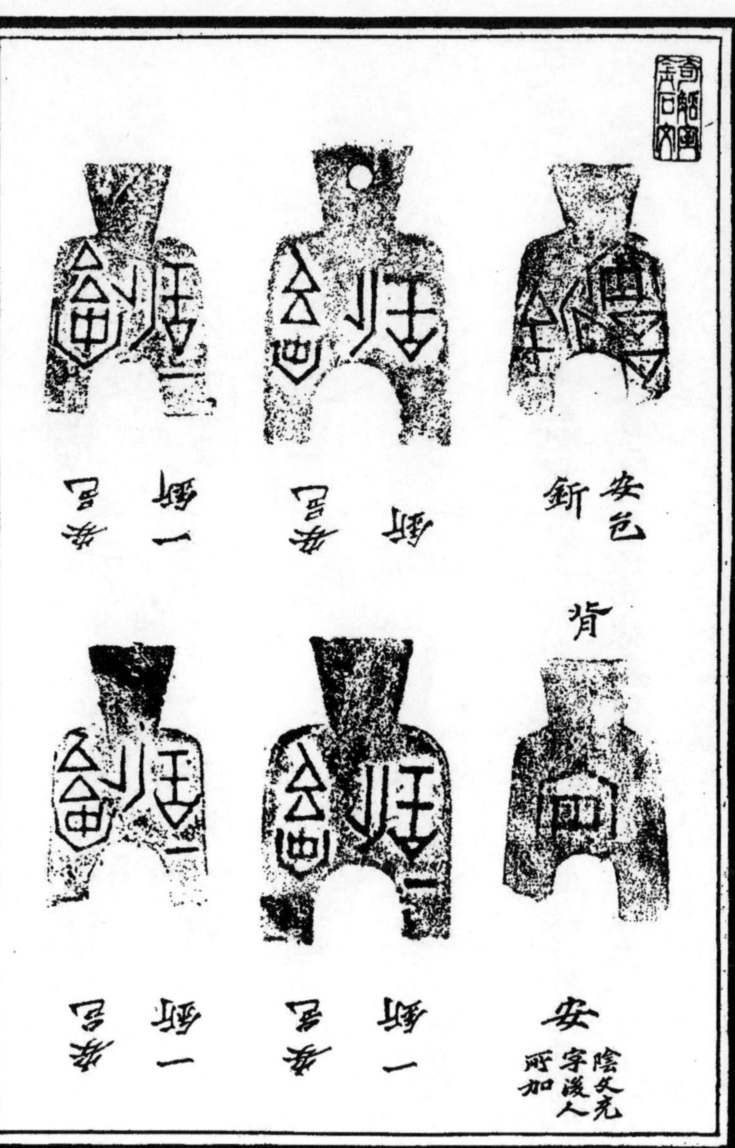
安邑釿
背
安
陰文克字後人所加

安邑 二釿

背

二釿 安邑

安

二釿 安邑

右八品一六皆有背文餘無史記魏世家正義安邑在絳州夏縣或吕此為夏后物不知禹都安邑之說乃後人吕後世邑名為標若曰禹所都在此安邑也紀年止云帝即位居冀經傳皆無安邑之名惟史有之蓋在春秋時也篆迹亦是周時體

梁正尚金尚寽

梁充釿金尚寽

同前

同前

梁充釿五二尚寽

梁半尚二金尚寽

右六品皆無背文惟四背中央作○○己非文字不著彔也尚當省乎鋝省呂刑馬注鋝重十一銖二十五分銖之十三也乎篆与爰相近見矢人盤文可釋鍰說文兩收鍰下云鋝也攷工弓人疏云鋝与鍰為一物皆是六兩大半兩也正當金當鋝者言此正當之金其直當六兩餘也曰正曰充曰半大小重輕已別正者常制充者變式半則殺矣梁詳方肩方足布釿詳茲川布 五十二者記布品次第也

陽山

背

右一品背平無文化貨布文字攷據史記始皇八年与嫪毐山陽地遂以此為秦幣不知始皇本紀明云五年攻魏定雍丘山陽城是未入秦時已有山陽矣漢志山陽屬河內郡

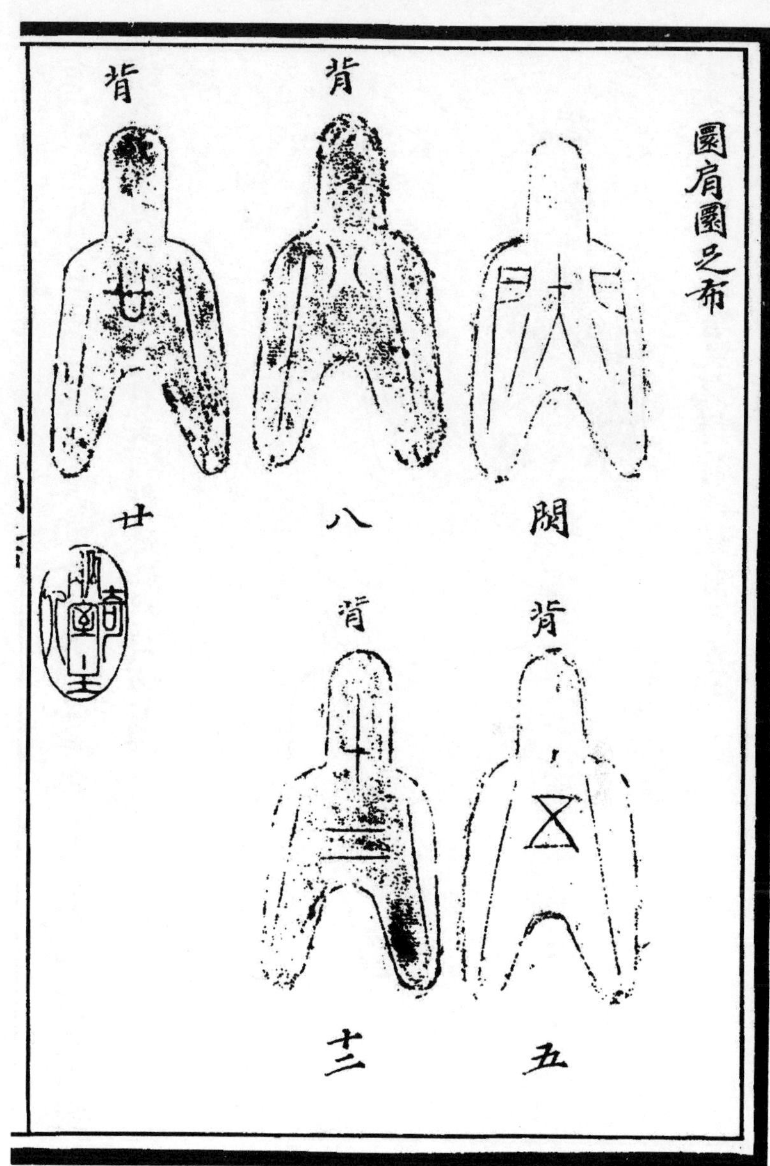
圜肩圜足之布
閃
背
八
背
廿
背
五
背
十二
背

右四品一面背全二三四皆背文其面文与一品同不必录也背文記布品之數非記價直不然大小輕重同質矣何數殊也閔詳方肩方足布

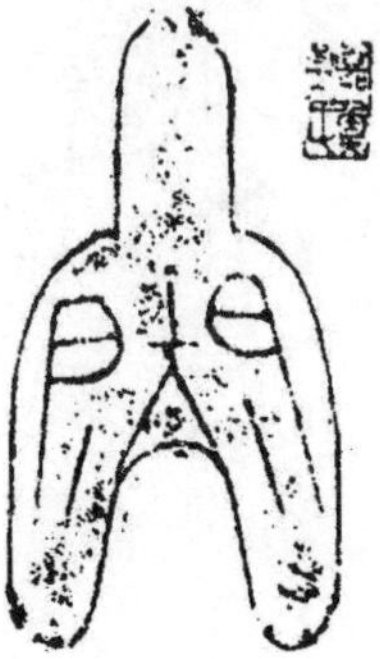

閔

背

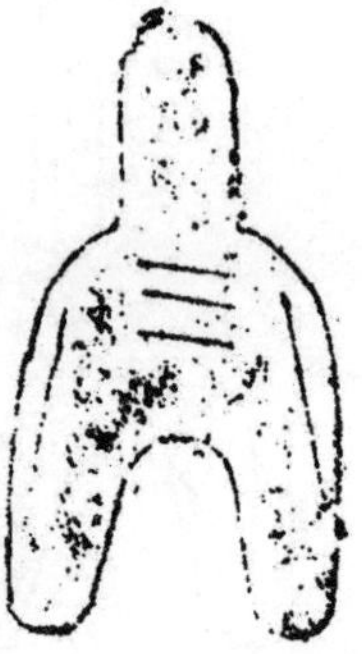

三

背

五

右二品一面背全二背文説詳前此較前品差小

閔

背

十六

背

廿四

背

廿九

背

卅一

背

六十二

右五品一面背全餘皆背文說詳前此較前品文小矣

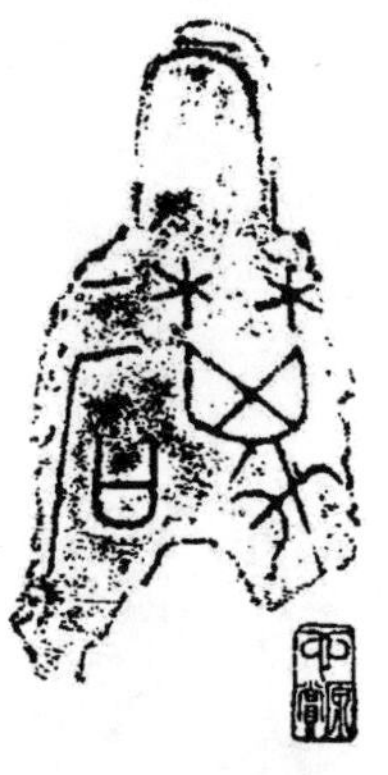

离石

右一品無背文詳方肩尖足布

奇觚室吉金文述卷十三

泉布文中

嘉魚劉心源幼丹甫學

齊刀

<刀銘>

齊造邦長法化

上

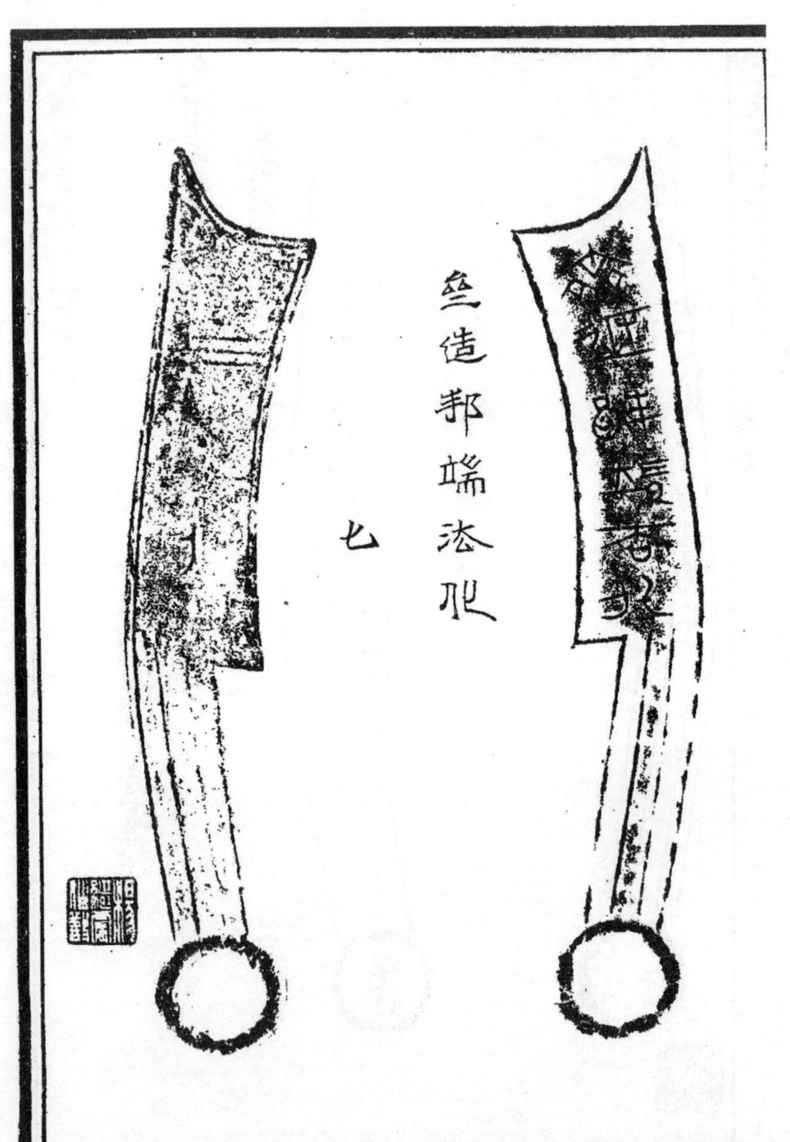
亝造邦端法化
七

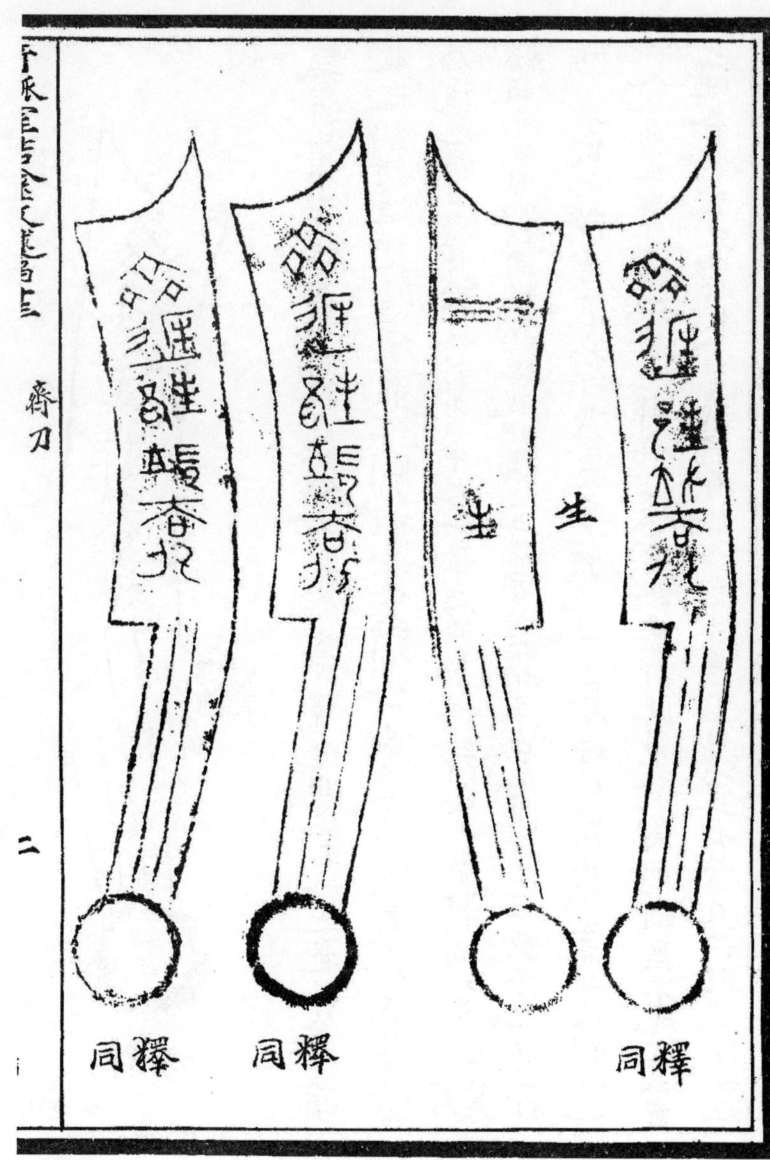

釋同　釋同　釋同

釋同

右六品前三品面背全餘面文同背皆無字不著录造或釋建非建不从辵叓不从牛孜頌敢監嗣新造作[illegible]頌鼎作[illegible]頌壺作[illegible]从宀盖吕宮室取義广義亦同此刀乃造之省口者耳邦从[illegible]己中多一筆与西亭[illegible][illegible]矢人盤[illegible]同从土古文封字詳康侯鼎与毛公鼎[illegible]同端或釋兟非案此五端字大略相同古泉匯亨一所載亦不一有一作[illegible]者即此[illegible]字[illegible]立字[illegible][illegible]立之蘇文[illegible][illegible]皆从[illegible]从儿説文耑部[illegible]紗也从人从支豈省聲即微本字案説解从人二字有譌奪許既吕散入耑部斷無不先言部首之理各篆皆然也此散當云从耑省从支耑亦聲不當云豈省聲且許於豈下又云

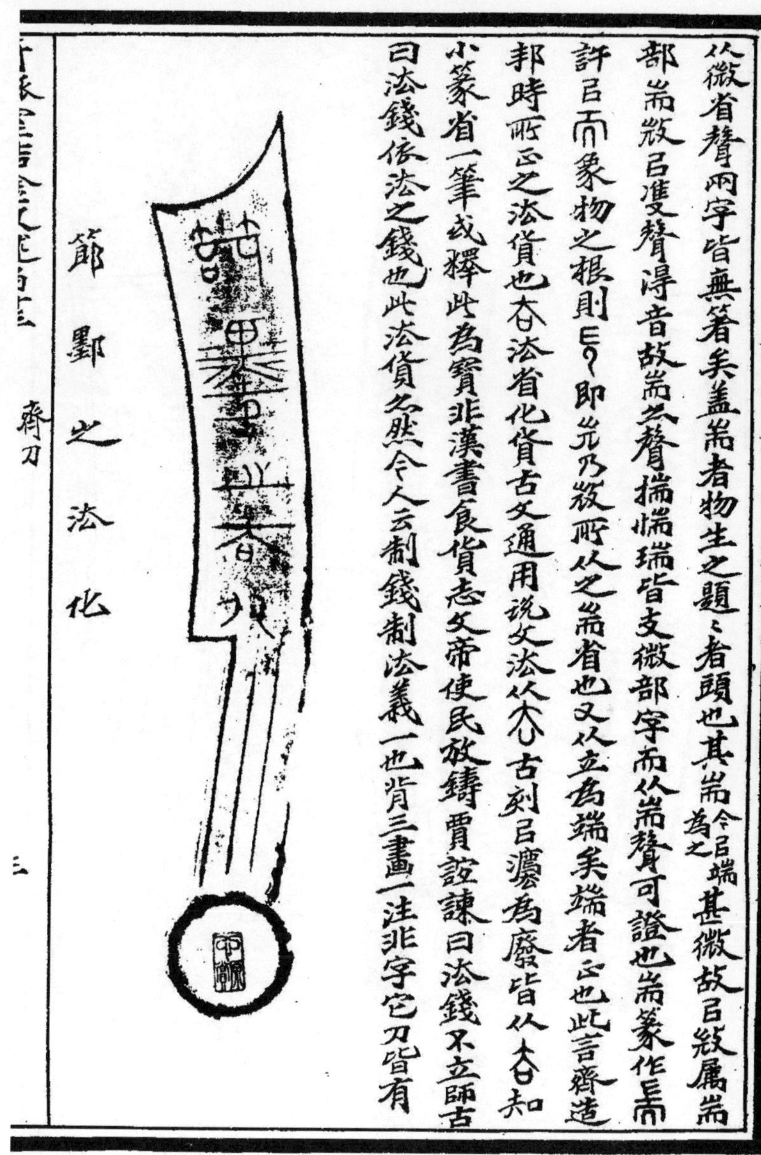

从微省聲兩字皆無箸矣蓋耑者物生之題々者頭也其耑今㠯端為之甚微故㠯敹屬耑部耑敹㠯㒸聲得音故耑亦聲揣㸖瑞皆支微部字而从耑聲可證也耑篆作耑許㠯而象物之根則𠤎即㒸乃敹所从之耑省也又从立為端矣端者正也此言齊造邦時所正之法貨也𠅞法省化貨古文通用說文法从大𠙴古刻㠯灋為廢皆从𠅞知小篆省一筆或釋此為寳非漢書食貨志文帝使民放鑄賈誼諫曰法錢不立師古曰法錢依法之錢也此法貨名然今人云制錢制法義一也背三畫一注非字它刀皆有

節鄿之法化

古泉彙考　齊刀　三

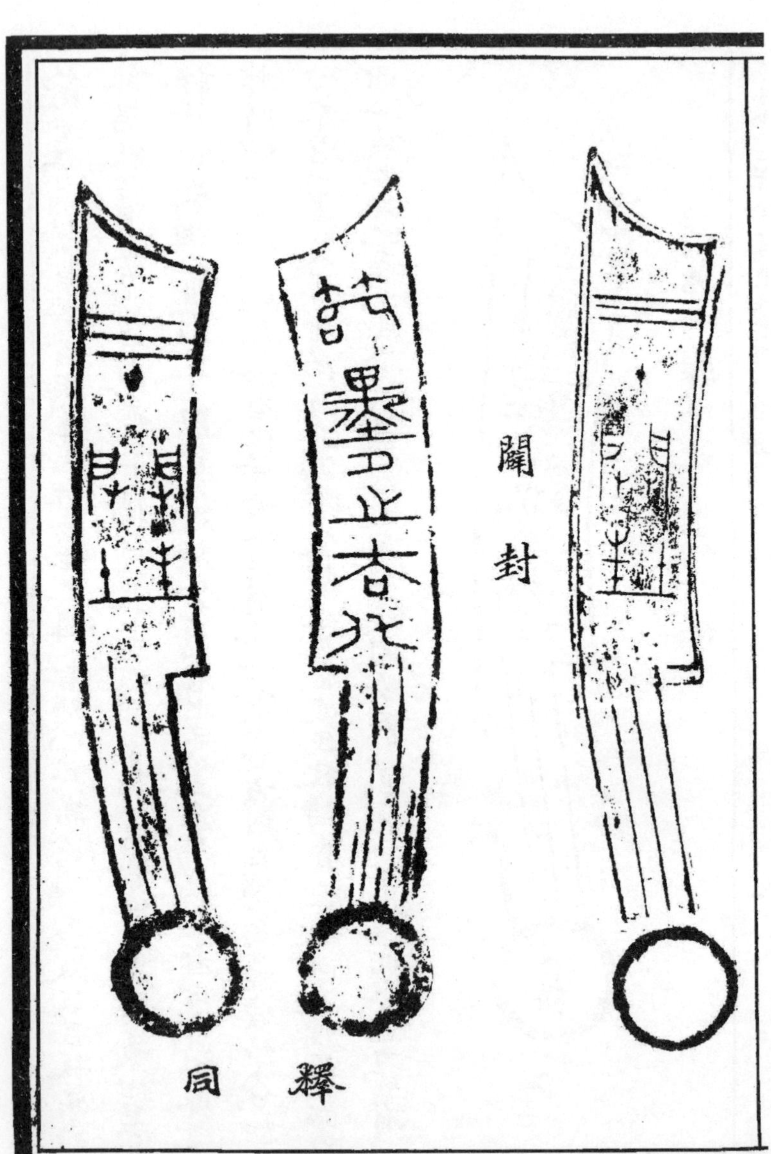

闢封

釋同

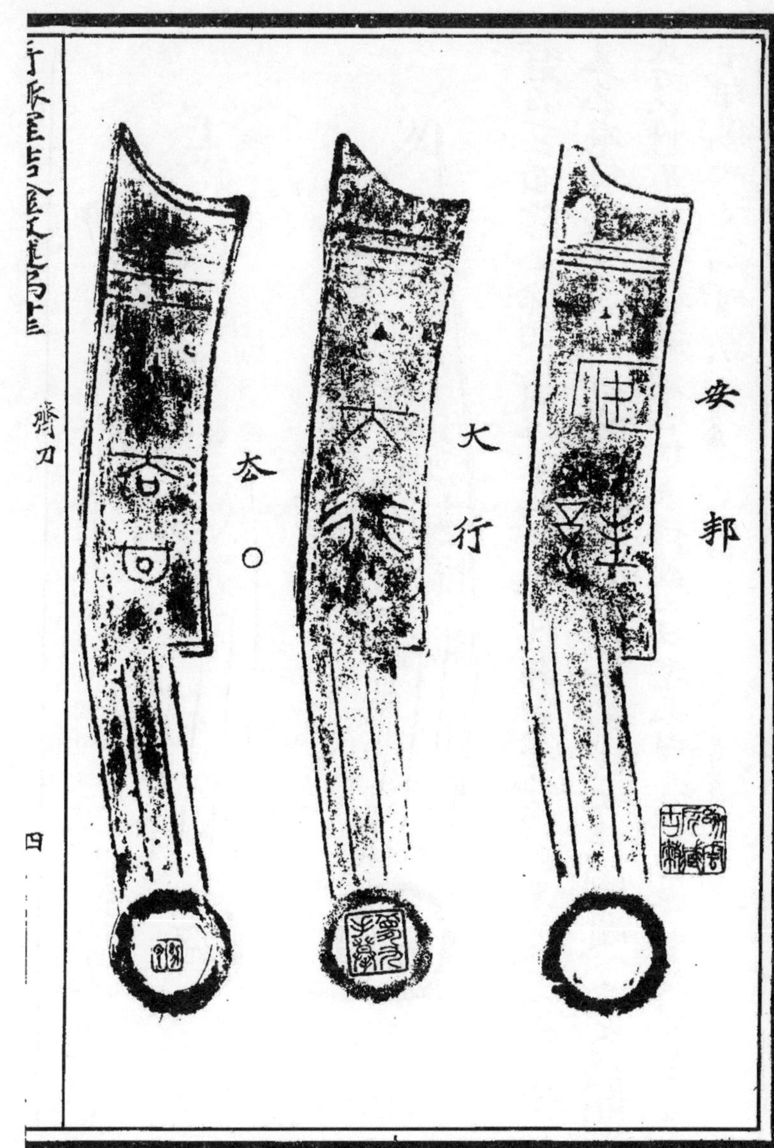
齊刀
四
安邦
大行
厺

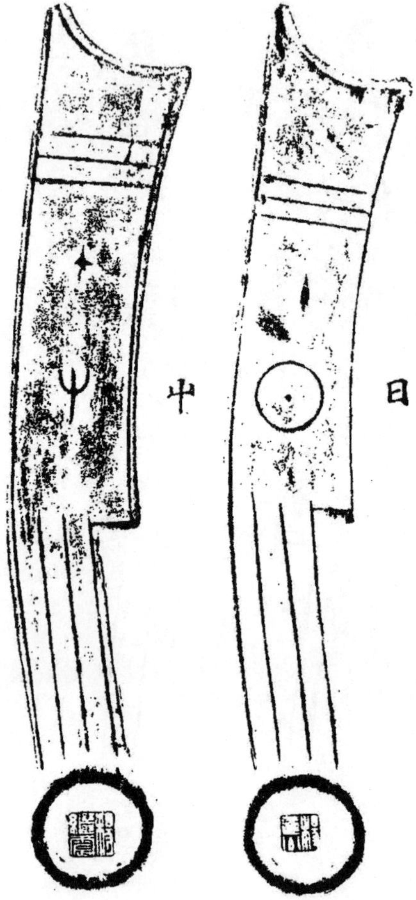

日

屮

右七品一三面背全餘面文同但柔其背文節𨛗即墨也齊邑墨下从卩乃㔾字蓋邑省地名字多加邑詳前闢或釋開然說文開古文作𨳍闢下重文作闢此刀从艸不从𨳍釋闢爲合⊖未詳或曰廿字或曰朞字皆非屮或釋七亦可屮即徹此刀未知何義

右一品面背全安易安陽也詳方肩方足布

安易之法化

化

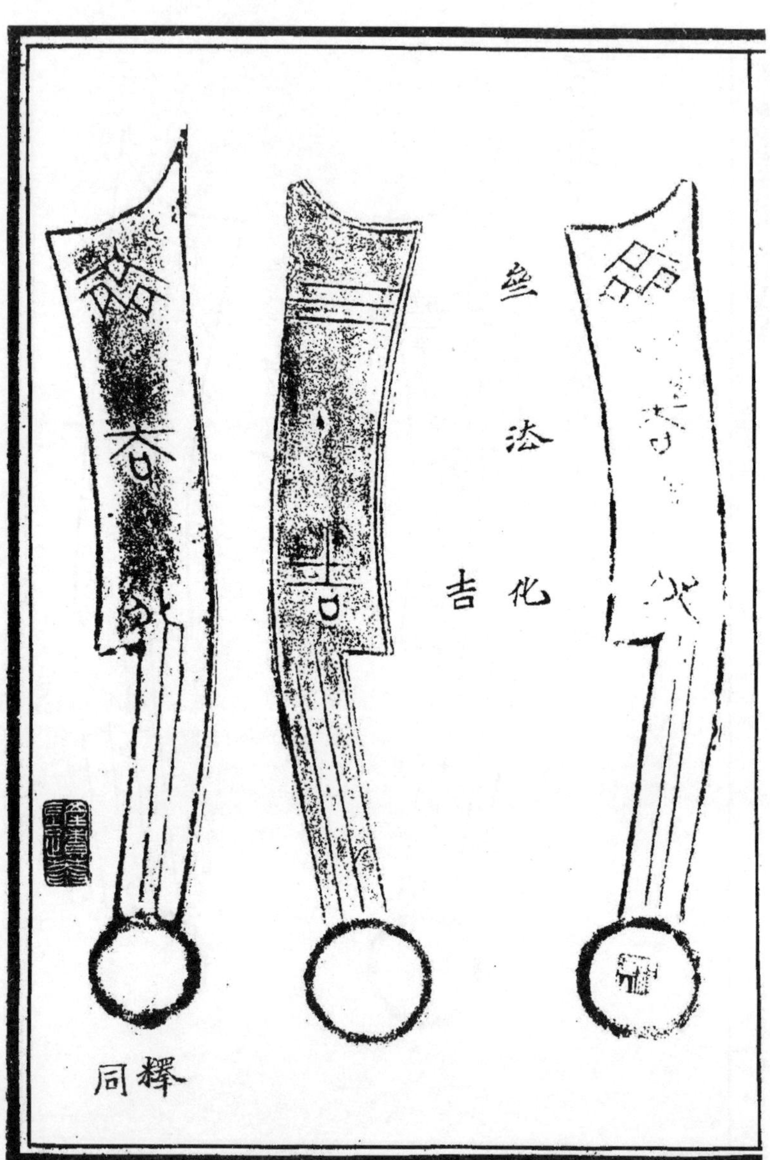
厽㳒化
吉
釋同

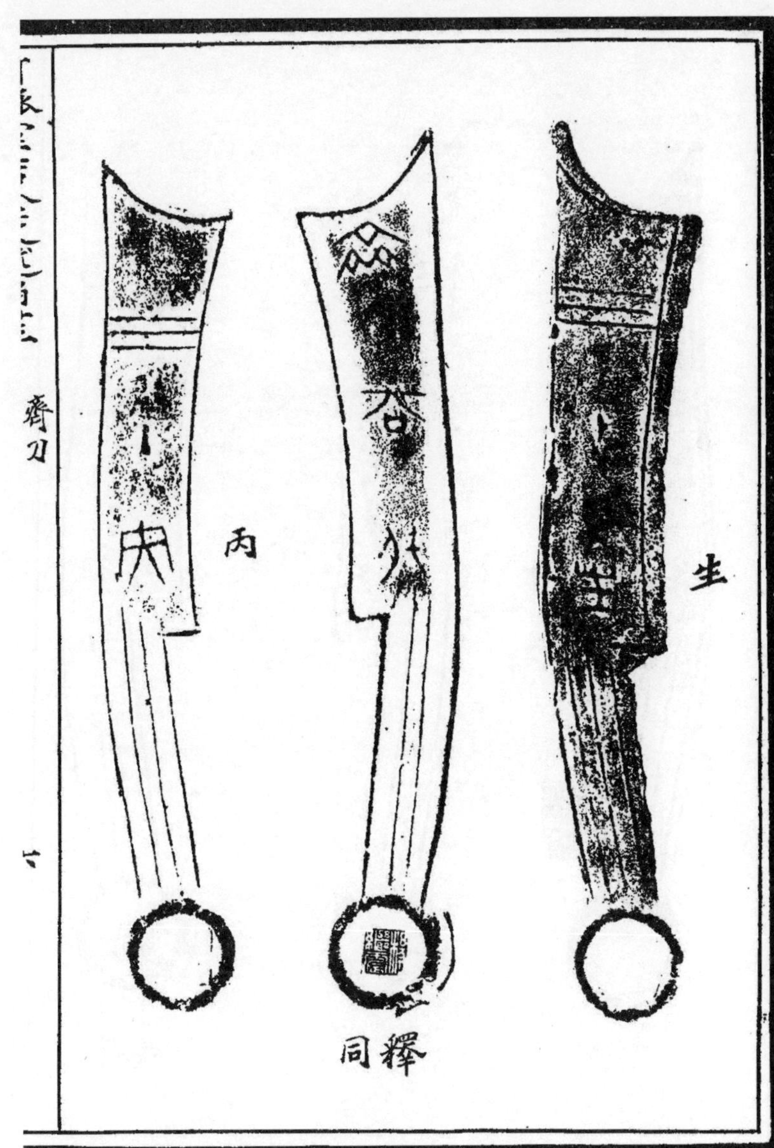

齊刀
丙
生
釋同

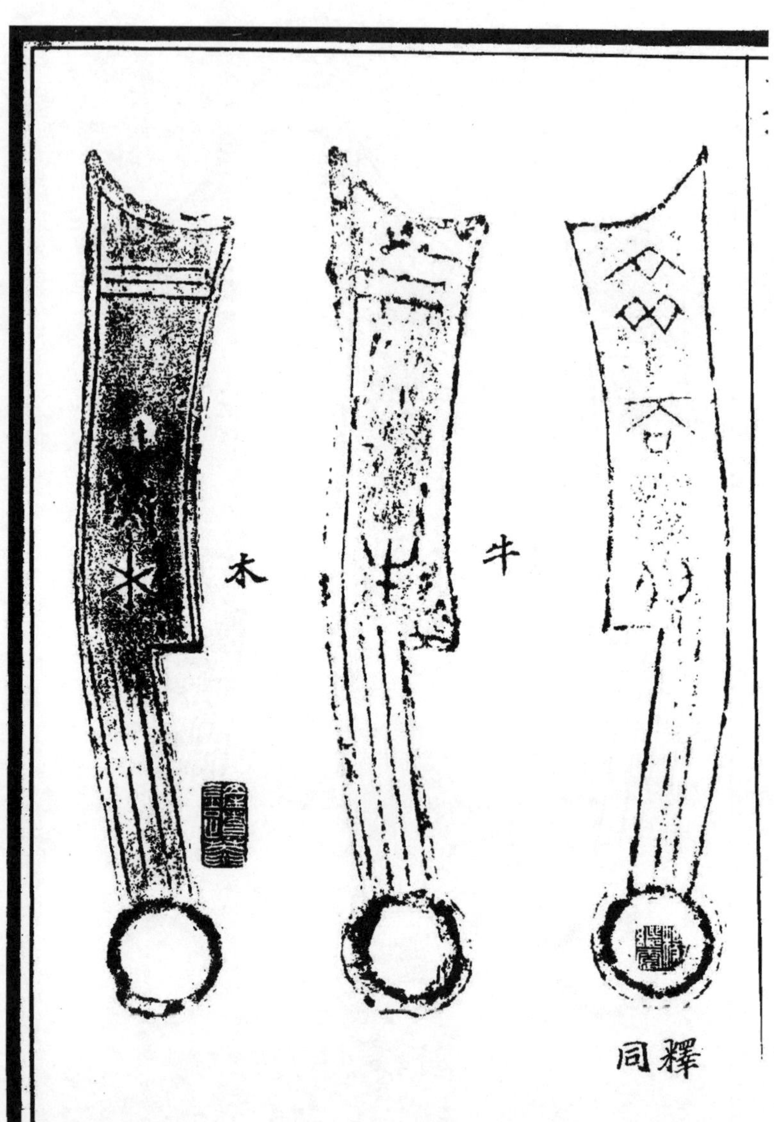
木
牛
釋同

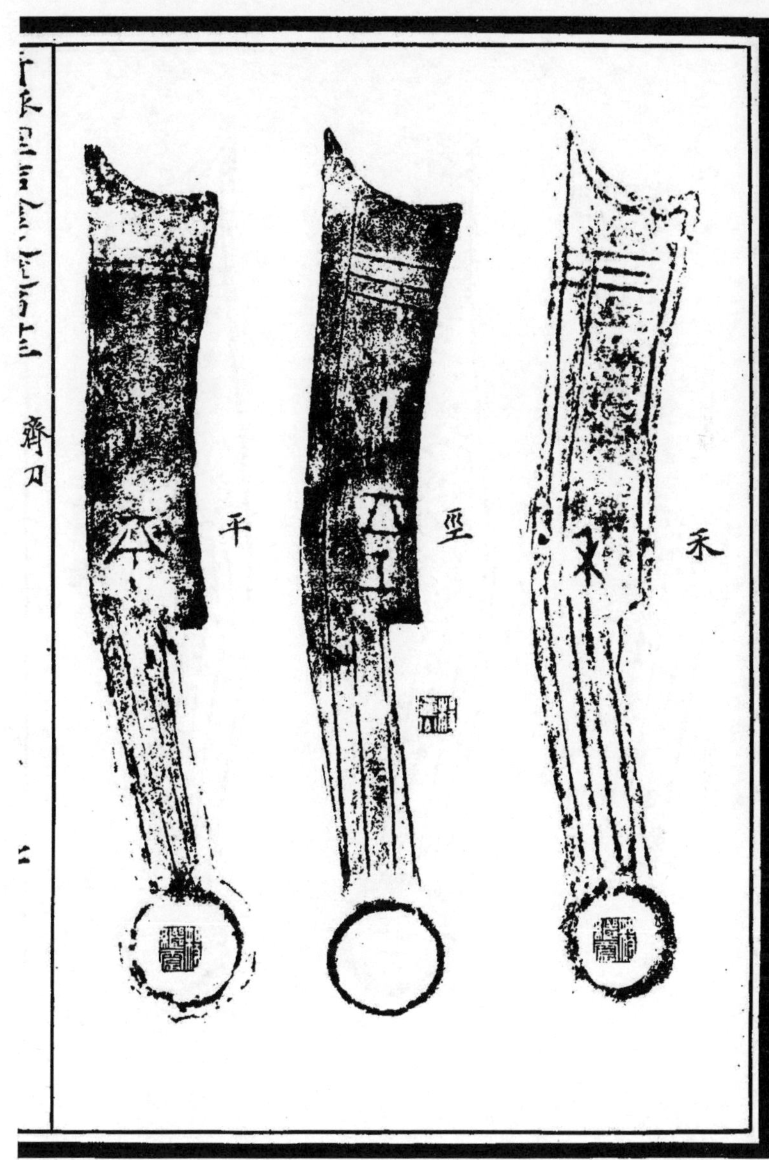
齊刀
二
平
坙
禾

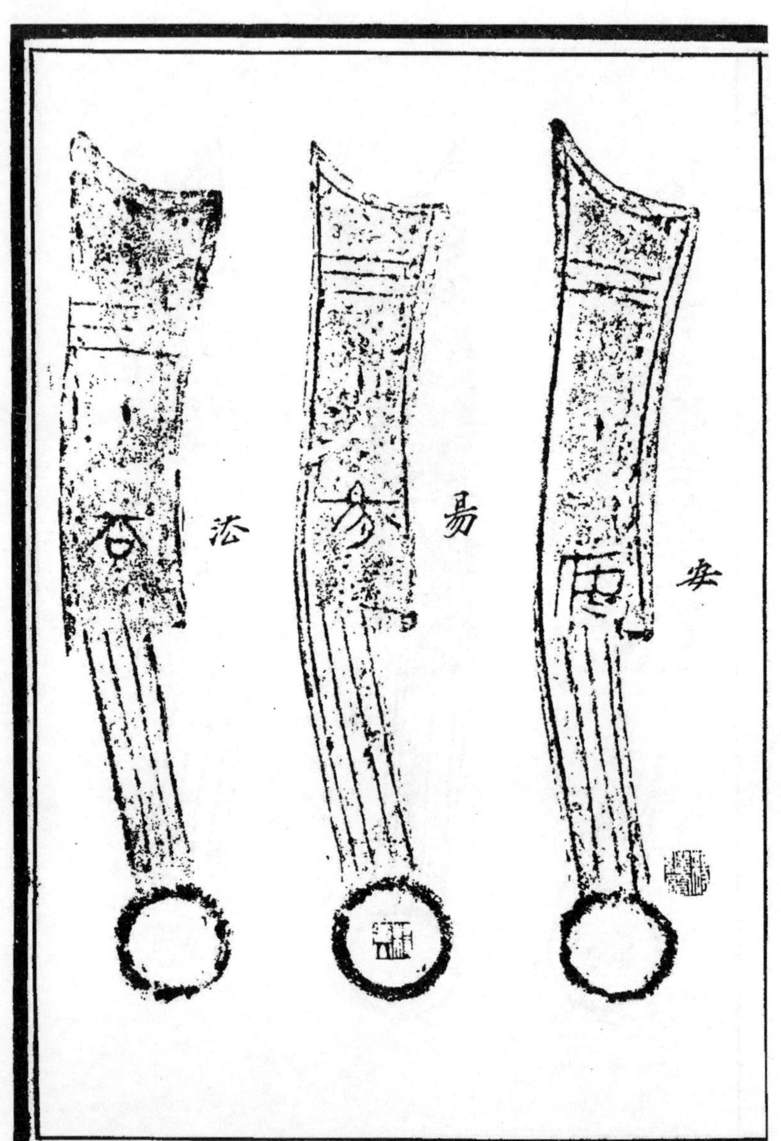

安
易
沄

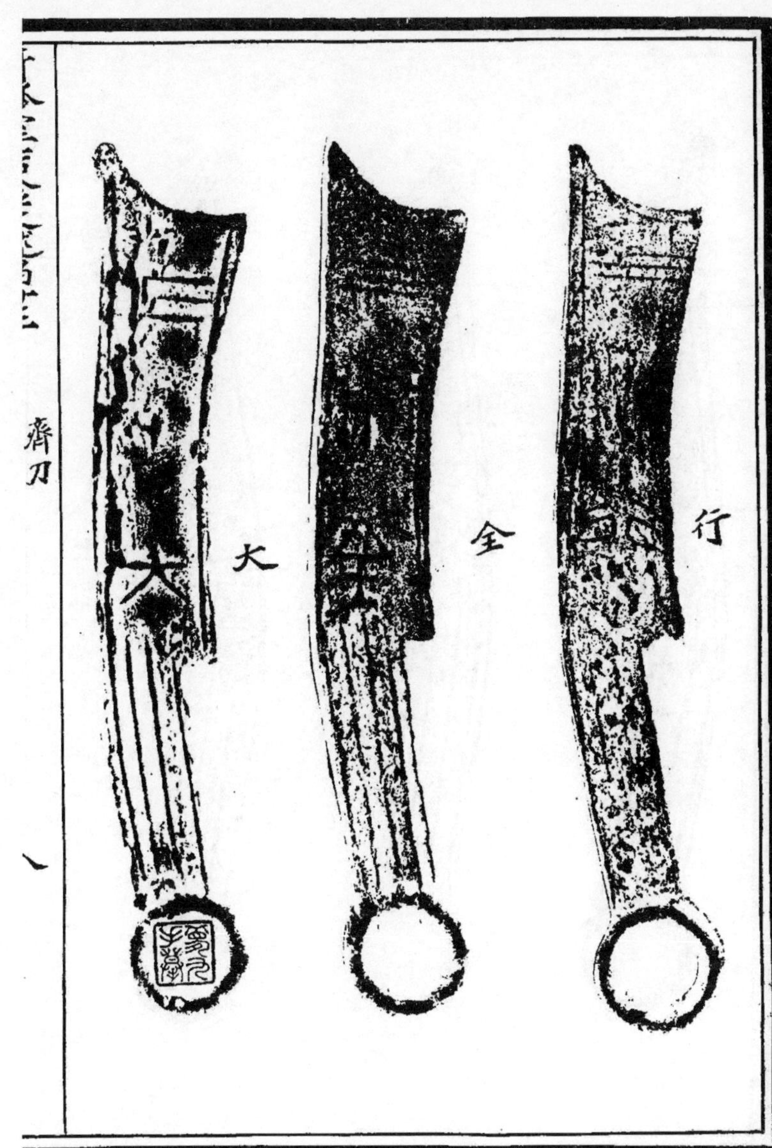
齊刀
大
全
行

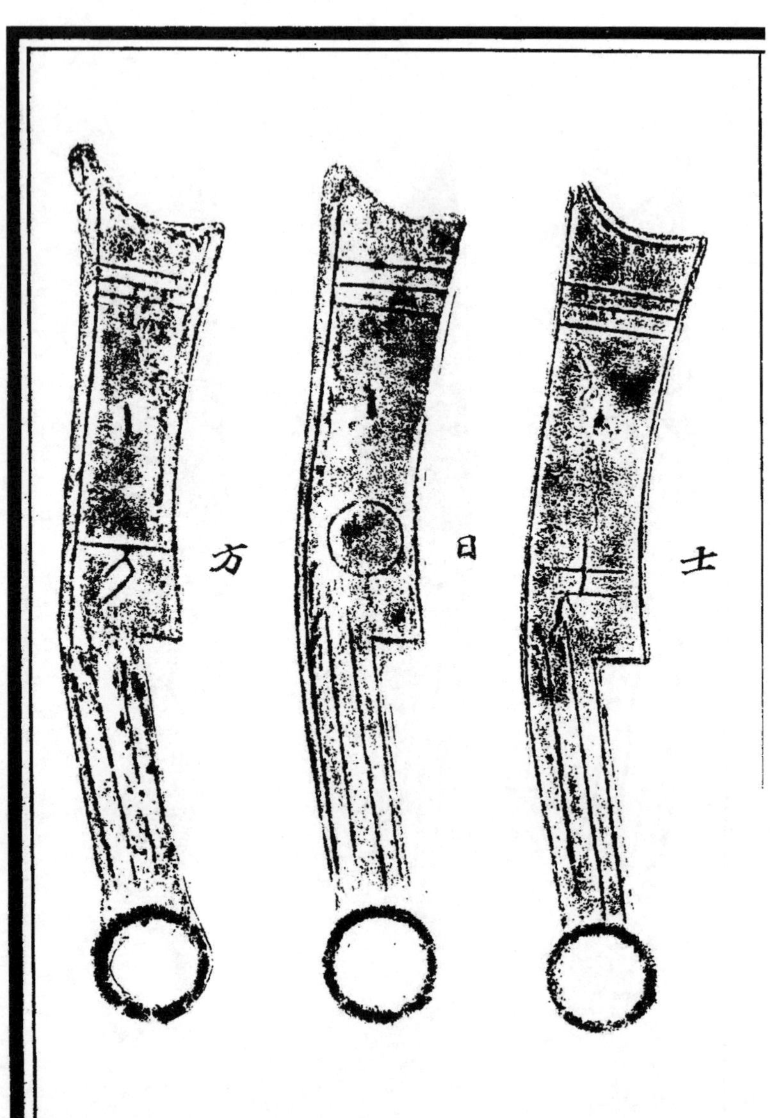
方
日
士

齊刀

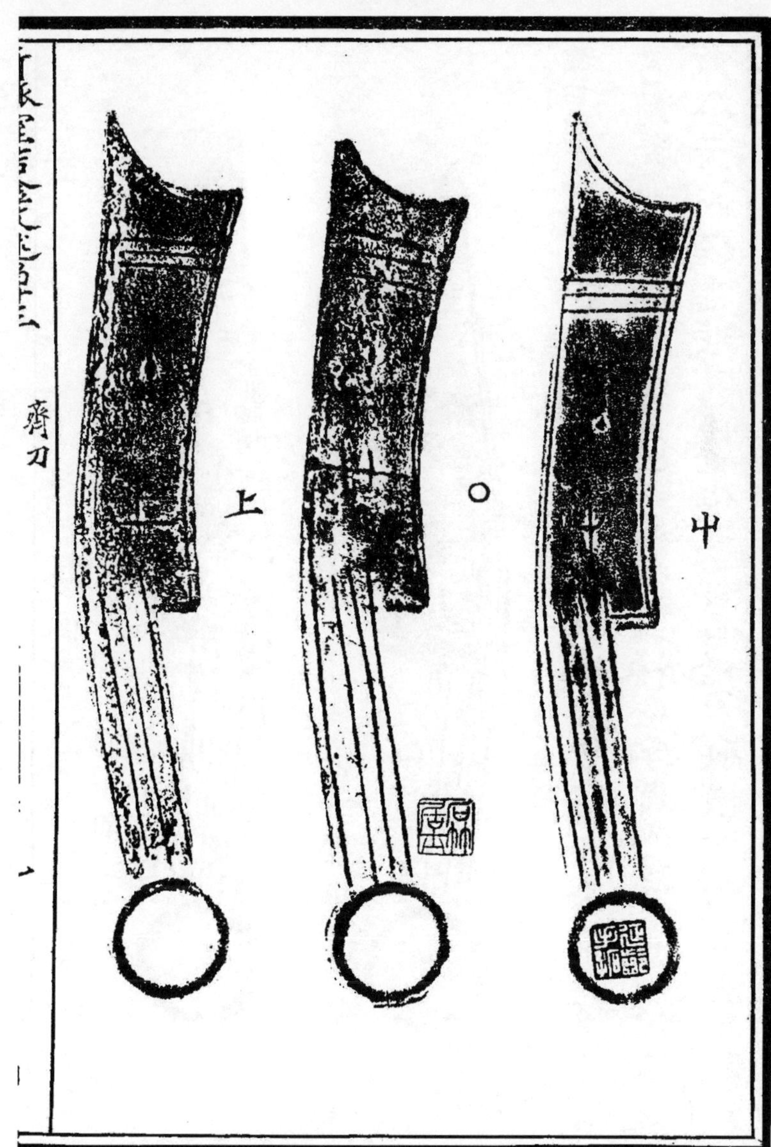

右二十二品前四刀面背全餘皆背文其面文泛同不系丙詳于末子釜𠀋可釋内棐邑鑄并命于外宋之事是也或釋央非（央篆作𠔿）巠字省或釋全非（全篆作𡈼）一个疑即亼工刀或釋萬非万乃後世俗字不可㠯說古文此實方省耳中即徹（方見曾伯𩂣簠）

化

刀

齊刀

卜

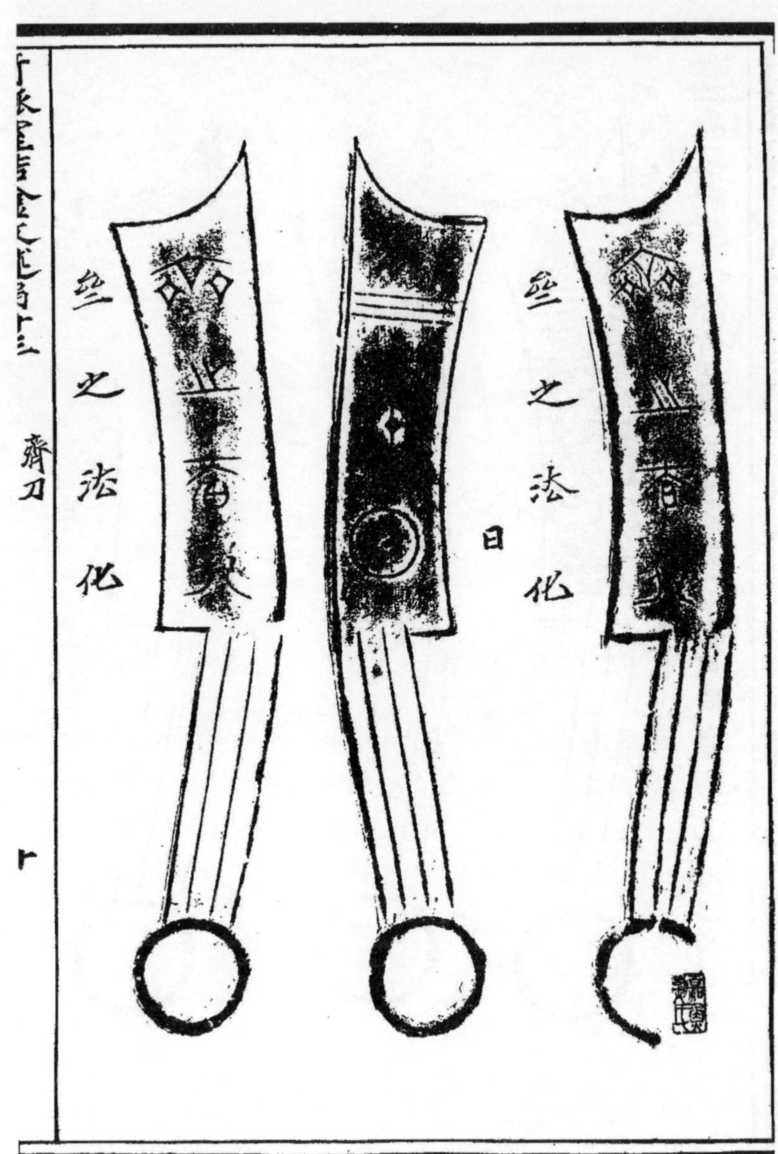

上

㳒
○

化

右四品一二面背全餘皆背文此種与前刀面文異者多一之字耳

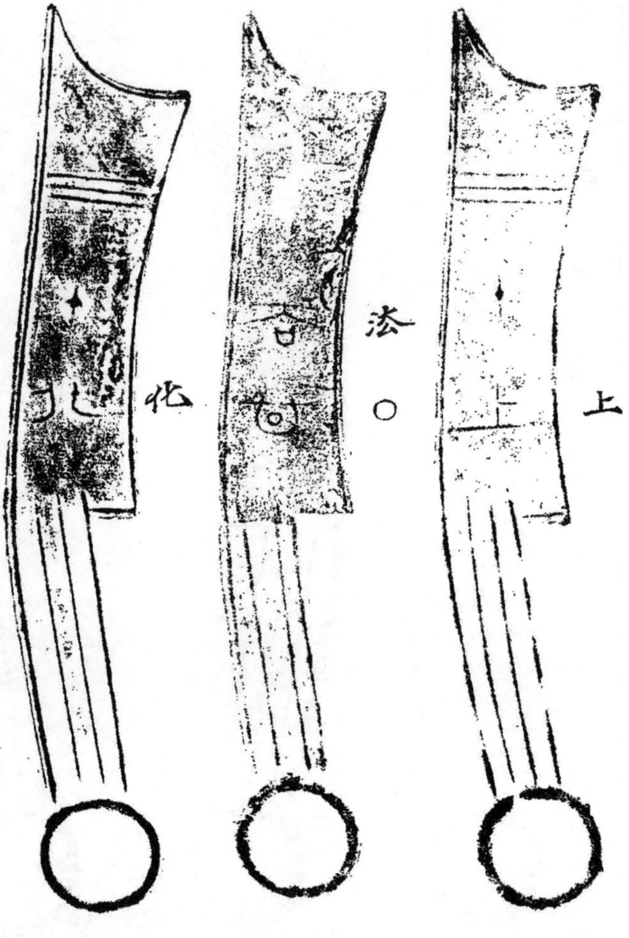

趙刀一

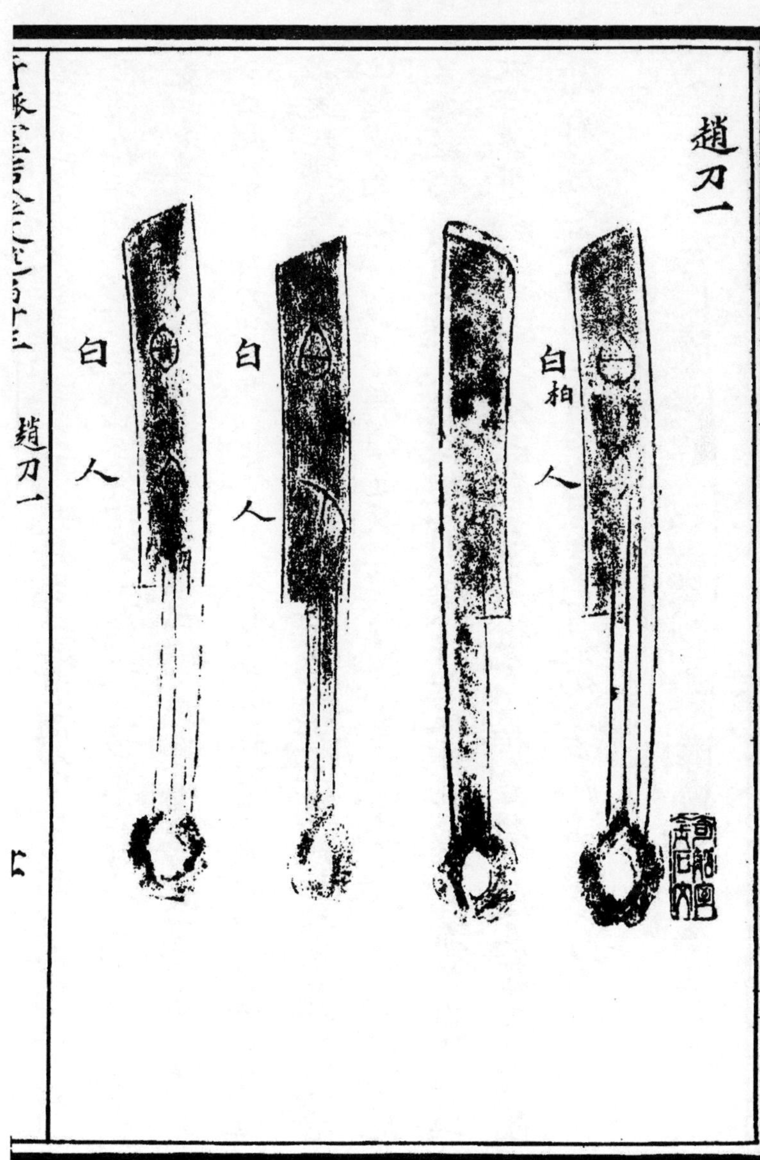

右三品一面背全背平無文貼㠯存式二三背同但彔面文白近人讀伯人釋化謂爲伯國所鑄之貨此二字地名遂埨沒千古矣白柏省亻明々人篆左哀四年傳納荀寅於柏人注晋邑也今趙國柏人縣古泉匯載此刀云舊譜未見今與明刀及尖首刀同出直隸境内其形製與邯鄲刀無異邯鄲屬燕當亦近燕之地所鑄棄邯鄲今屬直隸戰國㠯前爲趙地不屬燕柏人在春秋時爲晋地戰國爲趙邑刀文作甘丹竹朋謂近燕之地所鑄正是趙地特彼讀白人爲伯貨是㠯無遂斷爲趙刀使其悟到柏人則決然矣吾故㠯近人釋貨布文止措意於一化字爲非也匕與人異齊刀化字左右从匕匕可證邯鄲刀吾未得今㠯柏人刀明刀題爲趙刀一如安陽節鄄屬之齊刀其尖首刀概無地名可攷仍依古泉匯題爲列國刀

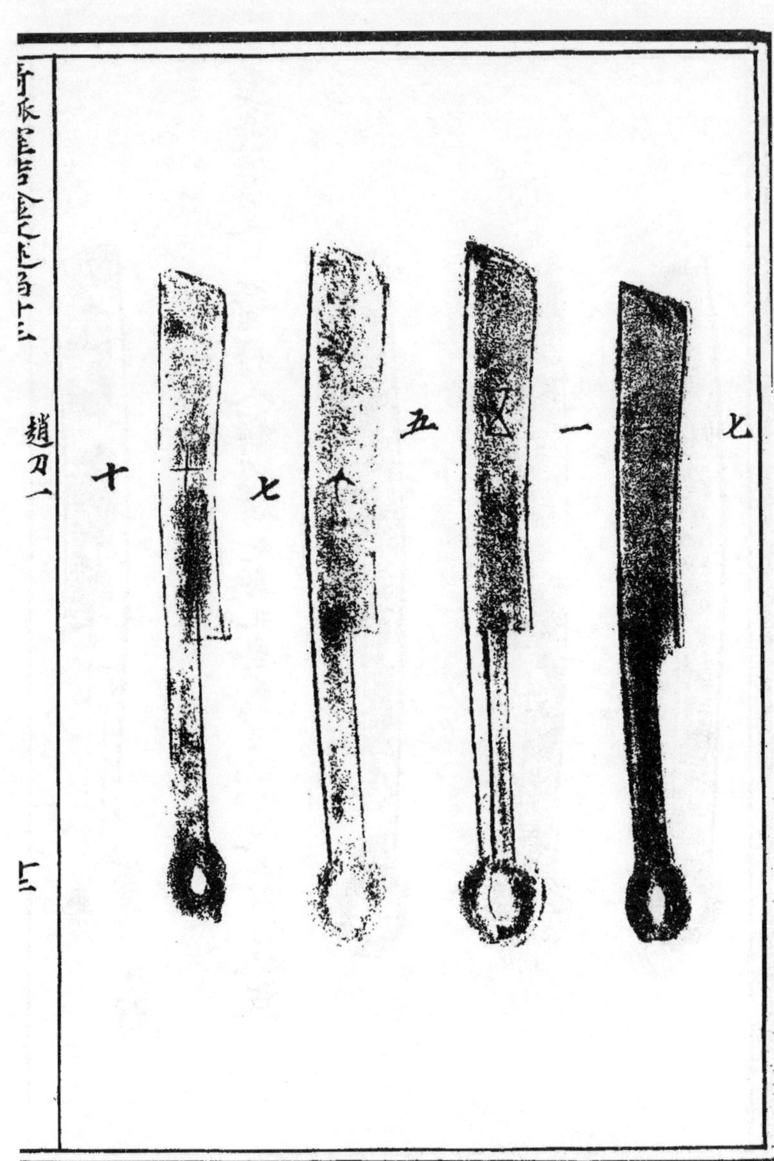
七
一
五
七
十

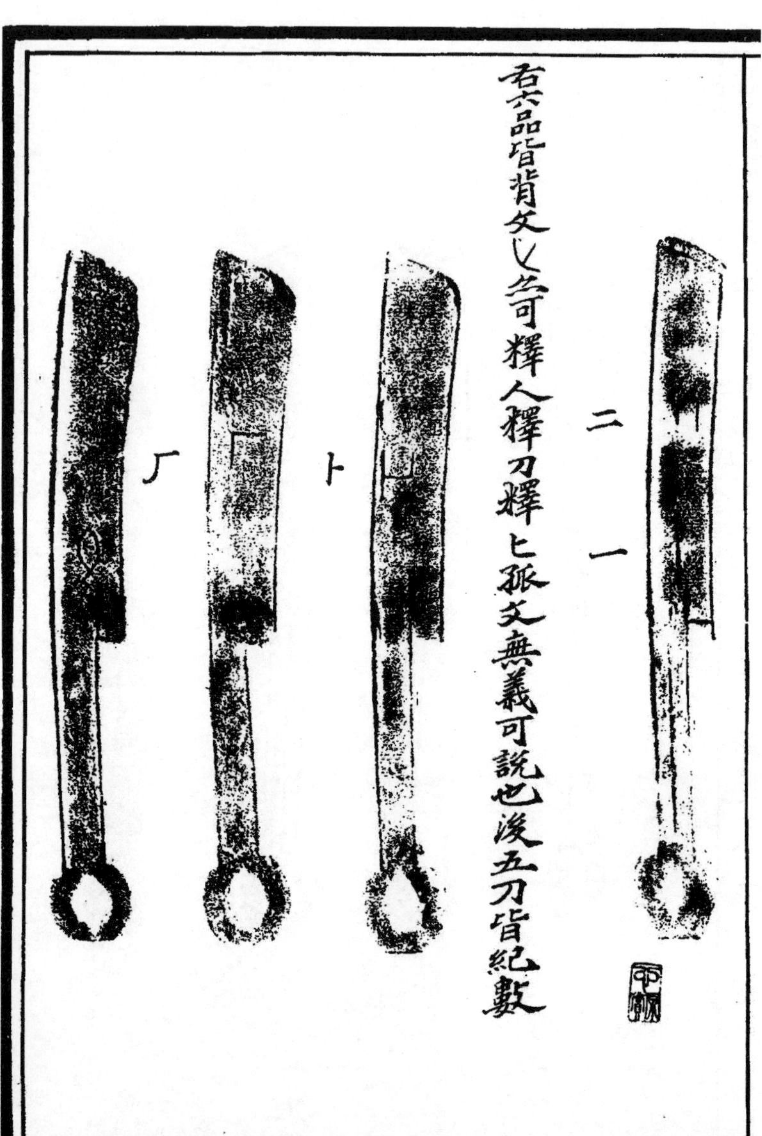

右六品皆背文以竒可釋人釋刀釋匕孤文無義可說也後五刀皆紀數

明

明

右三品之背文字皆不可識凵當是卜詳曶鼎厂即厂即岸

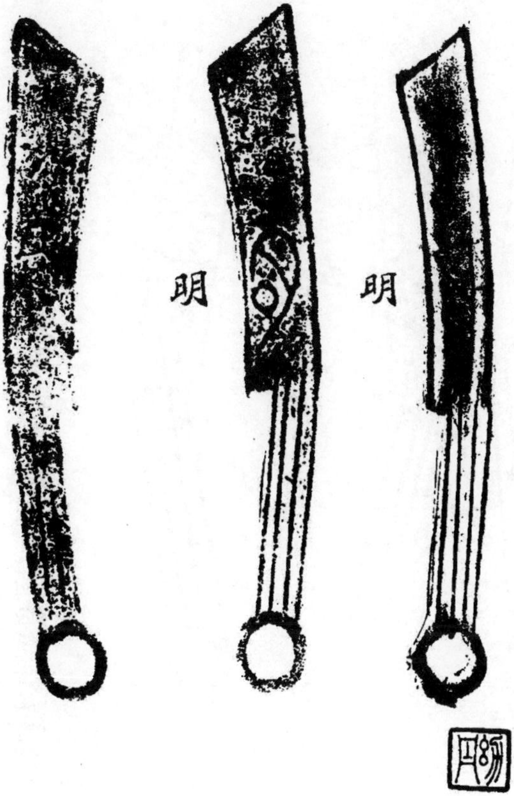

右二品皆無背文貼一存式明字方折古泉匯所謂罕覯之品也明从夕古文月夕通用詳仲殷文敔秦本紀昭襄王二十五年拔趙二城与韓王會新城与魏王會新明邑二城即新城新明邑舊屬趙

明 左　明

右三品一二面背全三面文同不箸柔丄丅即上下見說文

左上

左下

明左一

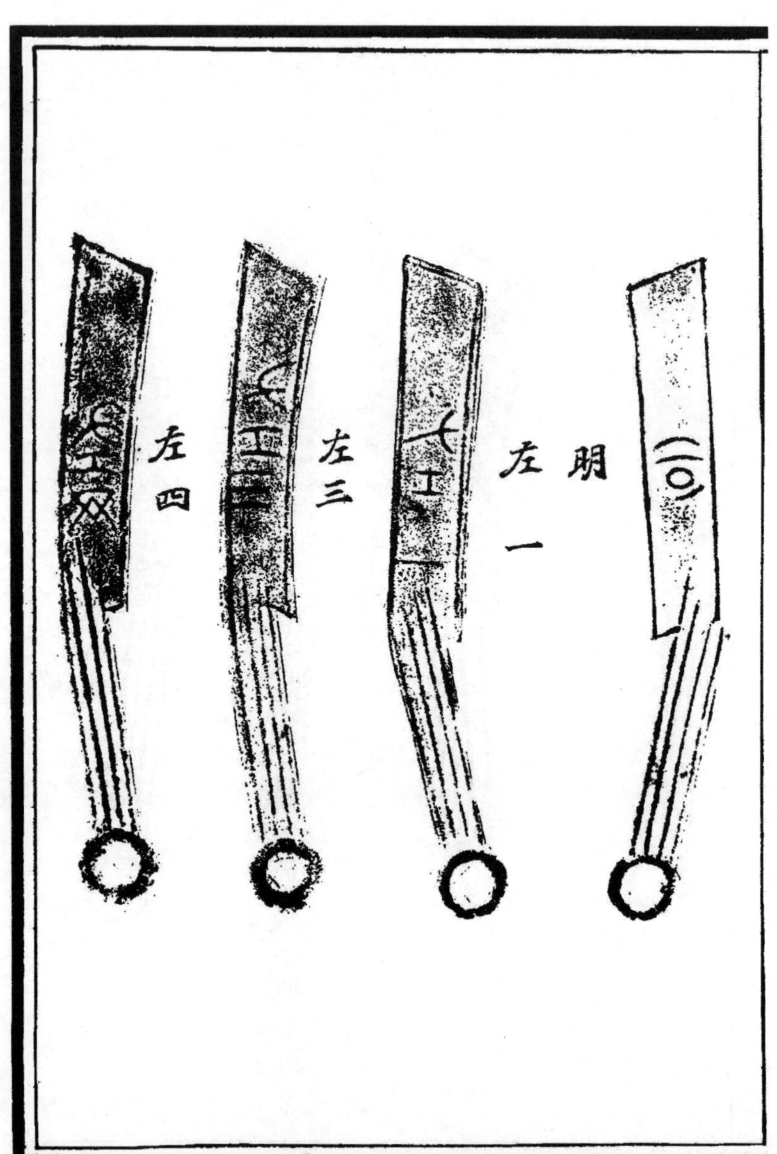
明
左一
左三
左四

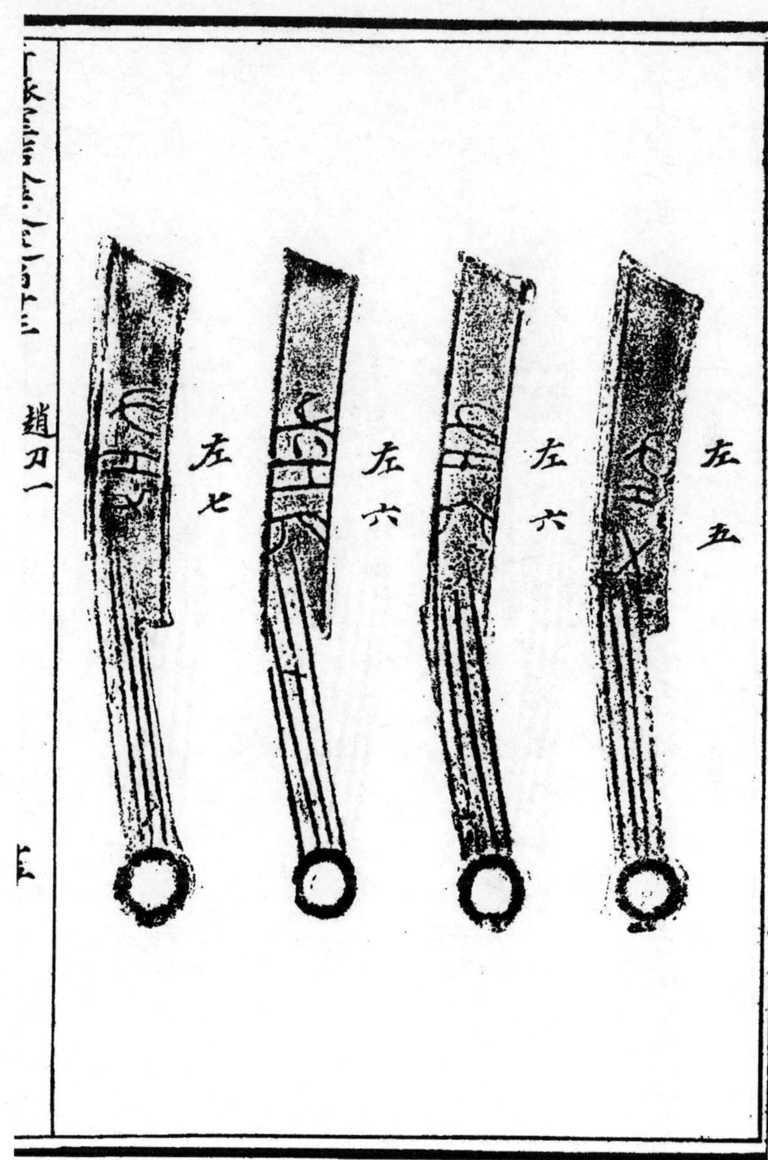

趙刀一
左五
左六
左六
左七

左八

左八

左十

右十一品一二面背全餘面文同皆不隶四說文古文四作𠔃即此㐅古文五字見說文㐅亦可釋又丨丨或釋二此以數爲紀也

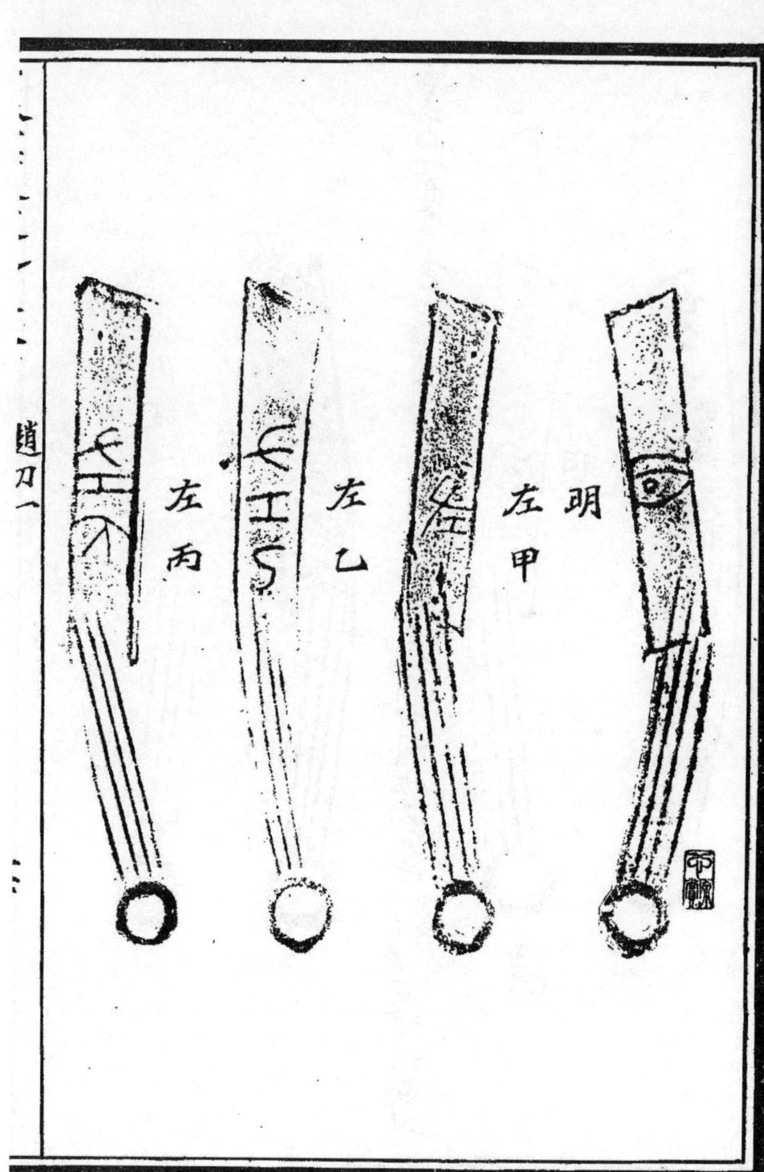
明
左甲
左乙
左丙

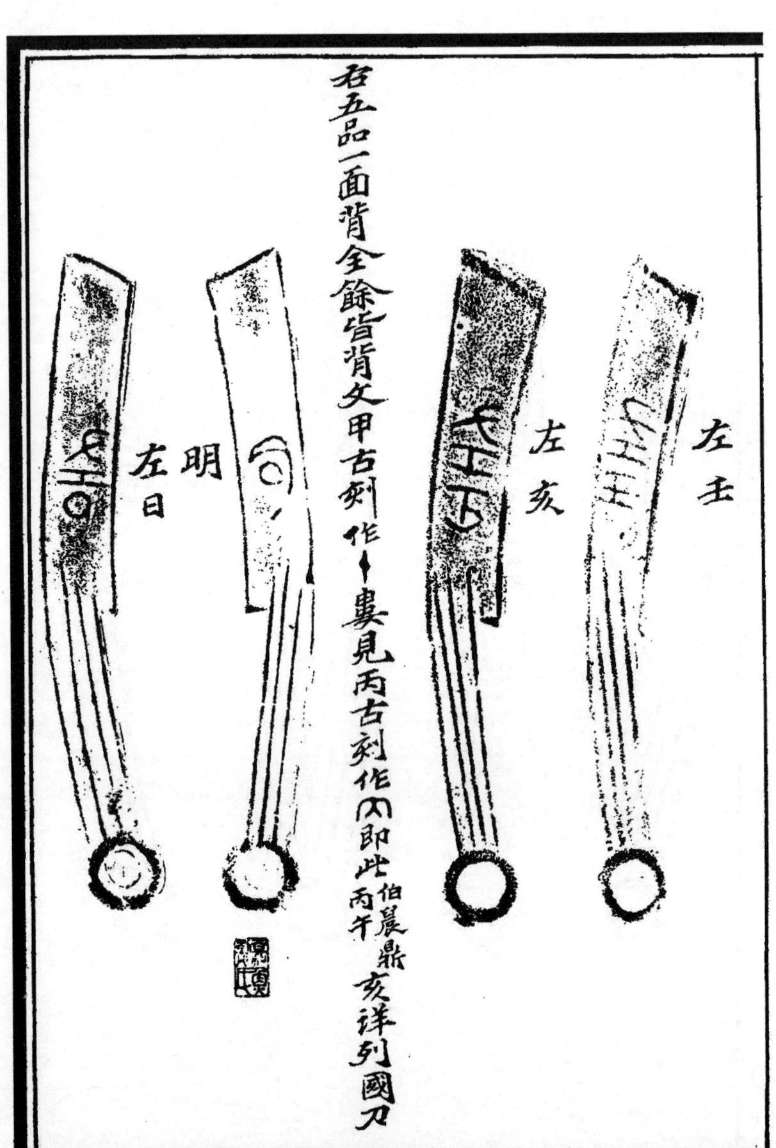
右五品一面背全餘皆背文甲古剣作卜裏見丙古刻作内即此丙午
伯晨鼎
亥祥列國刀
左
壬
左
亥
明
左
日

左文

左㔾

左止

左止

左口

左大三

左大工

大左

右九品一面背全餘皆背文此㠯上皆㠯左爲紀㠯下皆㠯右爲紀

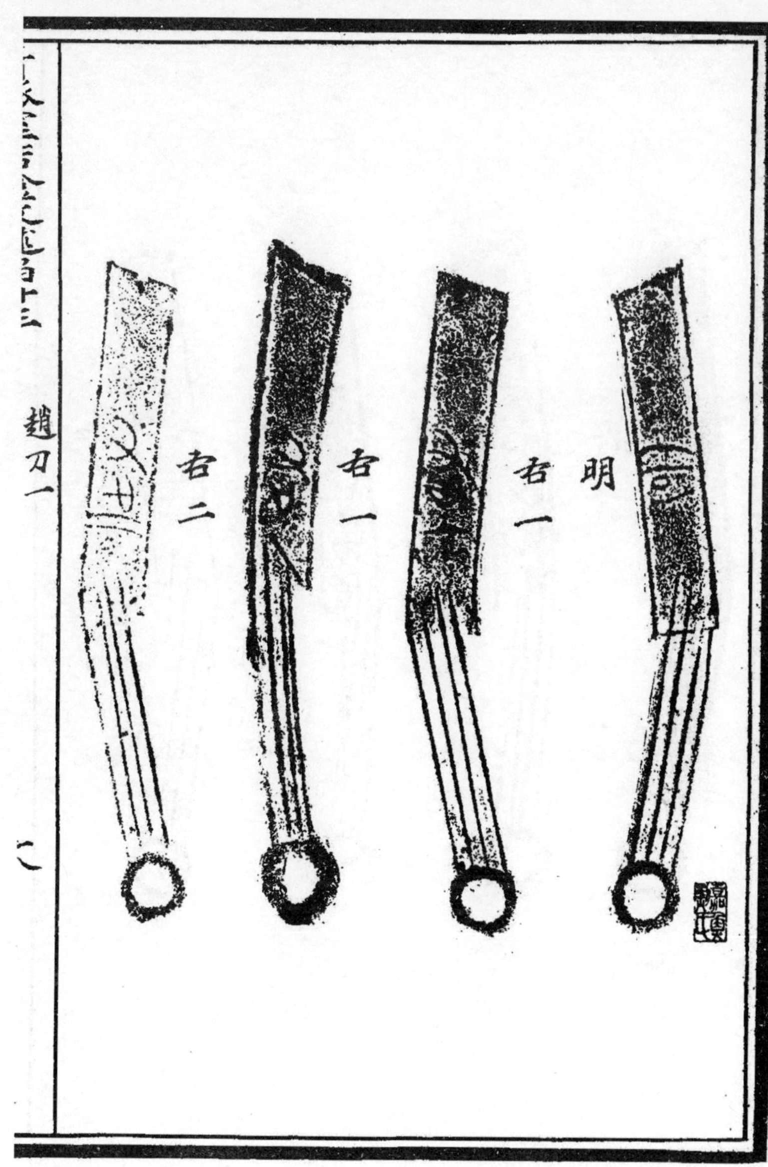
趙刀一
明
右一
右一
右二

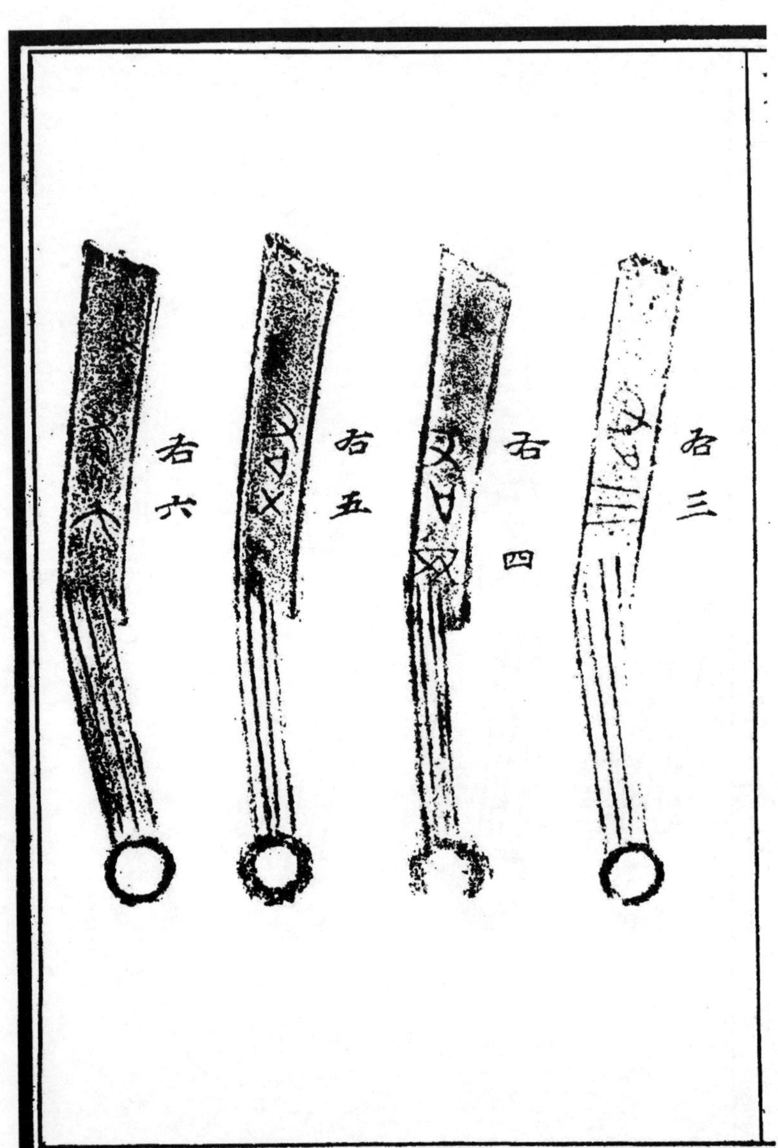
右三
右四
右五
右六

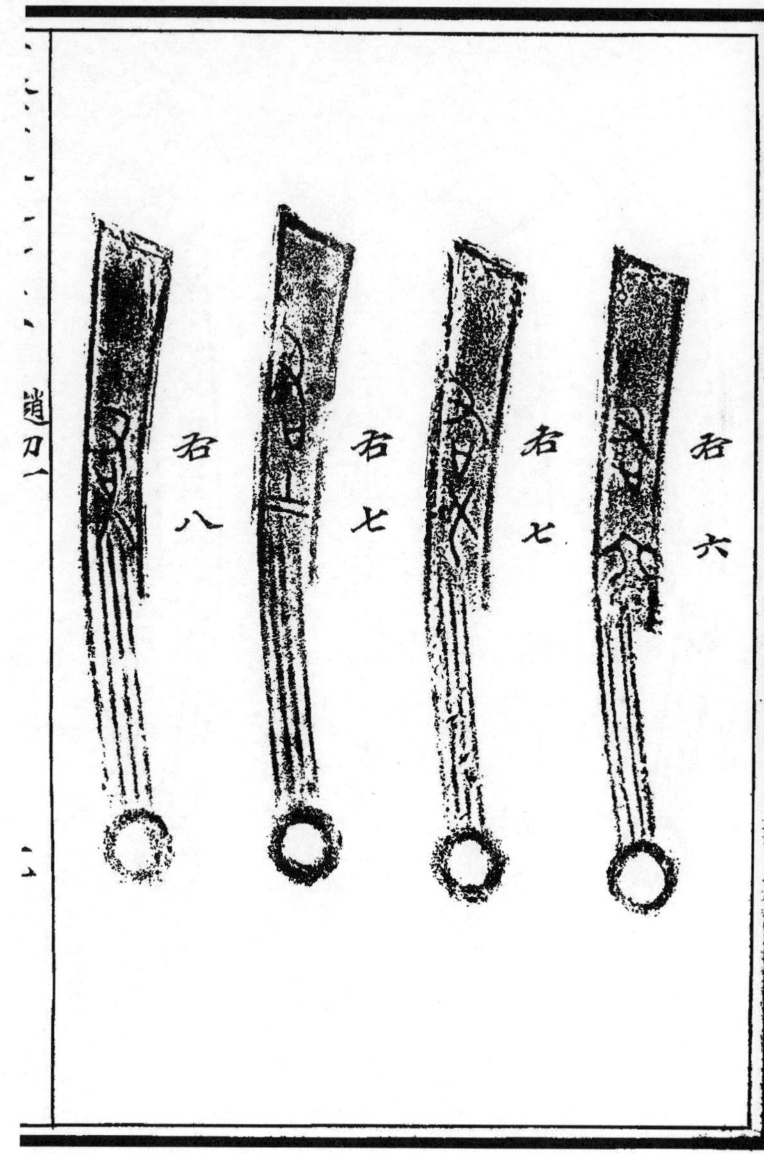
右六
右七
右七
右八

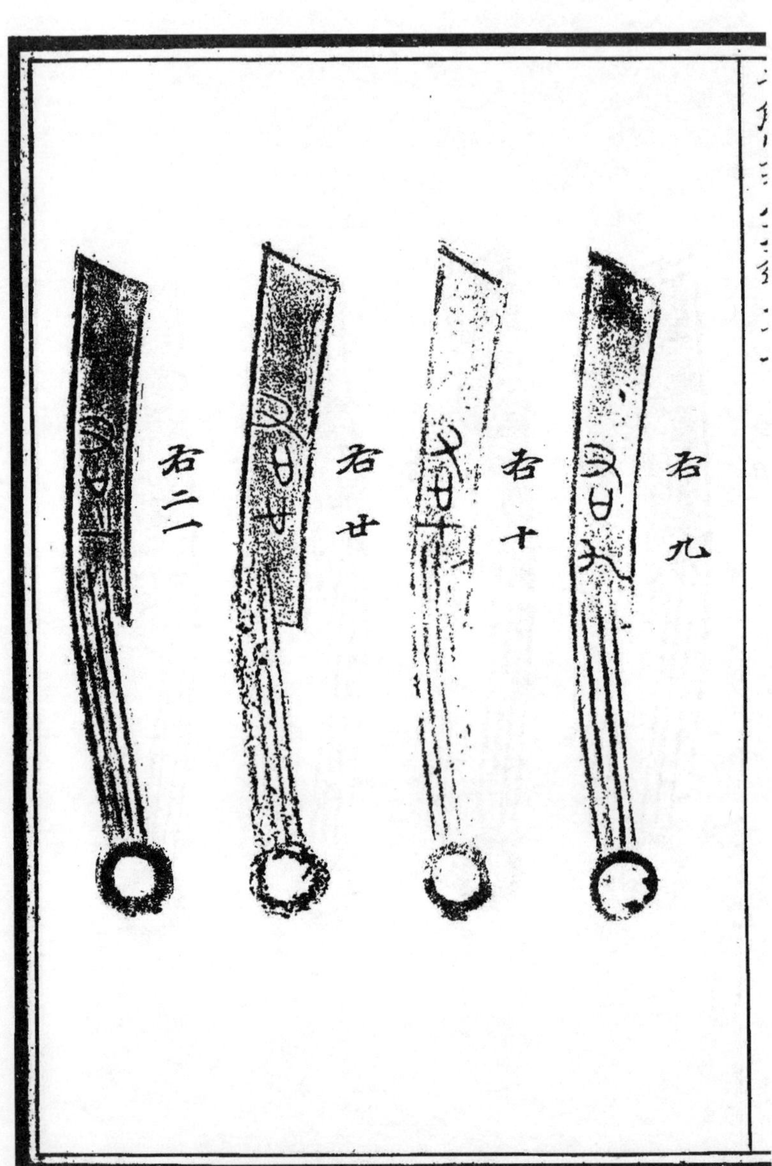
右九
右十
右廿
右二一

右十五品一面背全餘皆背文此㠯數爲紀較左字爲備上二详乚釿壘

明

右乙

右壬

右子

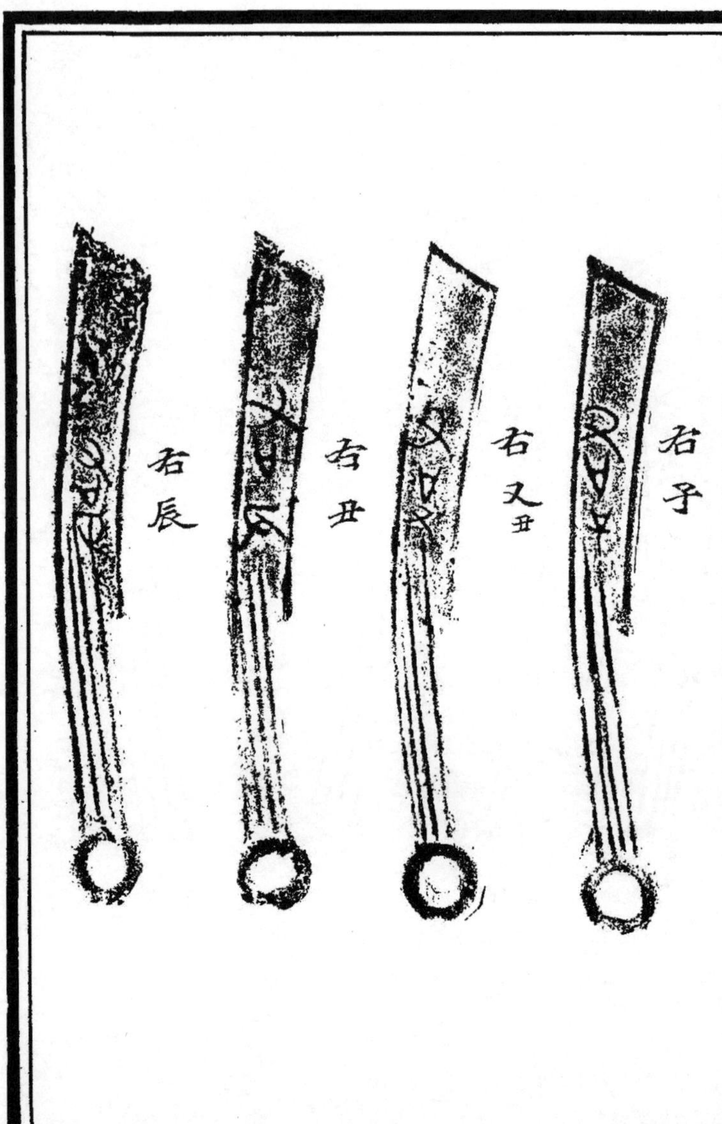
右子
右又丑
右丑
右辰

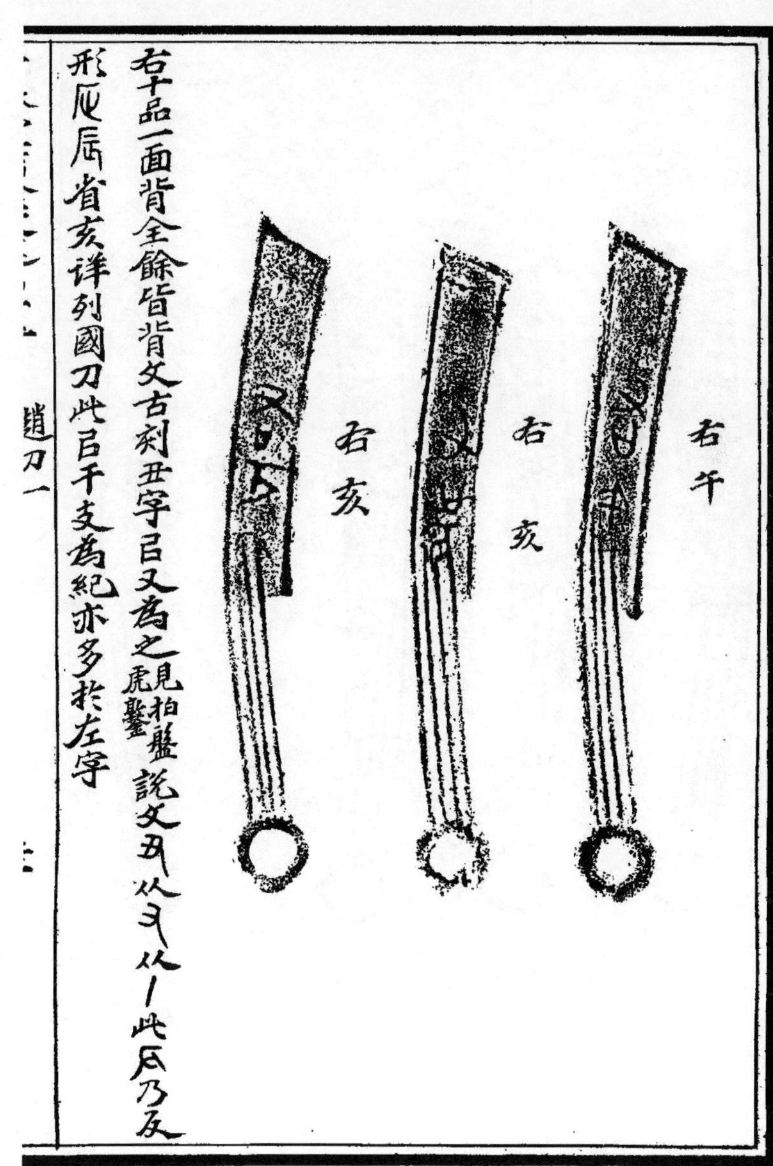

右十品一面背全餘皆背文古刻丑字吕又爲之見柏盤虎鑒說文丑从又从丨此反乃反形反辰省亥詳列國刀此吕干支爲紀亦多於左字

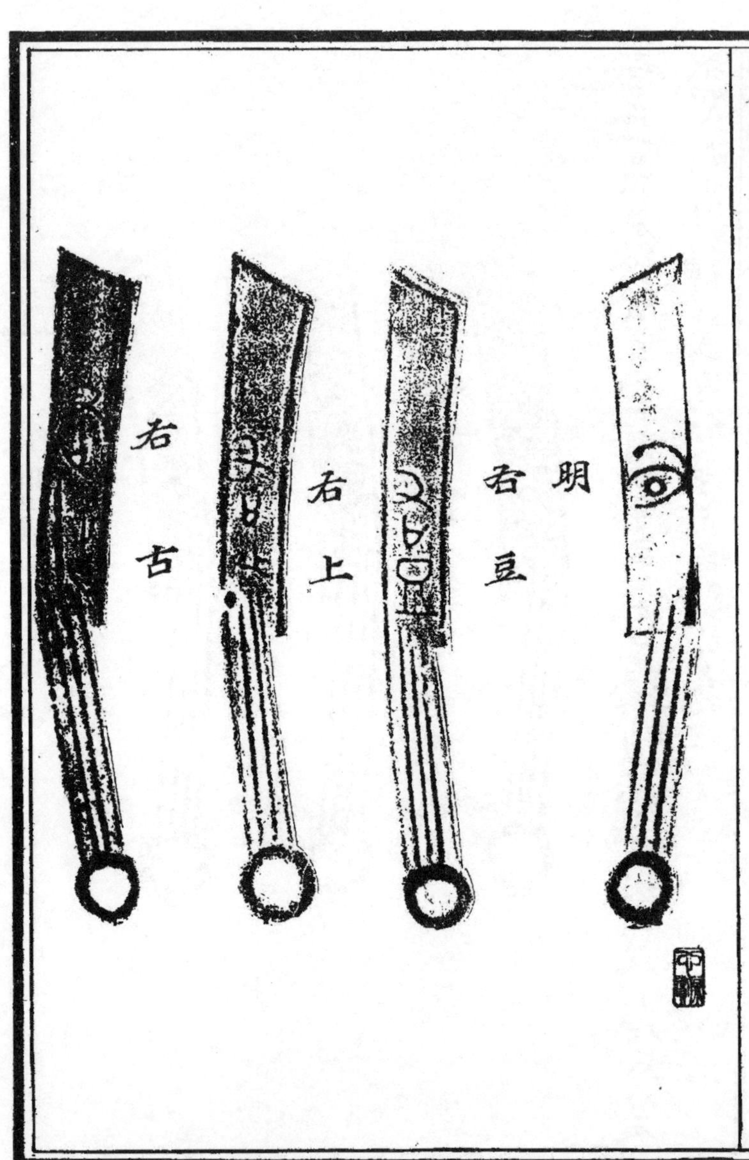
明
右豆
右上
右古

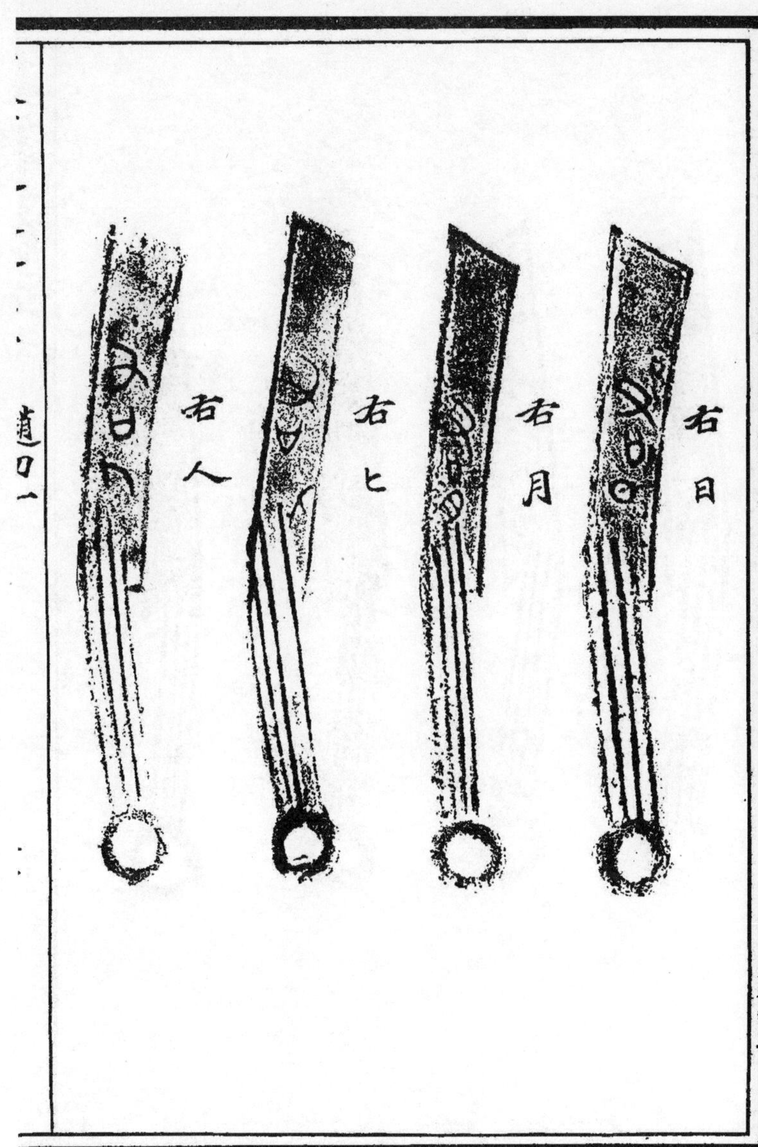
右日
右月
右匕
右人

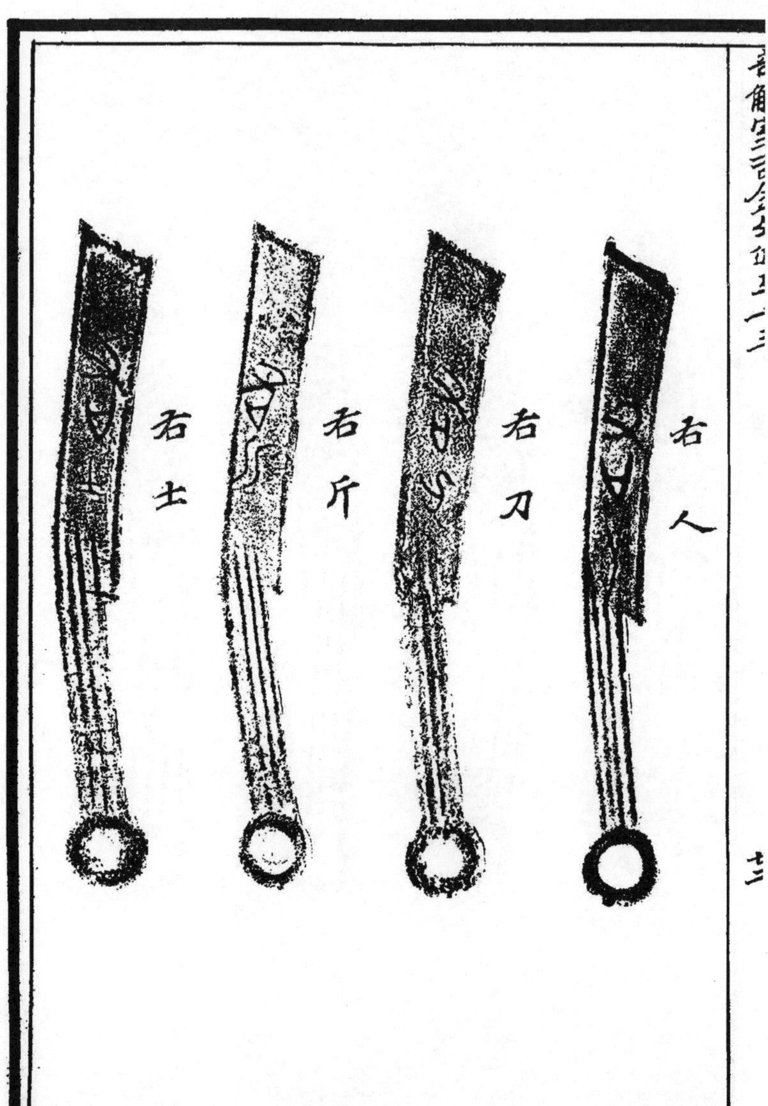
右人
右刀
右斤
右土

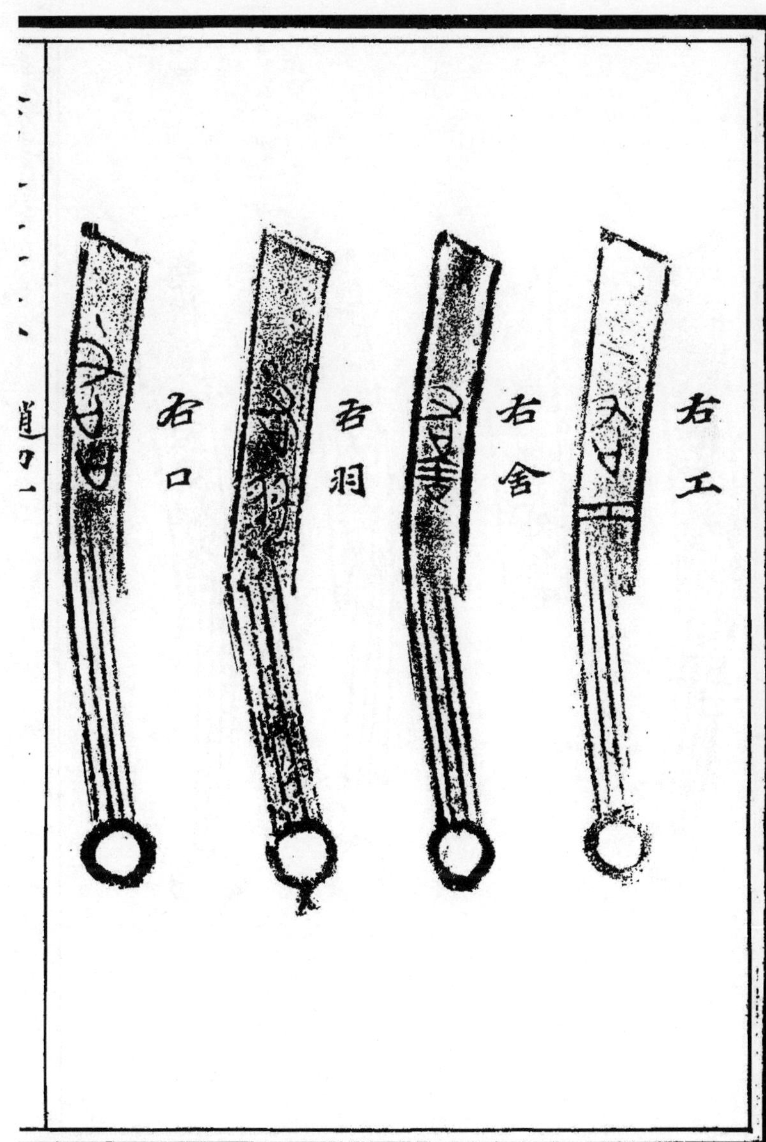
右工
右舍
右羽
右口

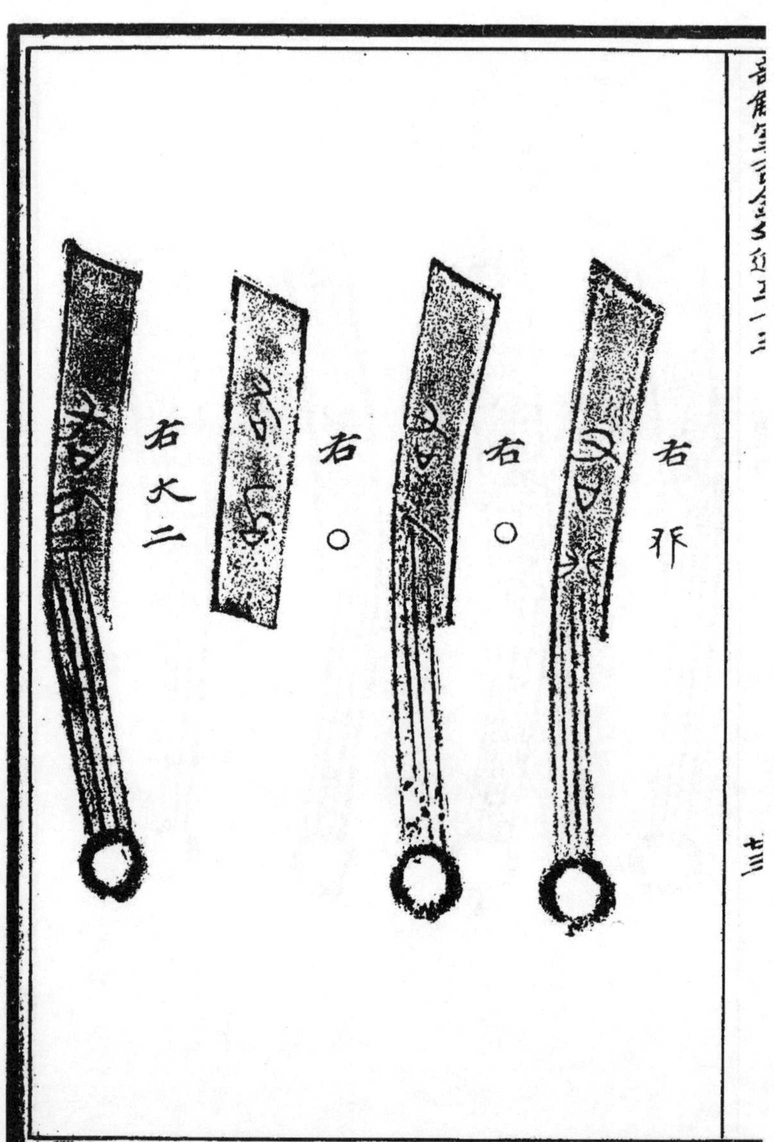
右
邢
右
○
右
○
右大二
七三

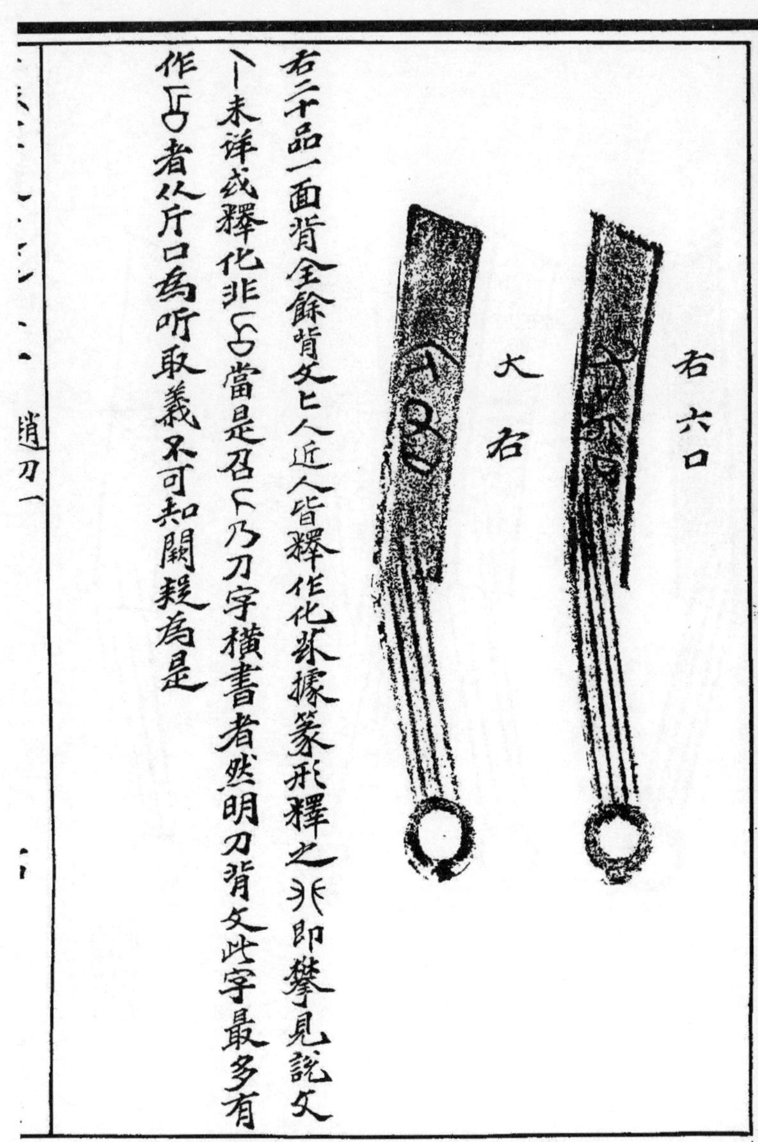

右二十品一面背全餘背文匕人近人皆釋作化然據篆形釋之非即⿱非手見說文

∧丨未詳或釋化非⿱斤口當是召匕乃刀字橫書者然明刀背文此字最多有

作⿱斤口者从斤口為听取義不可知闕疑為是

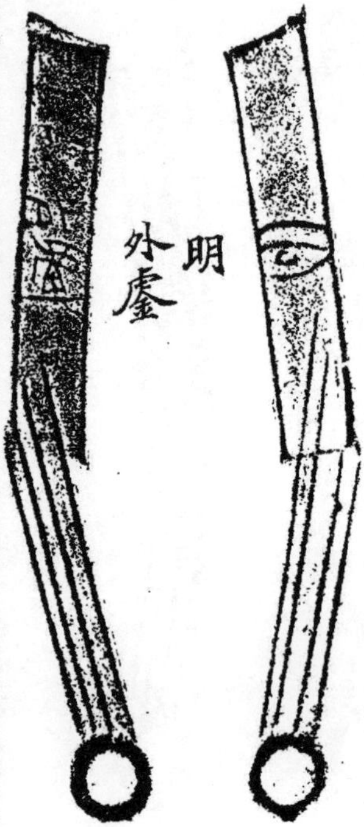

明
外鑪

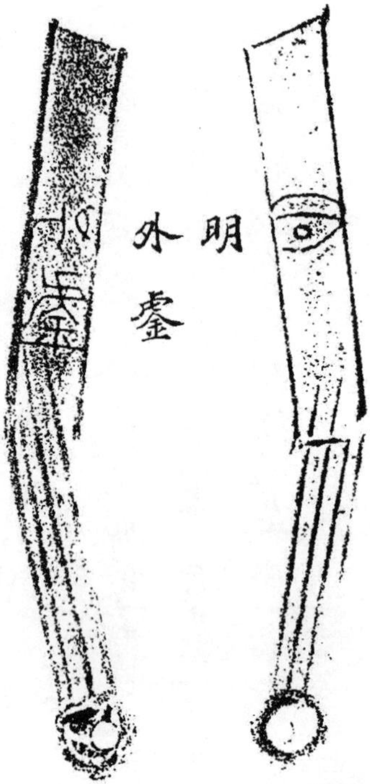

明
外鑪

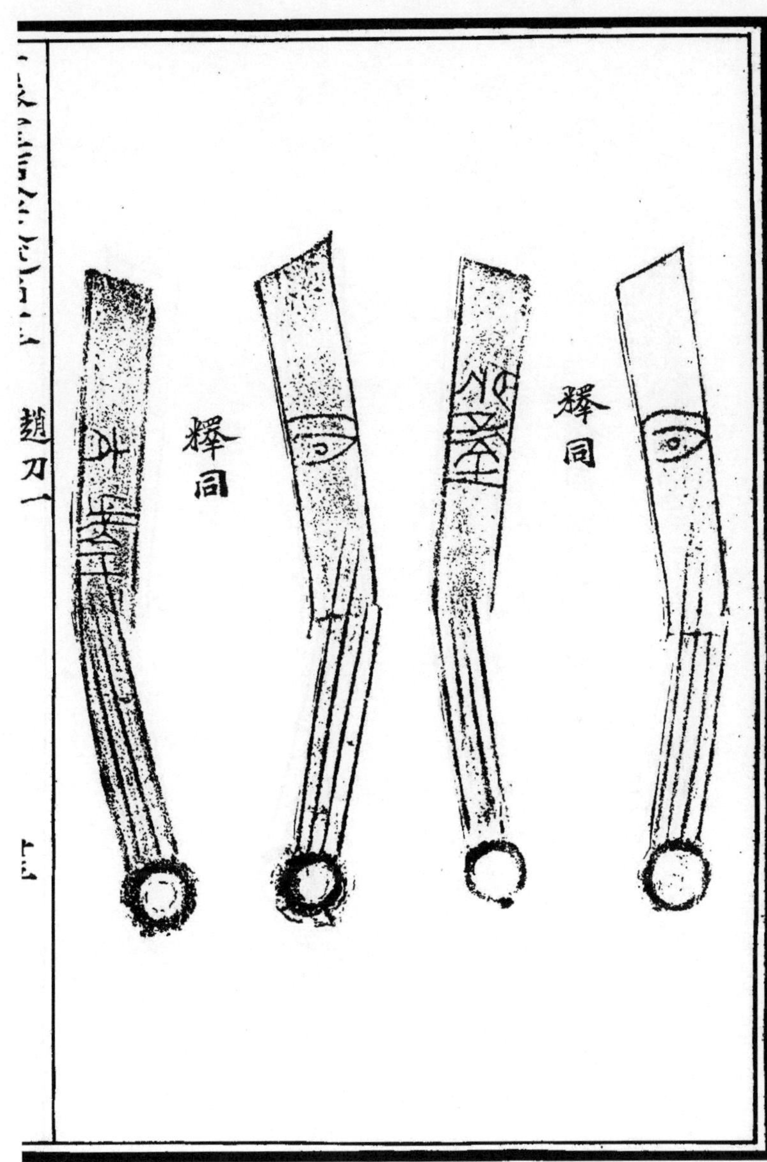
趙刀一
釋同
釋同

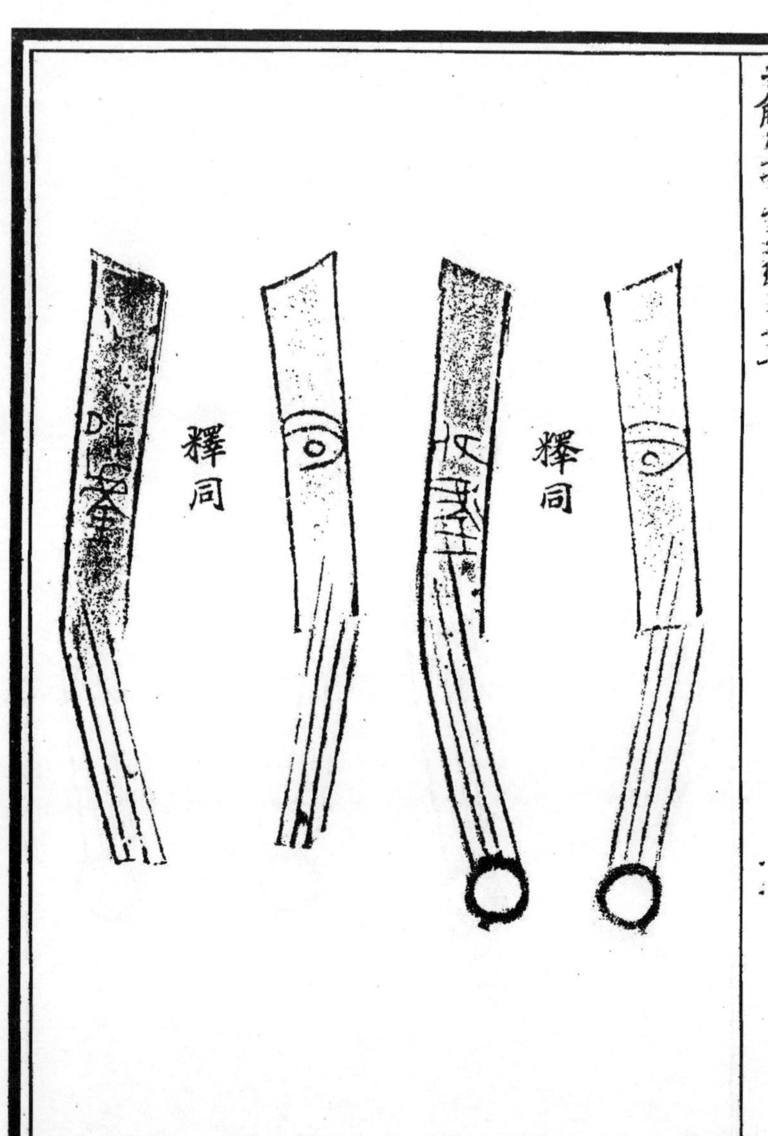

釋同
釋同

外壚

外壚乙

右八品前六刀面背全末二品無面文壚字書不載當是鑪省明刀背文大約㠯左右外𠃨四字爲紀左右𠃨三字下文紛紛係㠯它字惟外字獨係壚字耳此外背文又有行字甚多然皆孤文不係它字也古泉匯載此刀壚字惟首一品作𡒎餘多不晰有金上从壬丑者遂釋作壬金丑金吾此拓本則皆明明金上从虍知彼刻譌也

奇觚室吉金文述卷十四

泉布文下

趙刀二

明

嘉魚劉心源幼丹甫學

趙刀二

右三品一面背全二三背文其面文同不必泉後皆仿此[illegible]未詳二三此字一筆書後世草書體積古無戈柍鼎乙亥鼎文達公呂為草篆此刀亦然乃知後人所為皆前人所有也

乙亥鼎阮止識十餘字余諦審實晉姜鼎耳

一

明

一

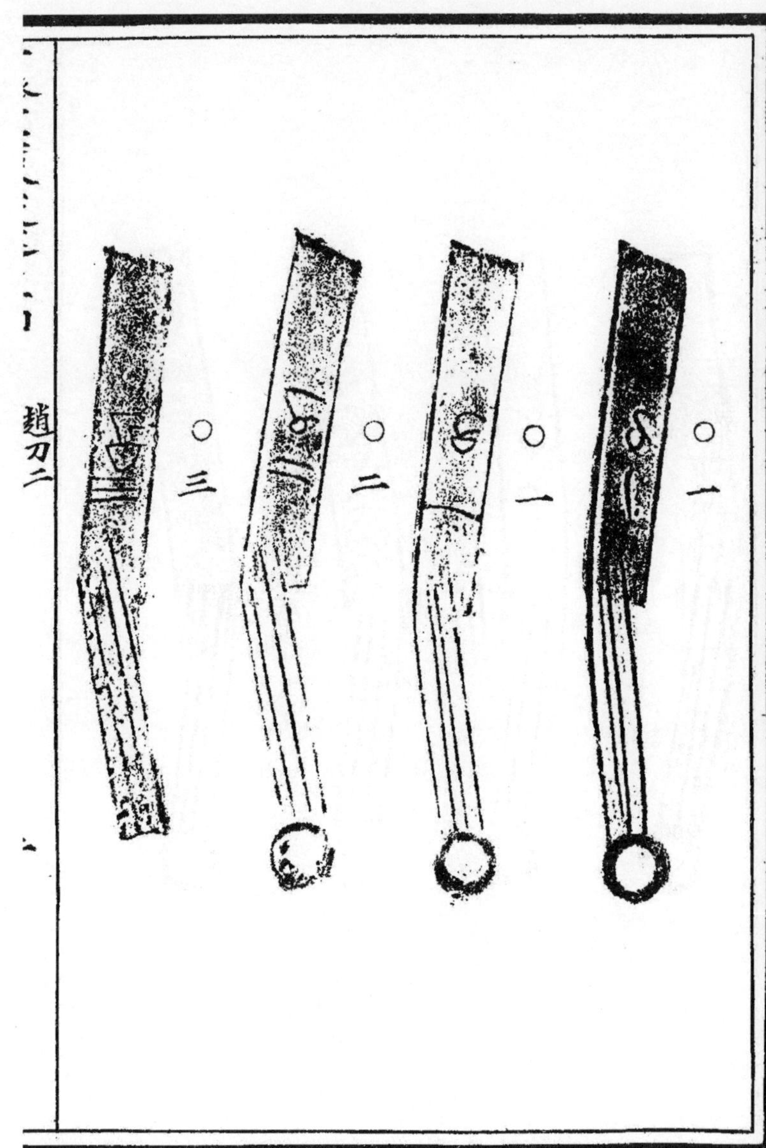
趙刀二
○一
○一
○二
○三

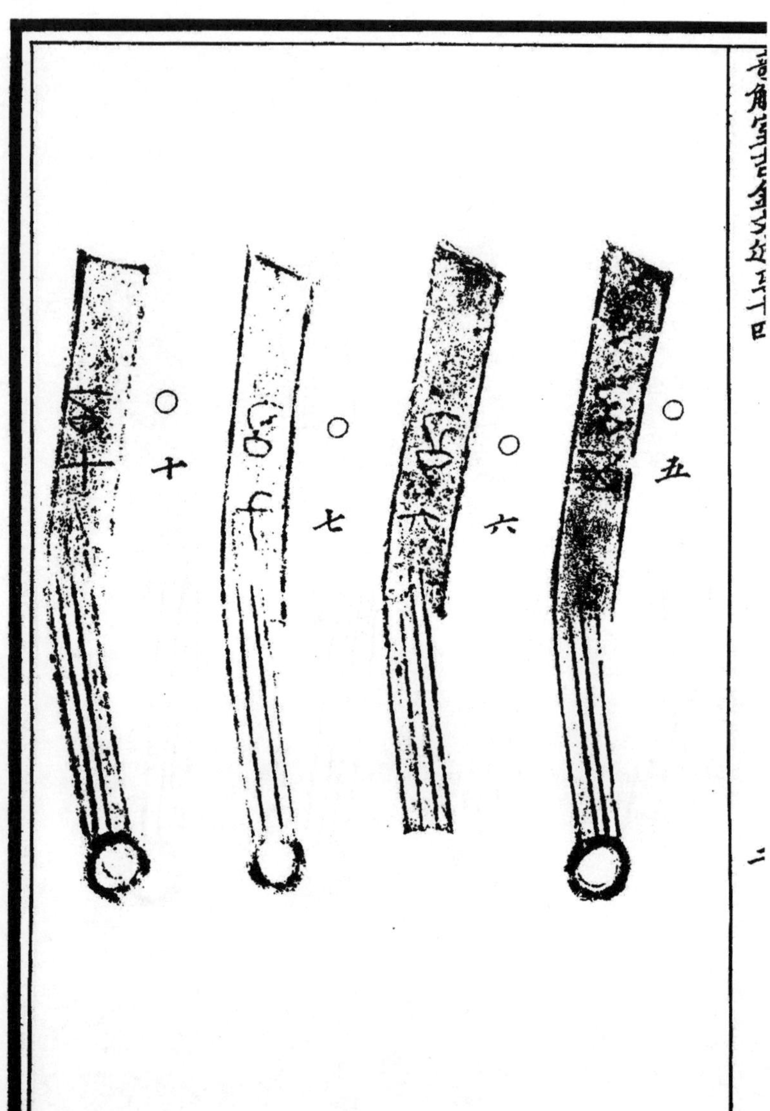
五
六
七
十

尚刀二

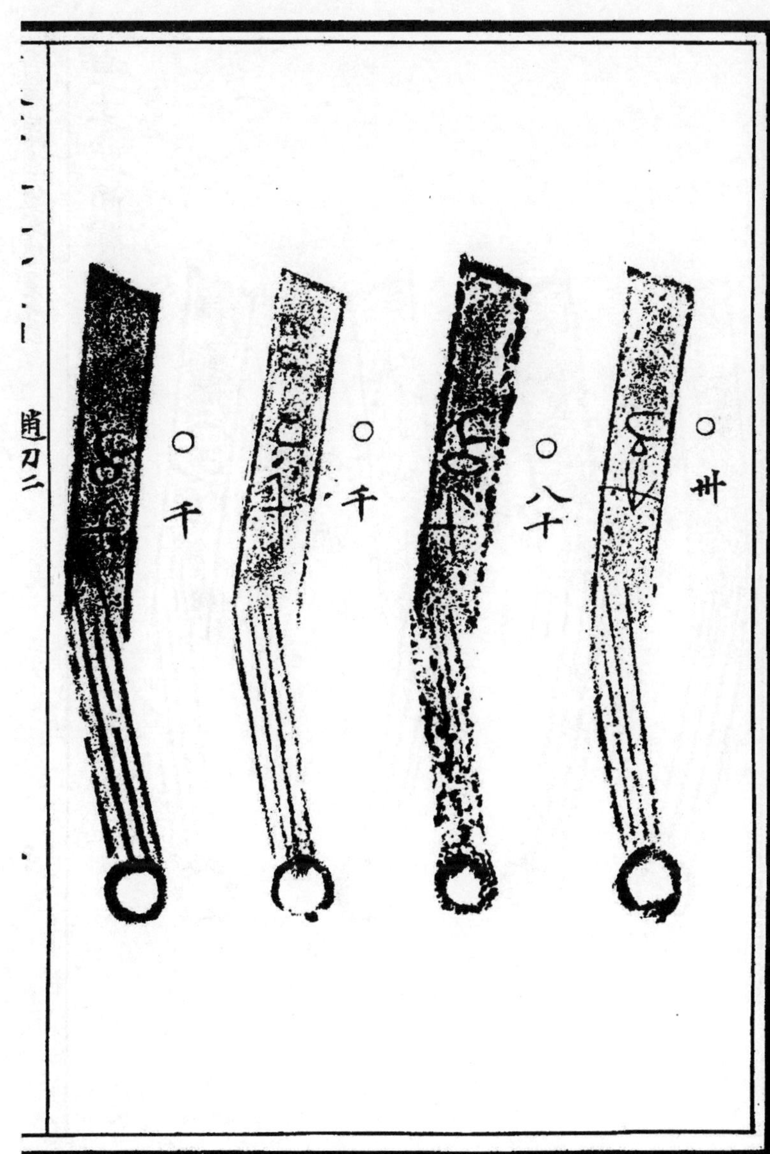

右十三品一面背全餘皆背文此已數為紀也

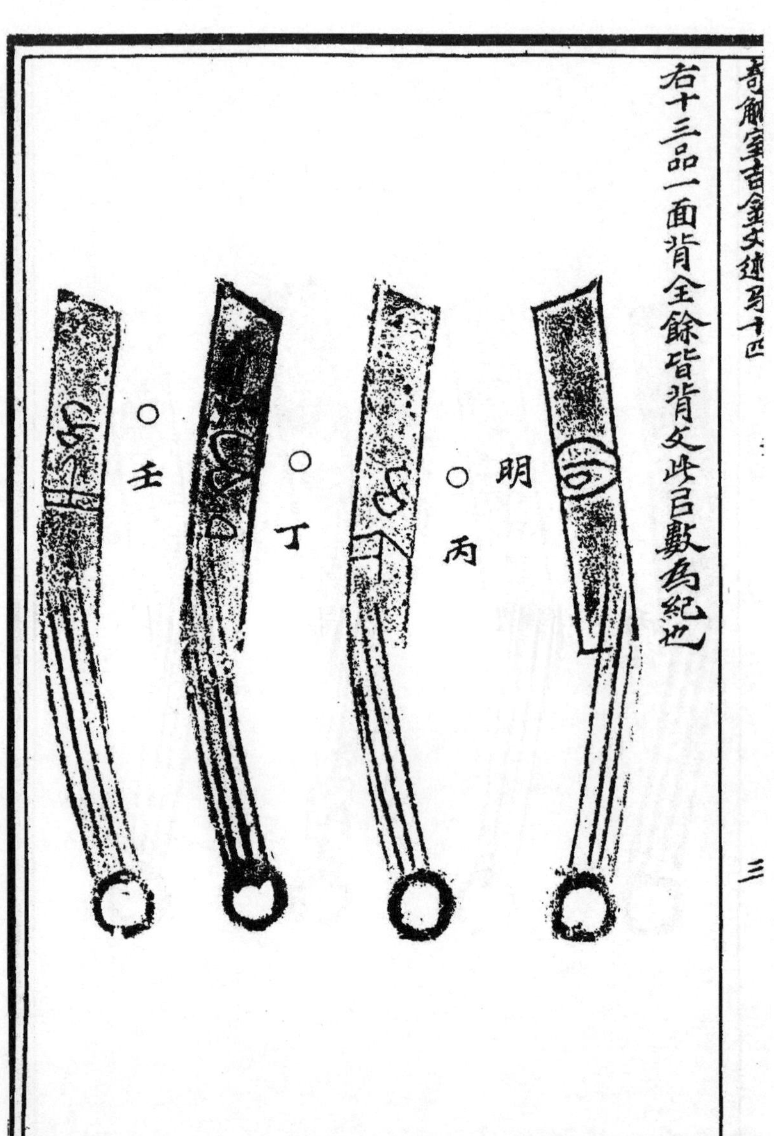

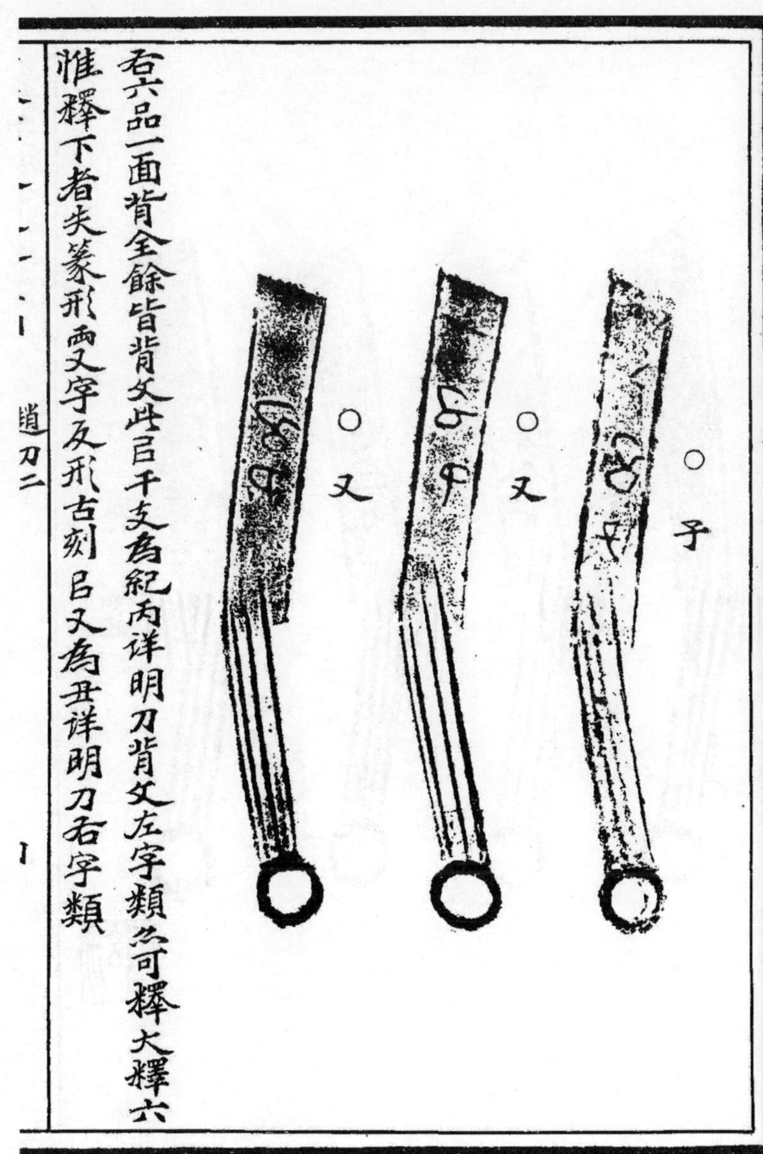

右六品一面背全餘皆背文此以干支爲紀丙詳明刀背文左字類亦可釋大釋六

惟釋下者失篆形兩又字及形古刻以又爲丑詳明刀右字類

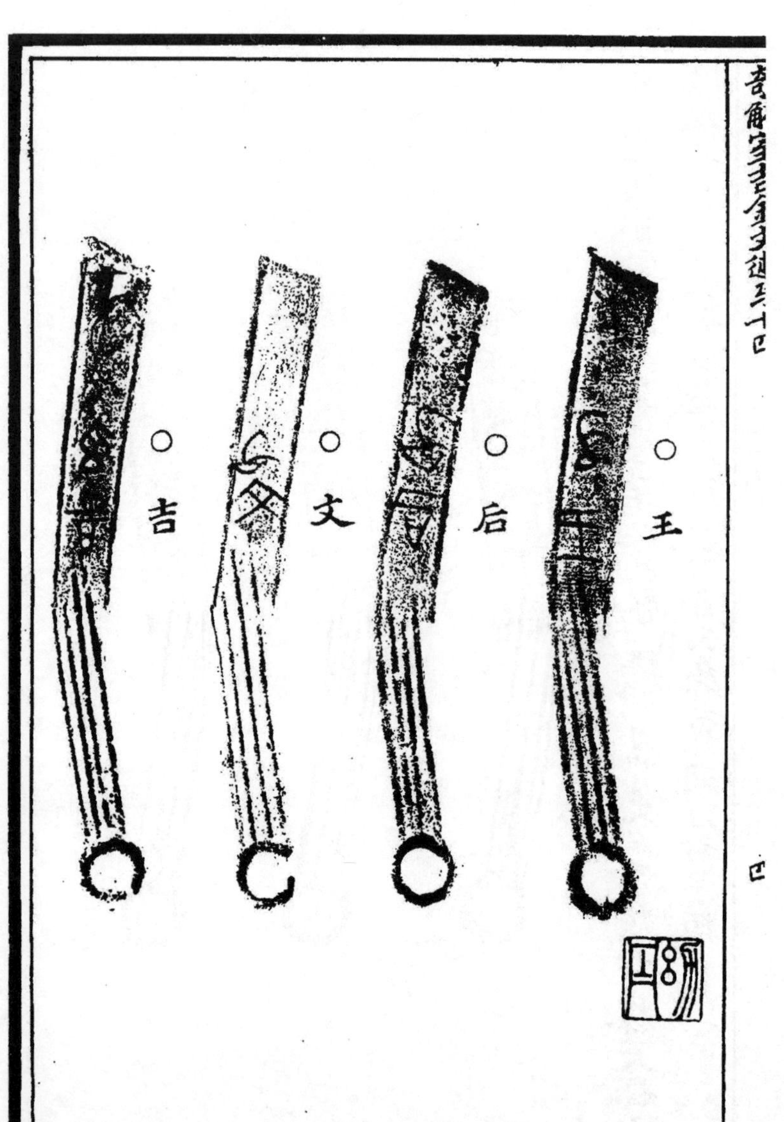
王
后
文
吉

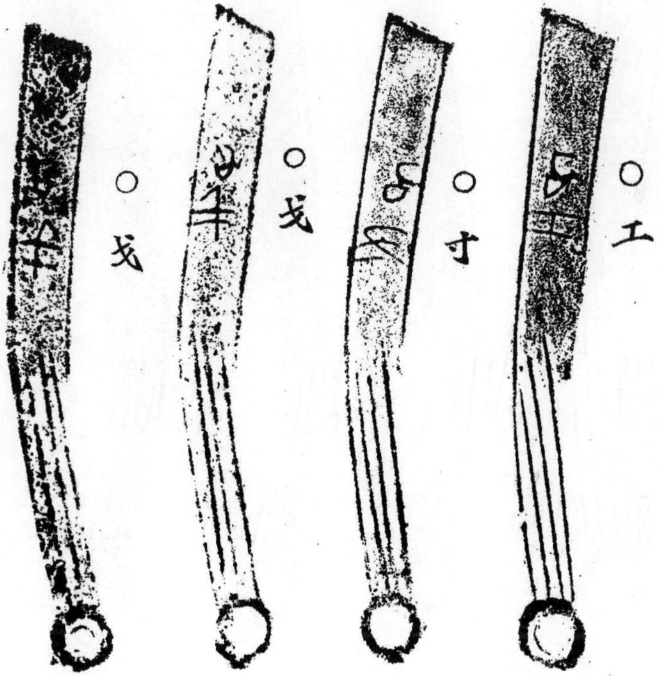

趙刀二

戈

戈

寸

工

五

〇〇

〇〇

〇

吕

右十一品皆背文未二刀字未詳 戈或釋千非吕亾可釋邑寸及形或曰七一二字也

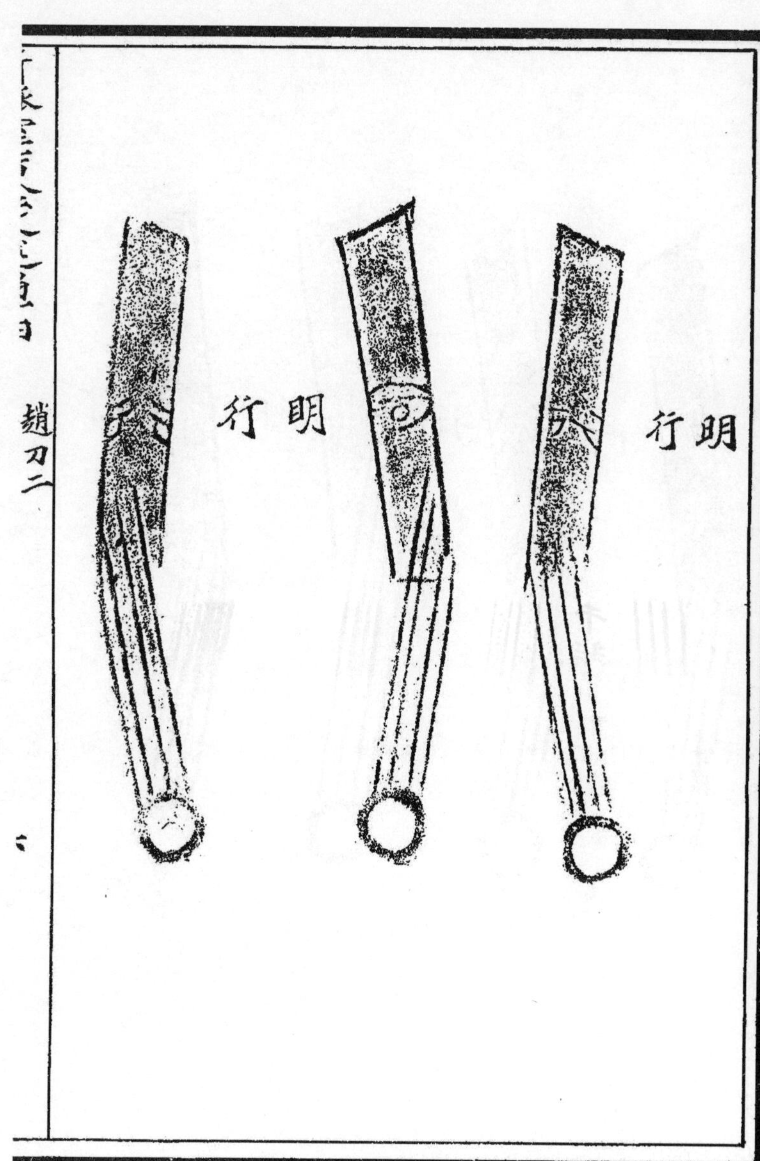
明行
明行

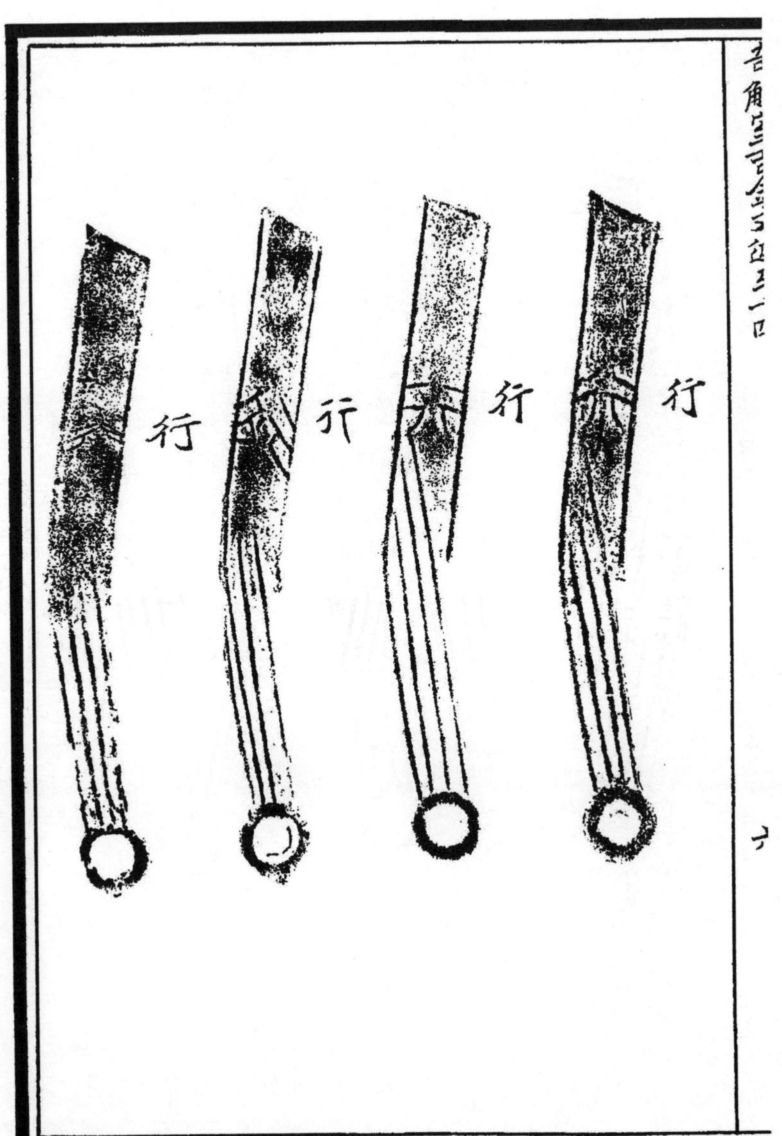
行
行
行
行

右六品三面背全餘皆背文此吕行字爲紀与丝刀同

明王

明戟

右三品面背俱全戟古泉匯再四有作𢦏𢦏者李云不可識案古刻㠯旻爲戟褭盤琱□無叀鼎琱□可證說文□戟也是也又从人蓋合戟字爲之說文戟作□从倝人令俗省作戟非是此刀所从之目就邉綿爲之也無字紀於明刀如盧氏布有涅字必有取尔

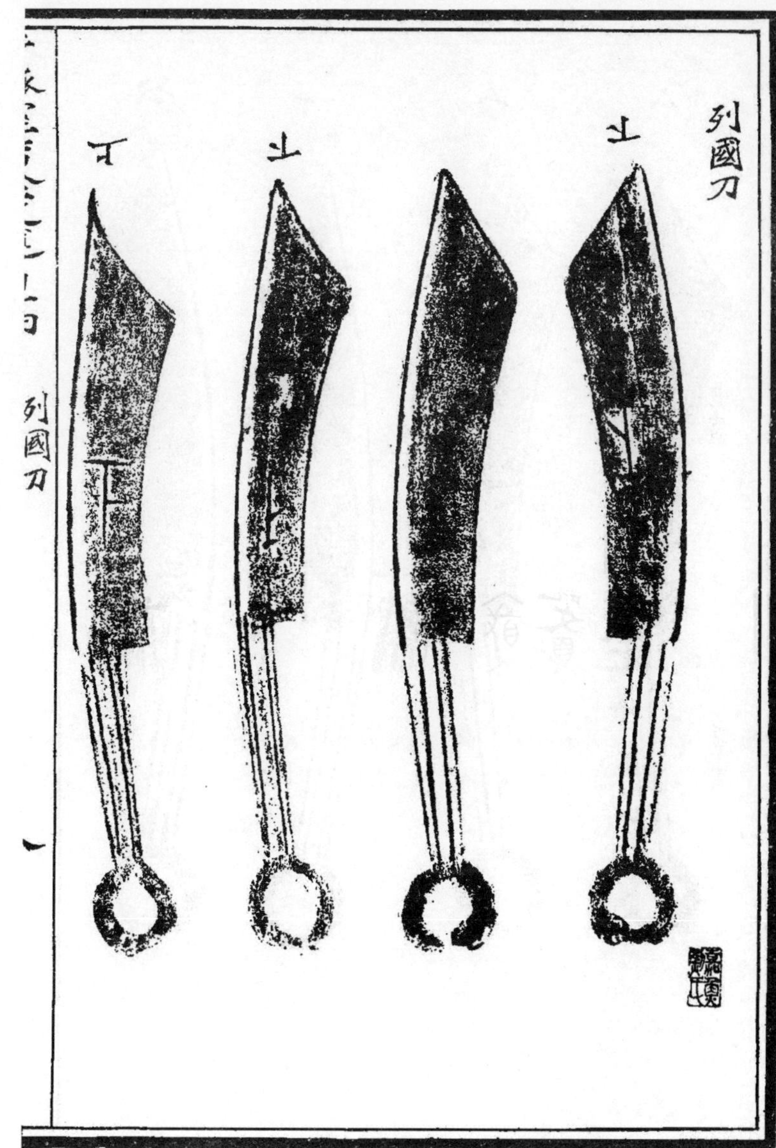

列國刀

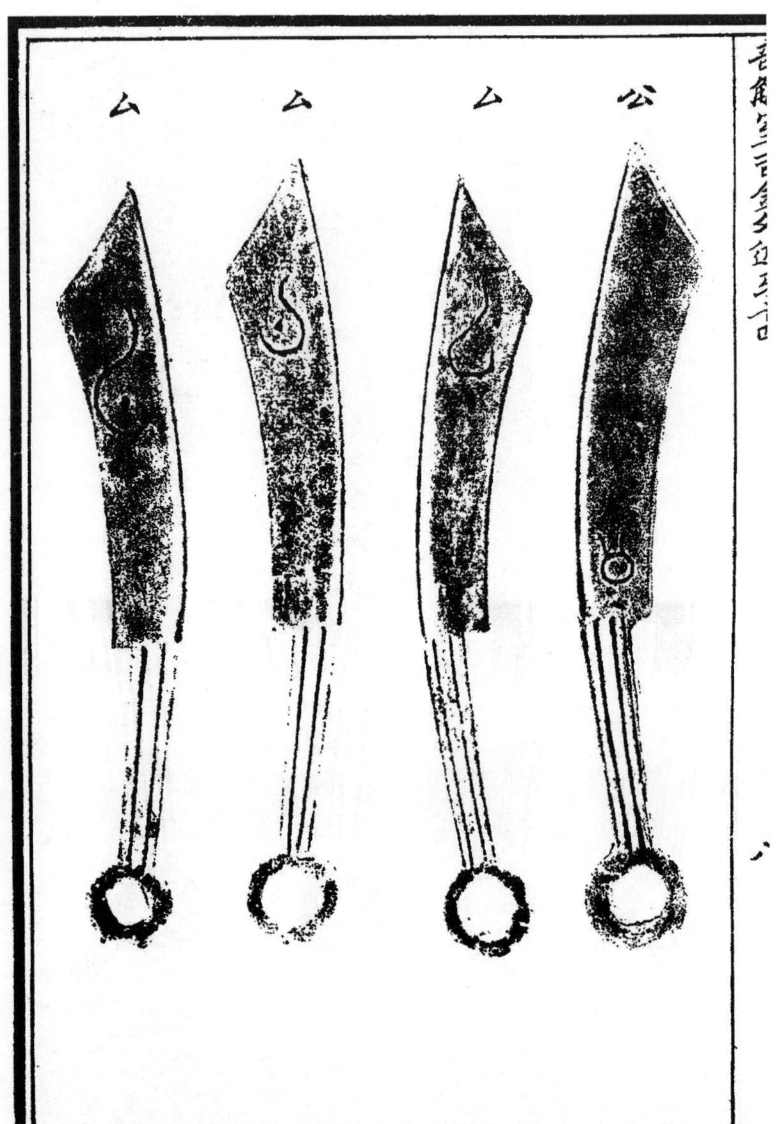
公
厶
厶
厶

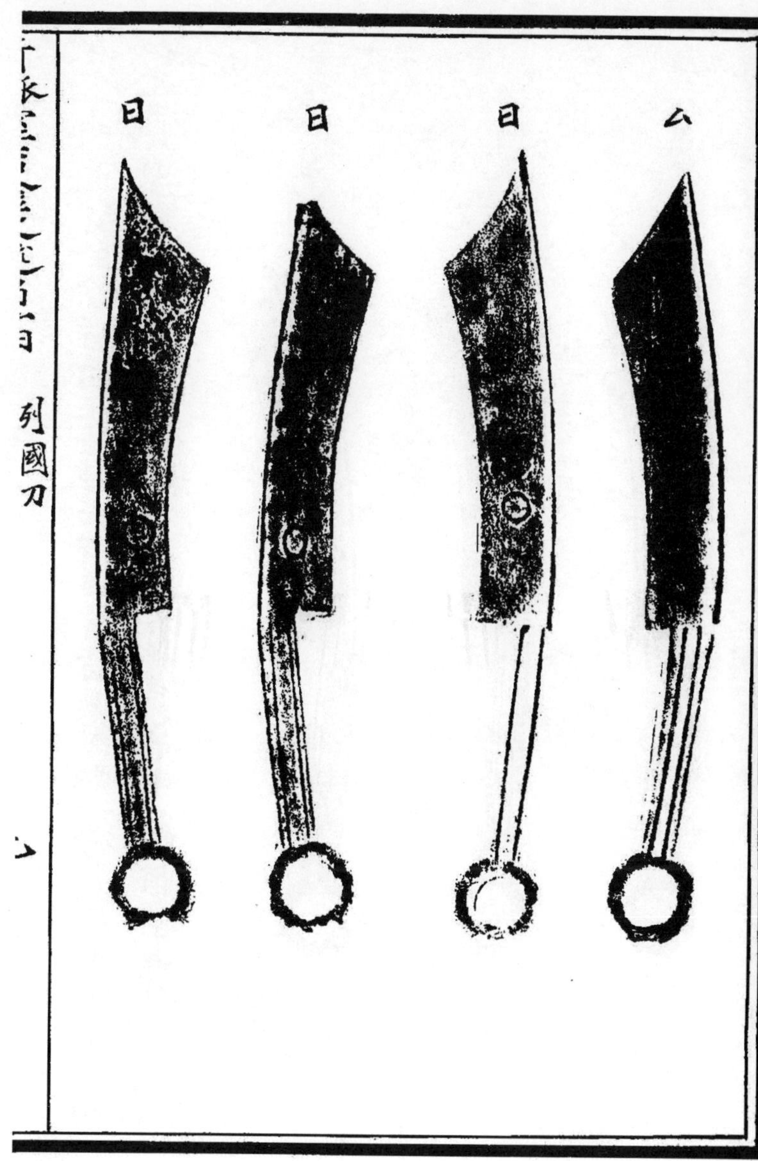
列國刀
厶
日
日
日

右十一品一面背全餘皆面文此種尖首刀背皆無文貼一存式後不復彔ㄙ即私之夲字說文云自營為私（韓非作自環）蓋象自營之形中一點指事或釋勺（勺篆作勺）

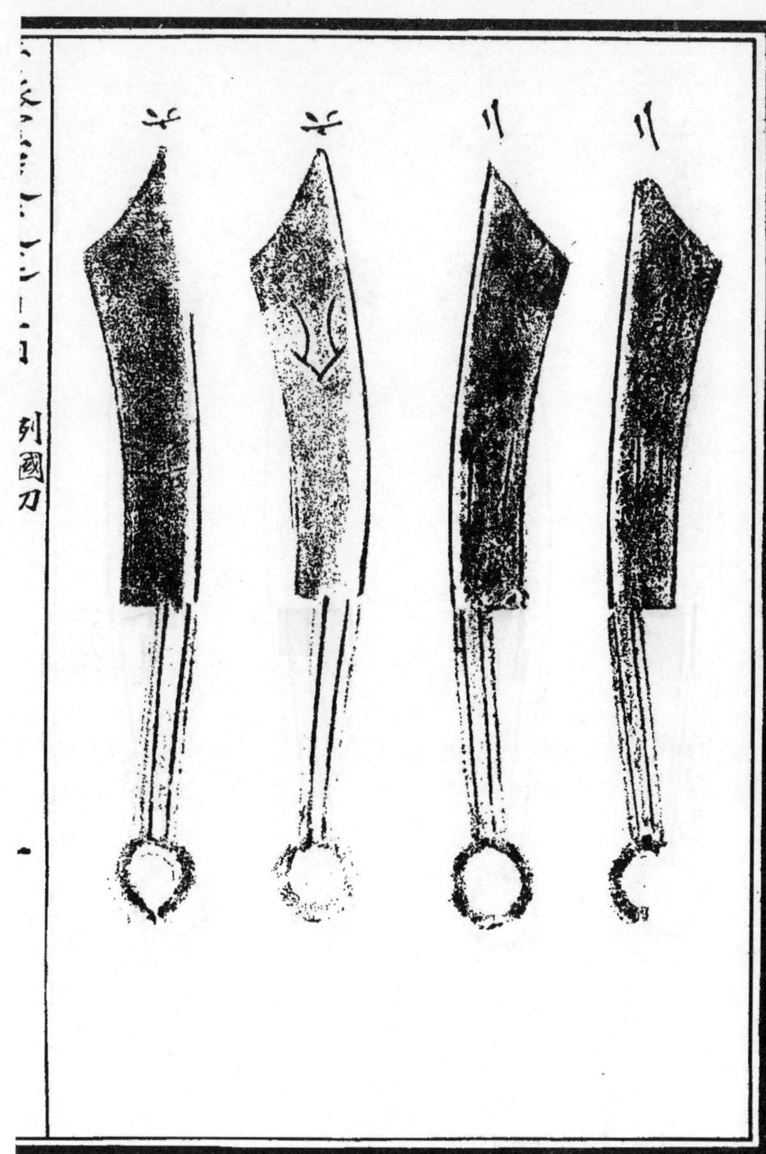
列國刀

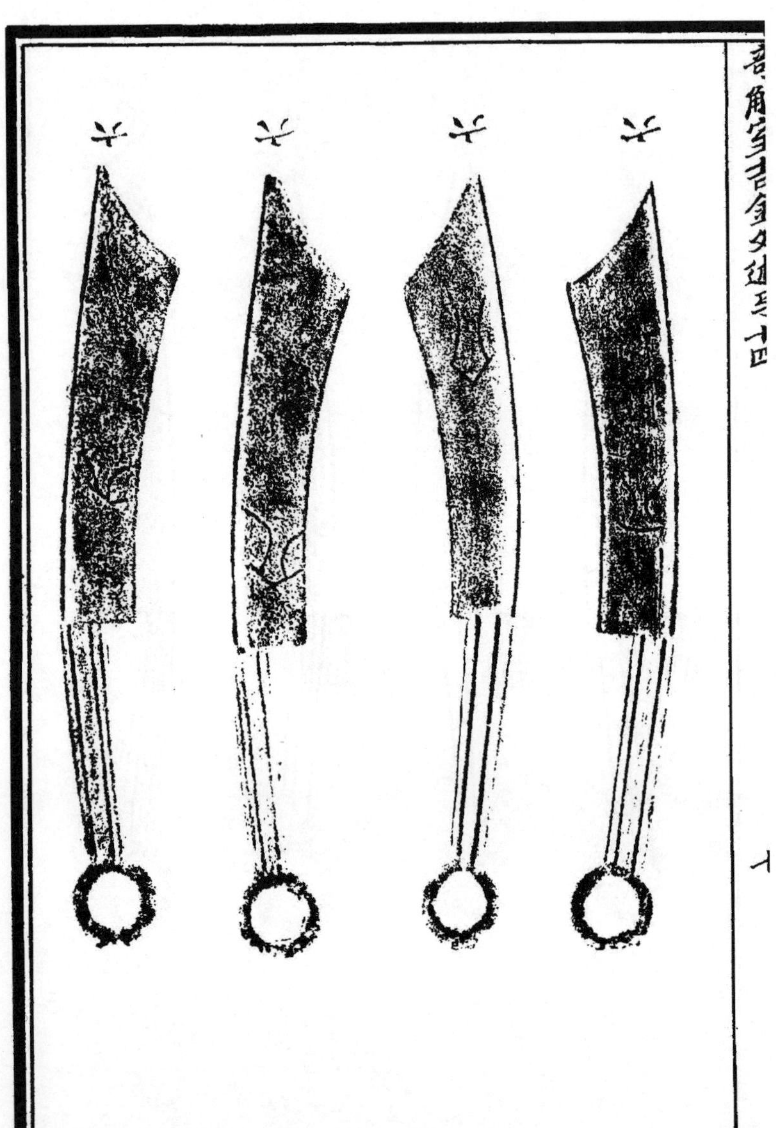

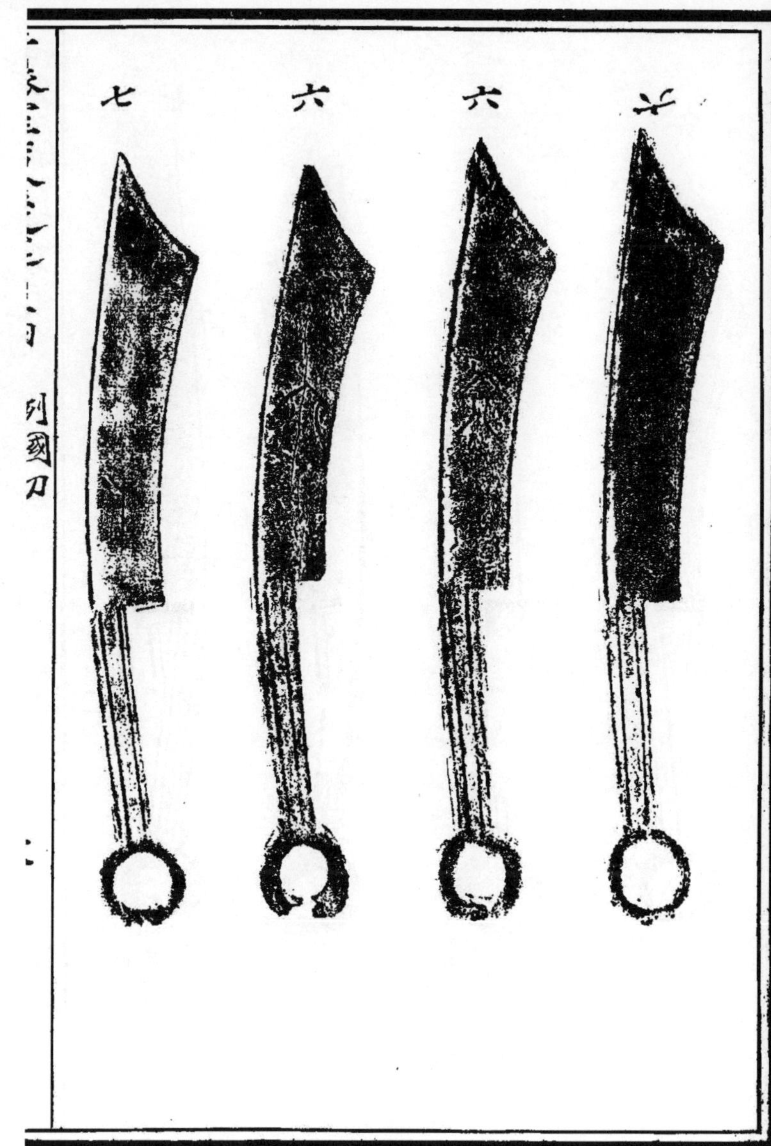
七
六
六
六
列國刀

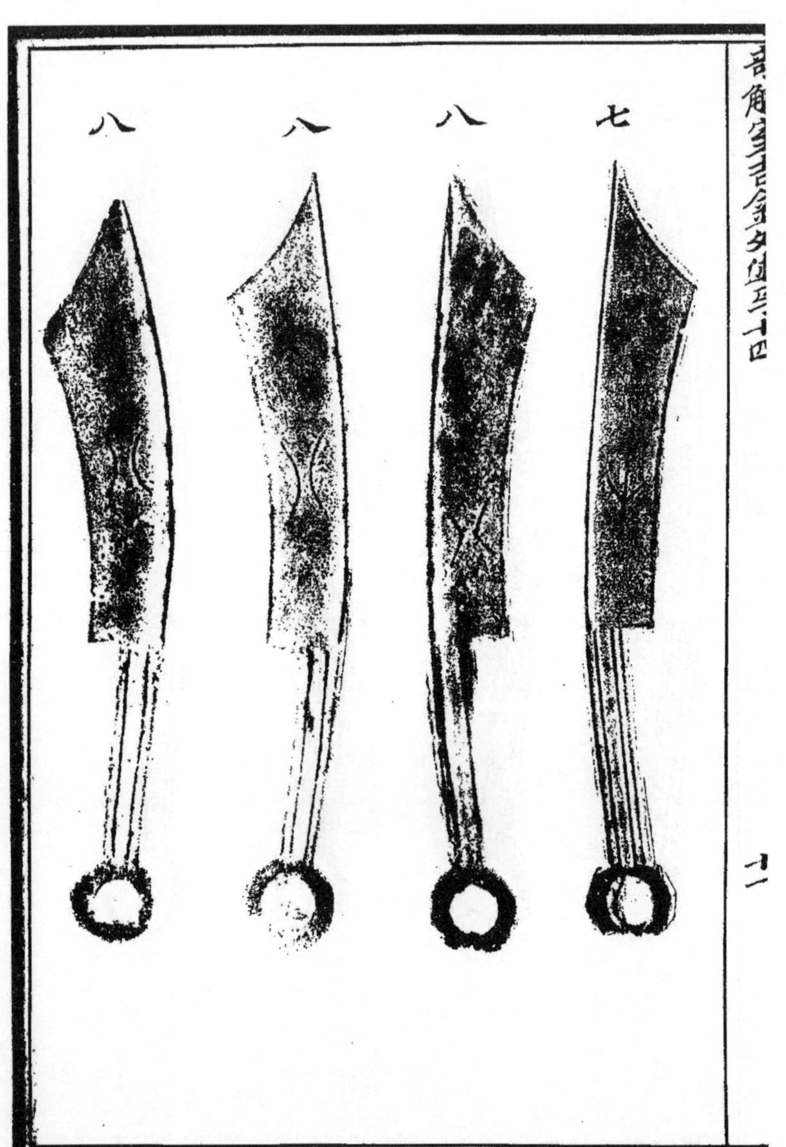
七
八
八
八

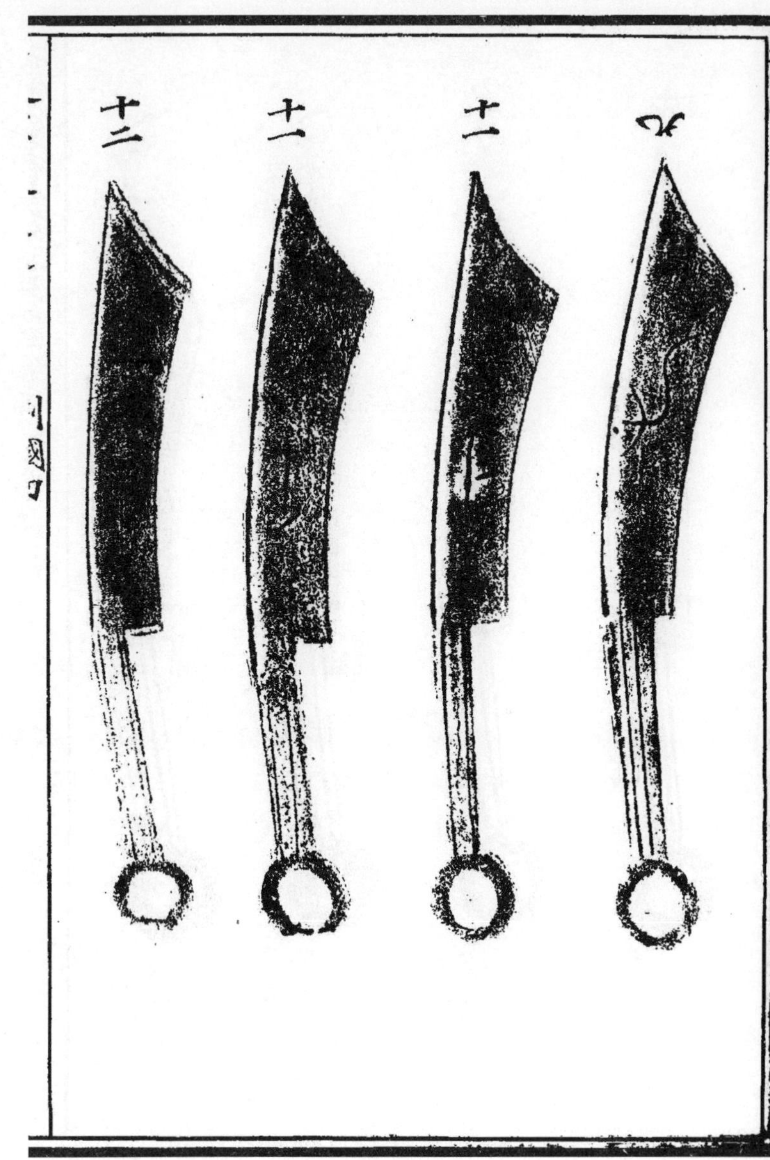
十二
十一
十一

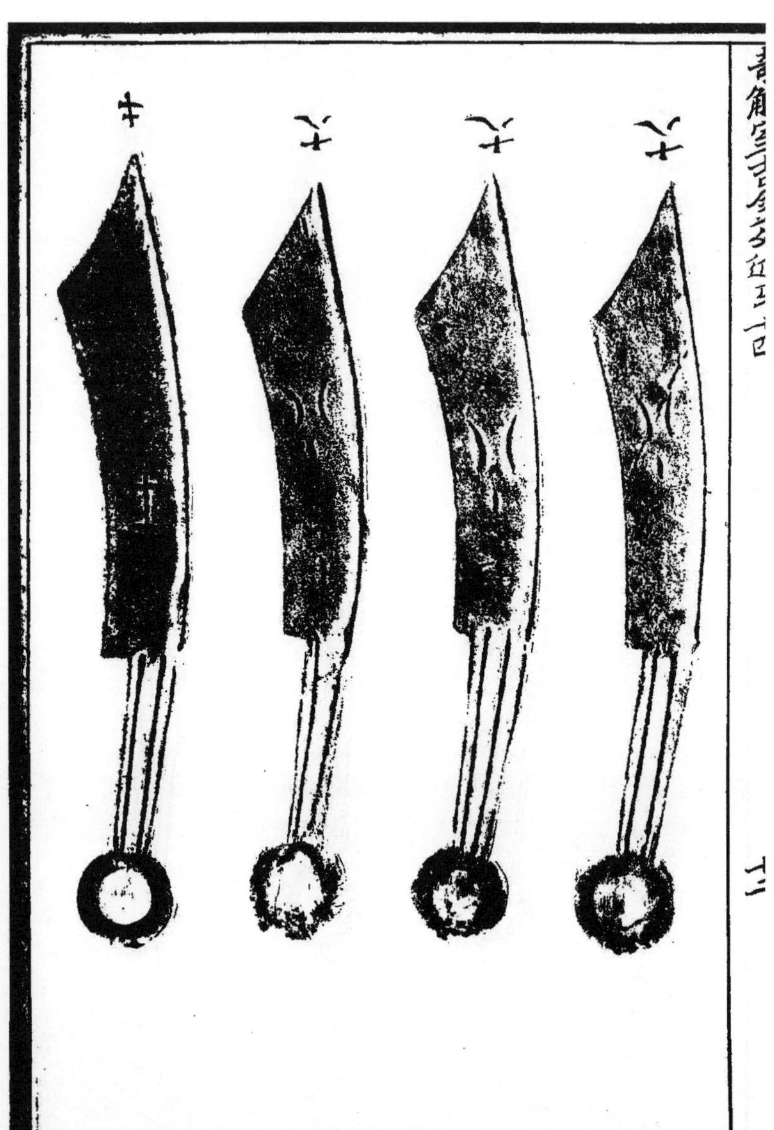

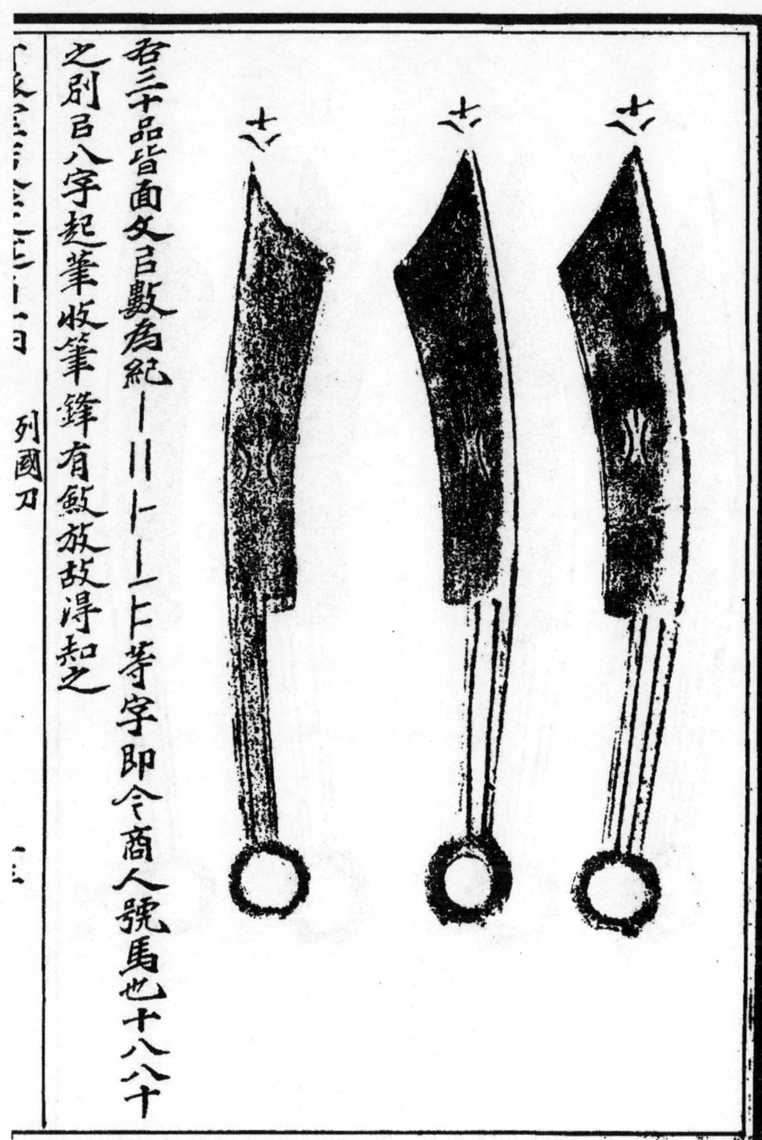

右三十品皆面文㠯數為紀丨〢卜丄上等字即今商人號馬也十八八十之別㠯八字起筆收筆鋒有斂放故得知之

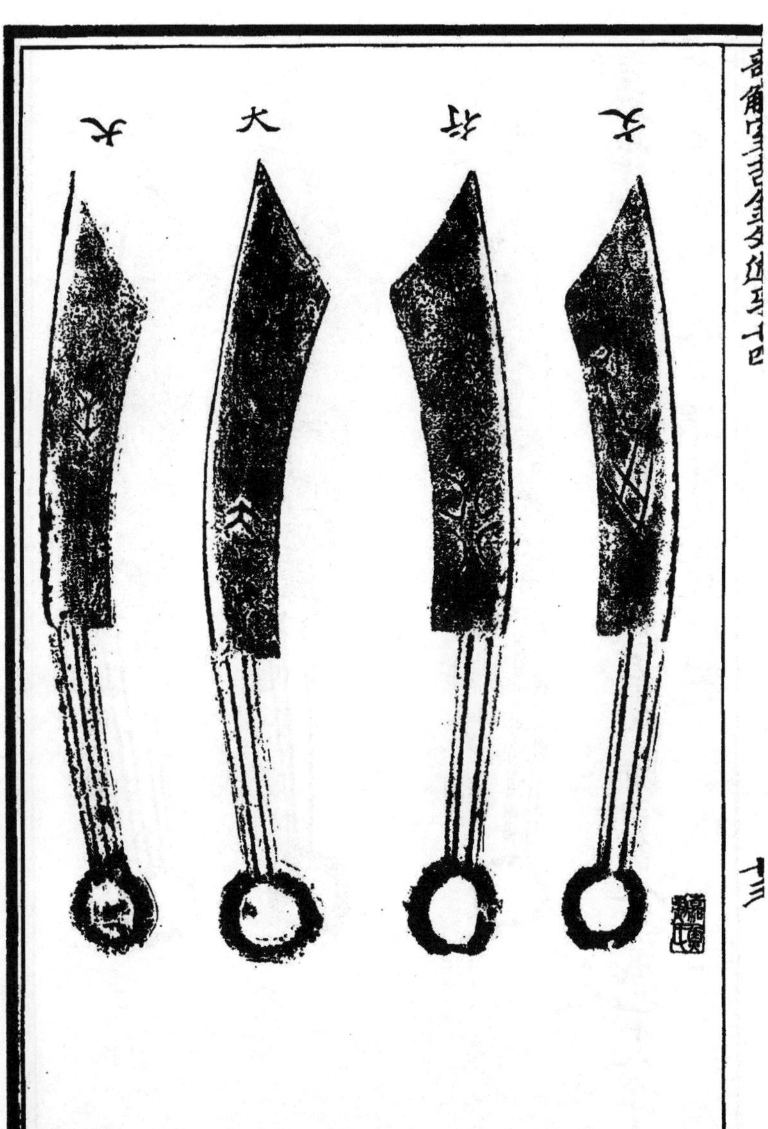

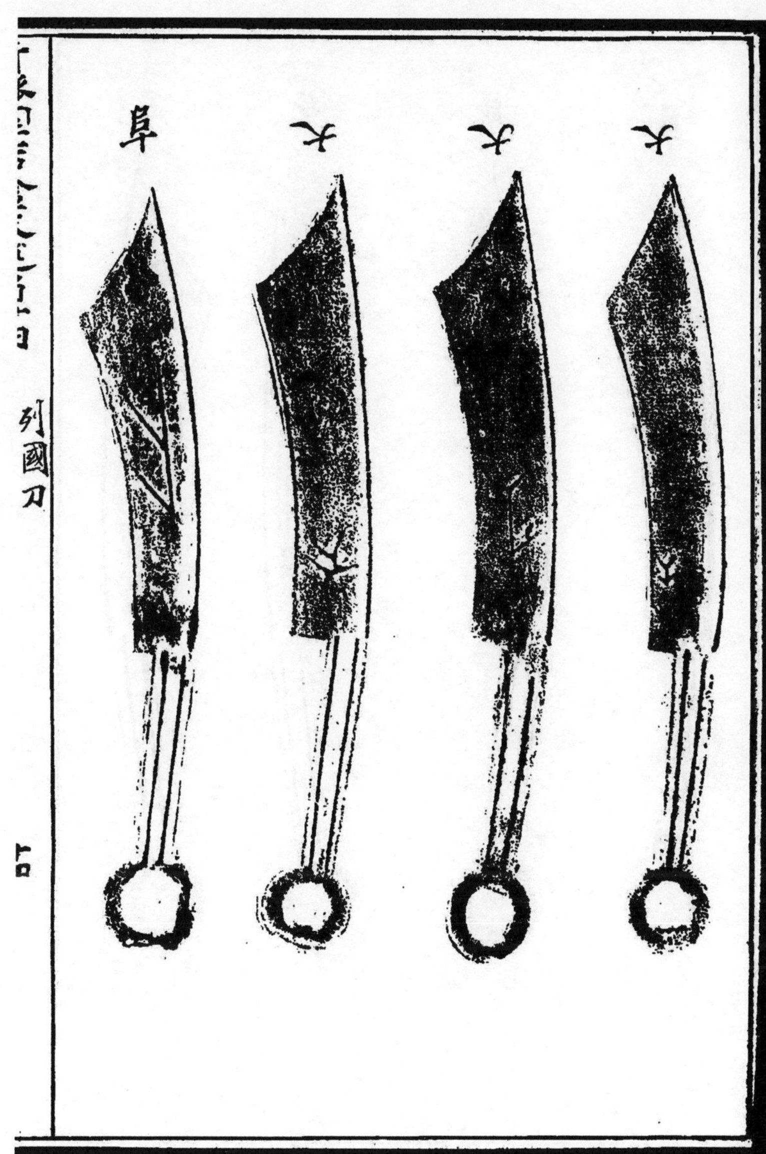

大
大
大
阜

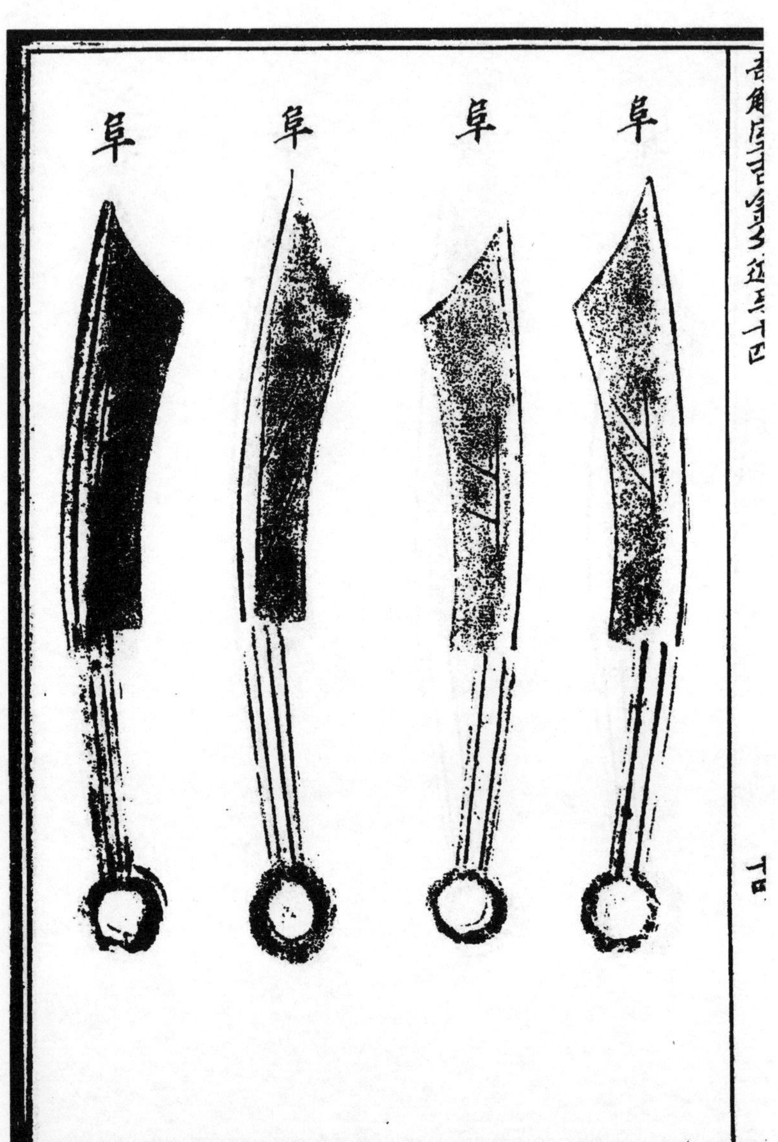
阜
阜
阜
阜

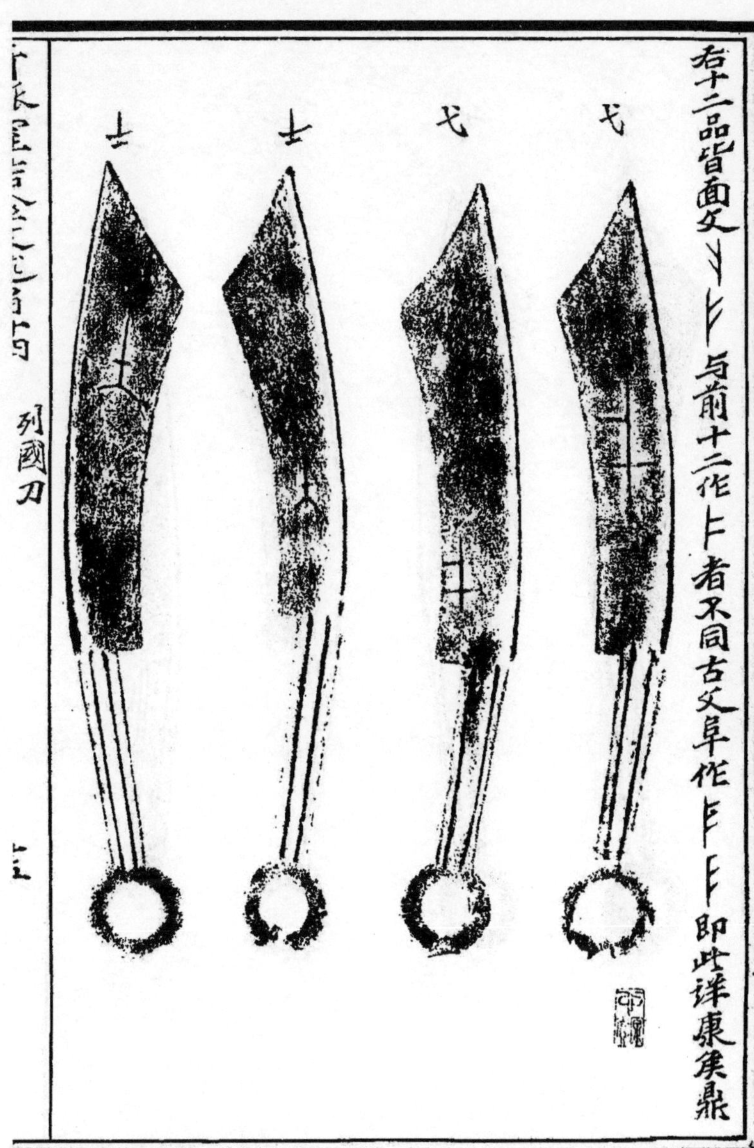

右十二品皆面文[illegible]与前十二作[illegible]者不同古文阜作[illegible]即此詳康侯鼎

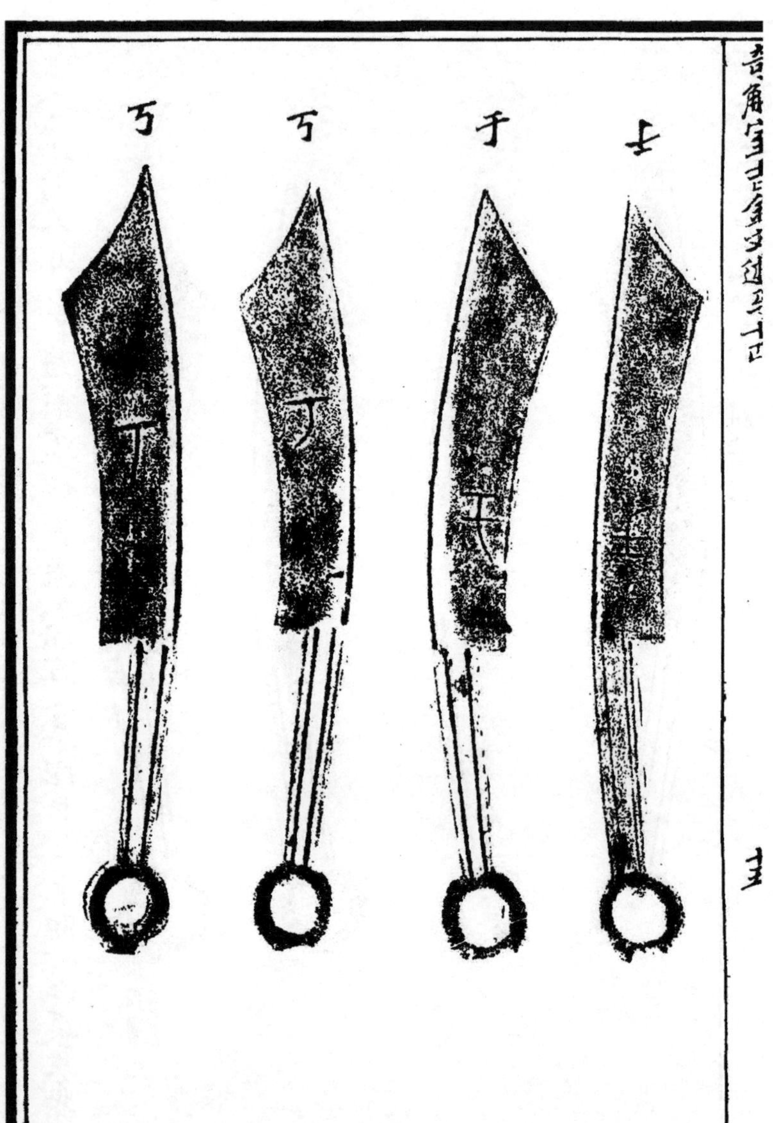

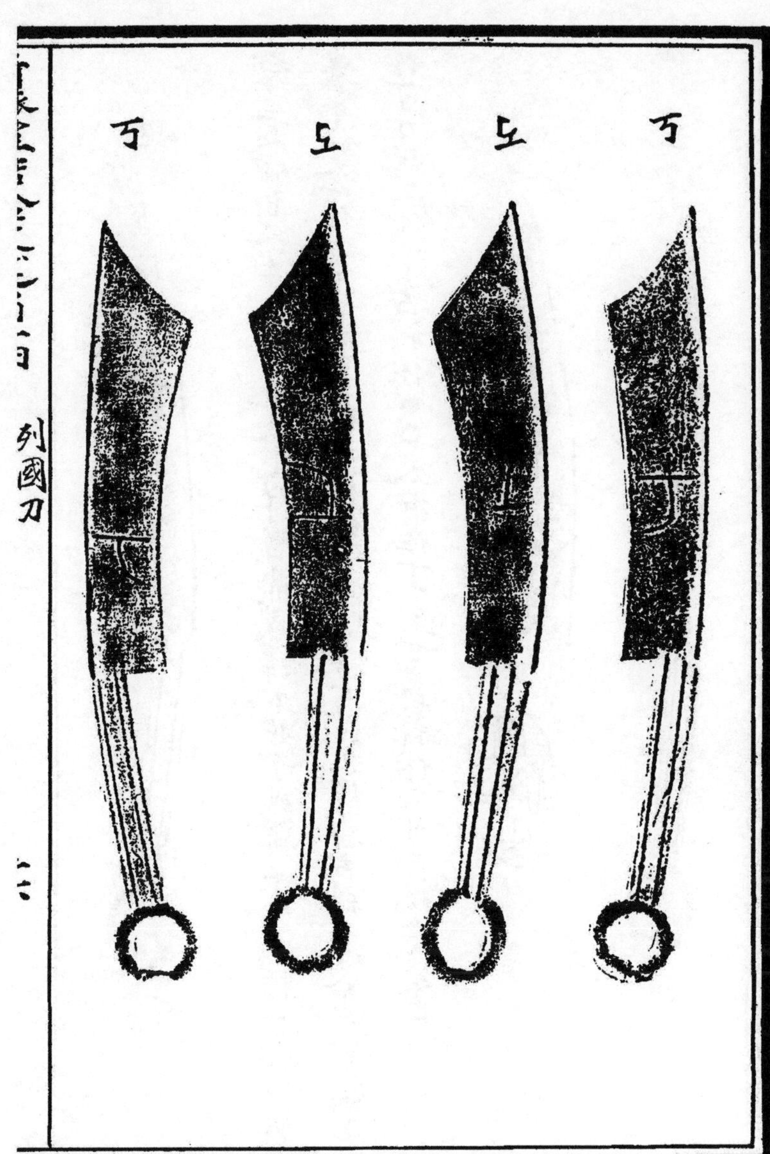

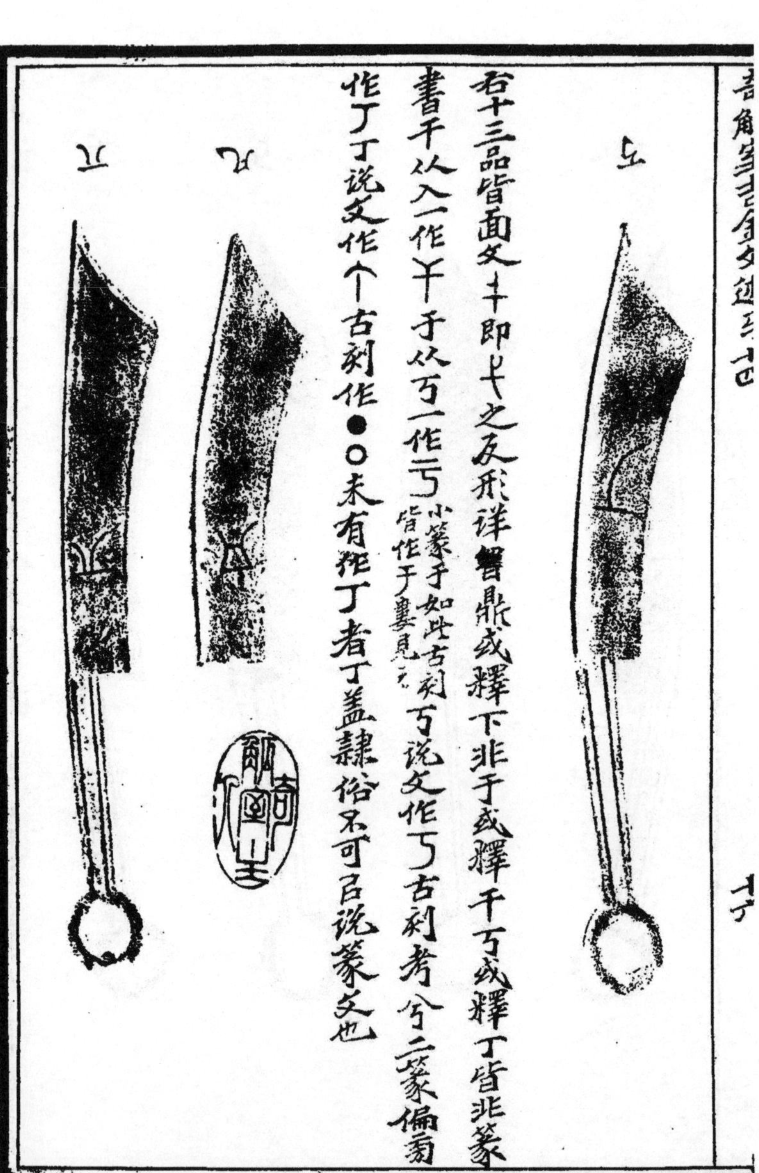

右十三品皆面文丰即乇之反形詳曶鼎或釋下非于或釋千丂或釋丁皆非篆書千从入一作仐于从丂一作丂（小篆于如此古刻皆作于屢見之）丂說文作丂古刻考兮二篆偏旁作丁丁說文作个古刻作●○未有作丁者丁蓋隸俗不可已說篆文也

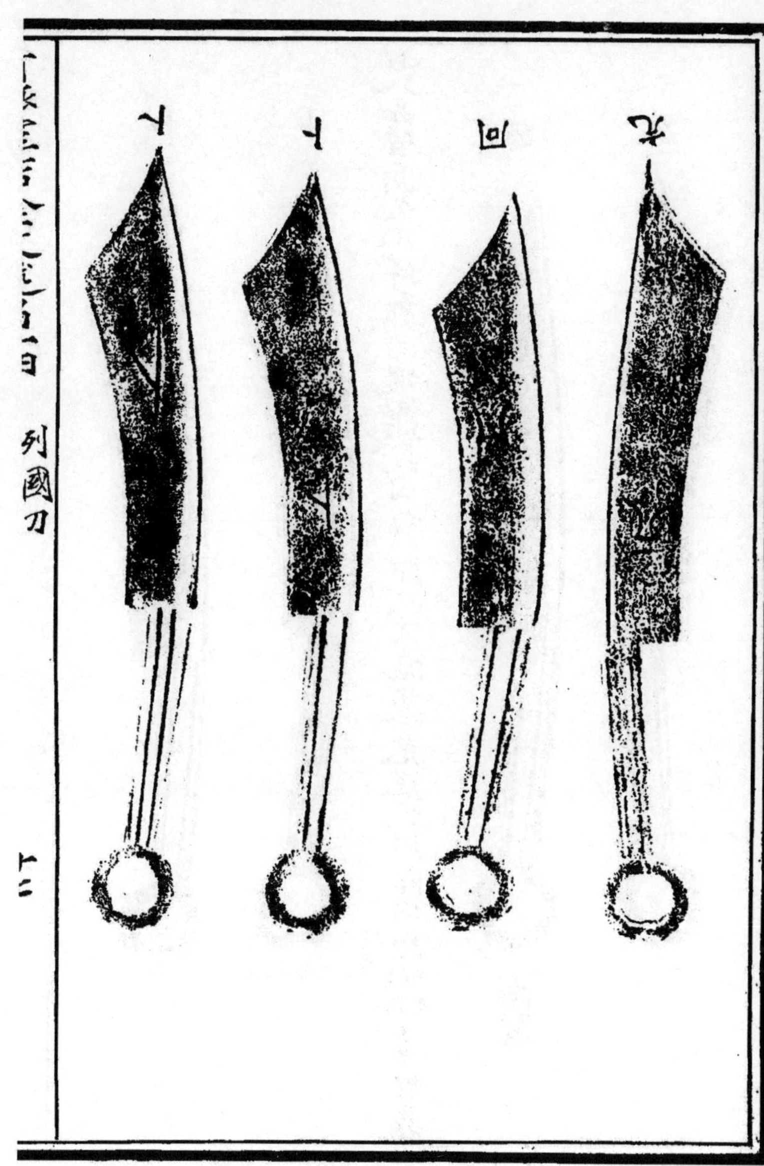

列國刀

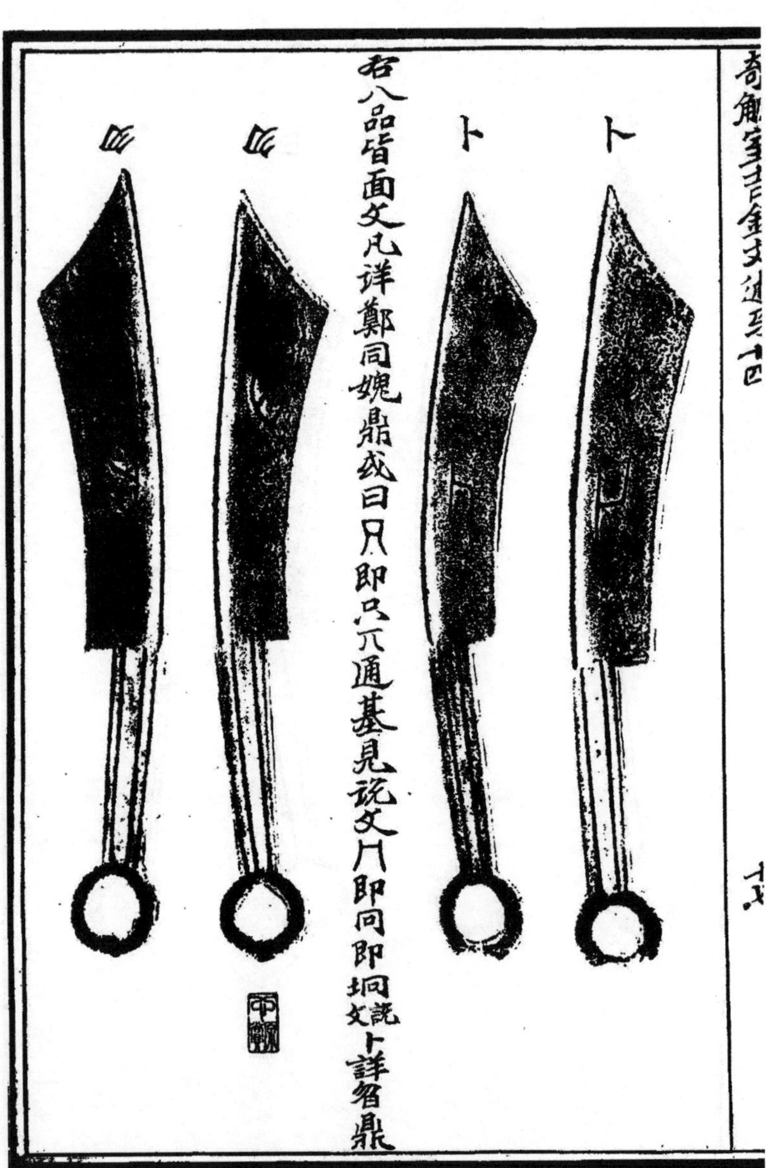

右八品皆面文凡詳鄭同媿鼎或曰只即丌丌通基見説文冂即同即坰説文卜詳曶鼎

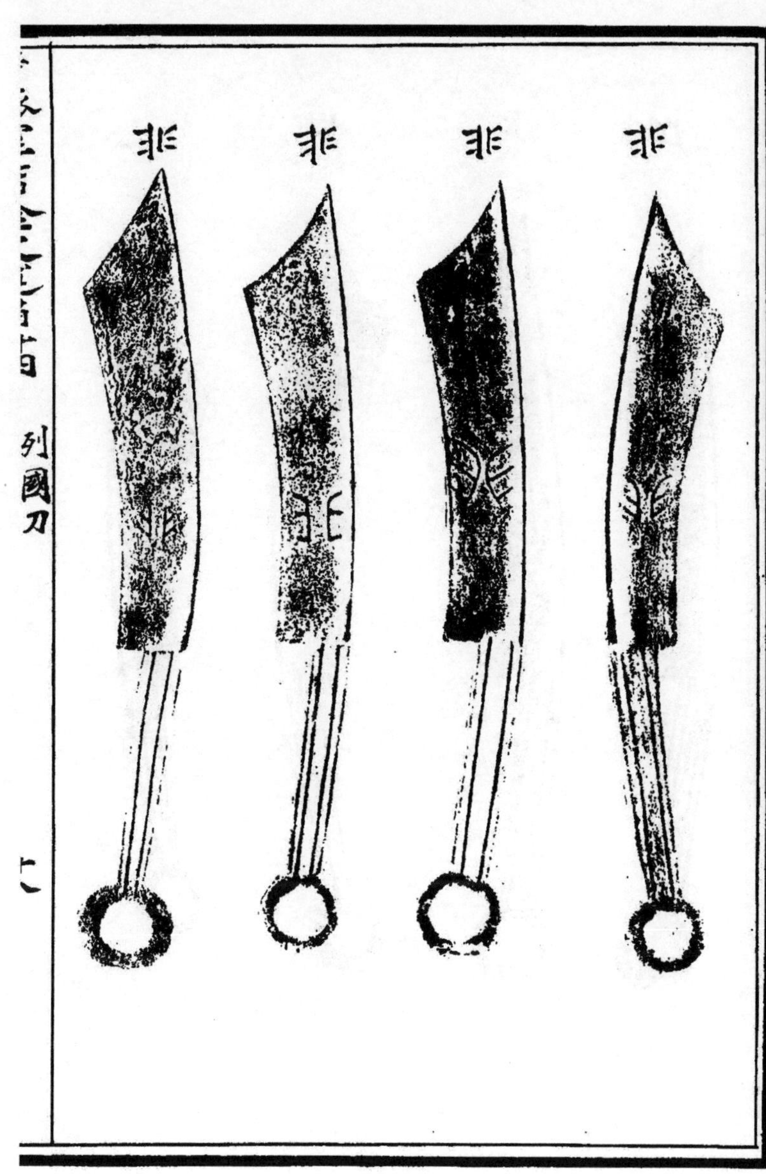
列國刀

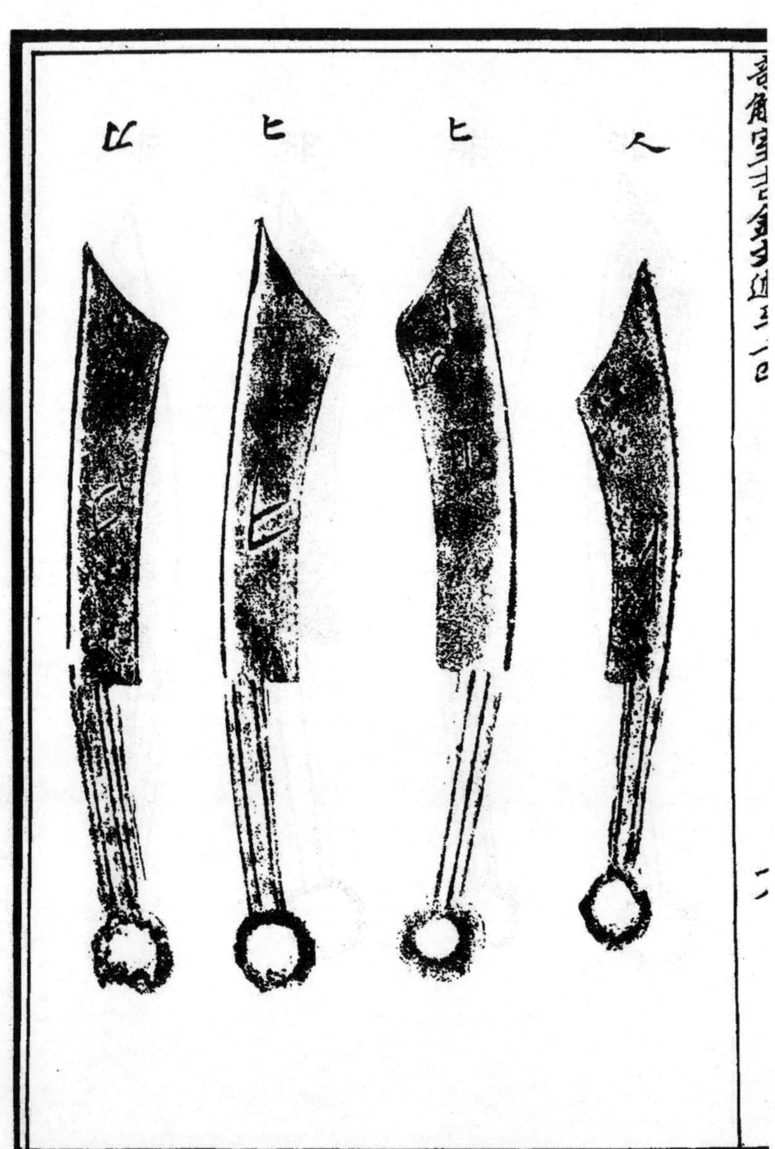
人
匕
匕
匕

右十三品皆面文人匕刀乜四篆絕不相混近人皆釋化非

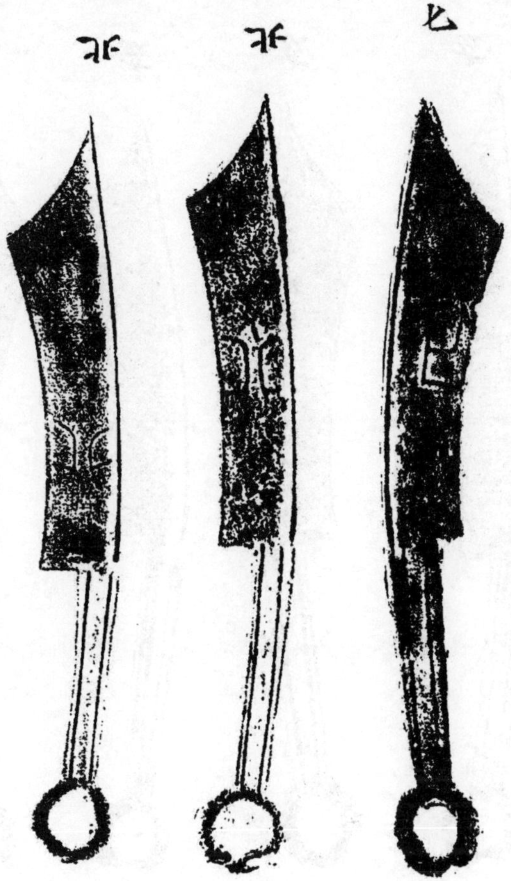

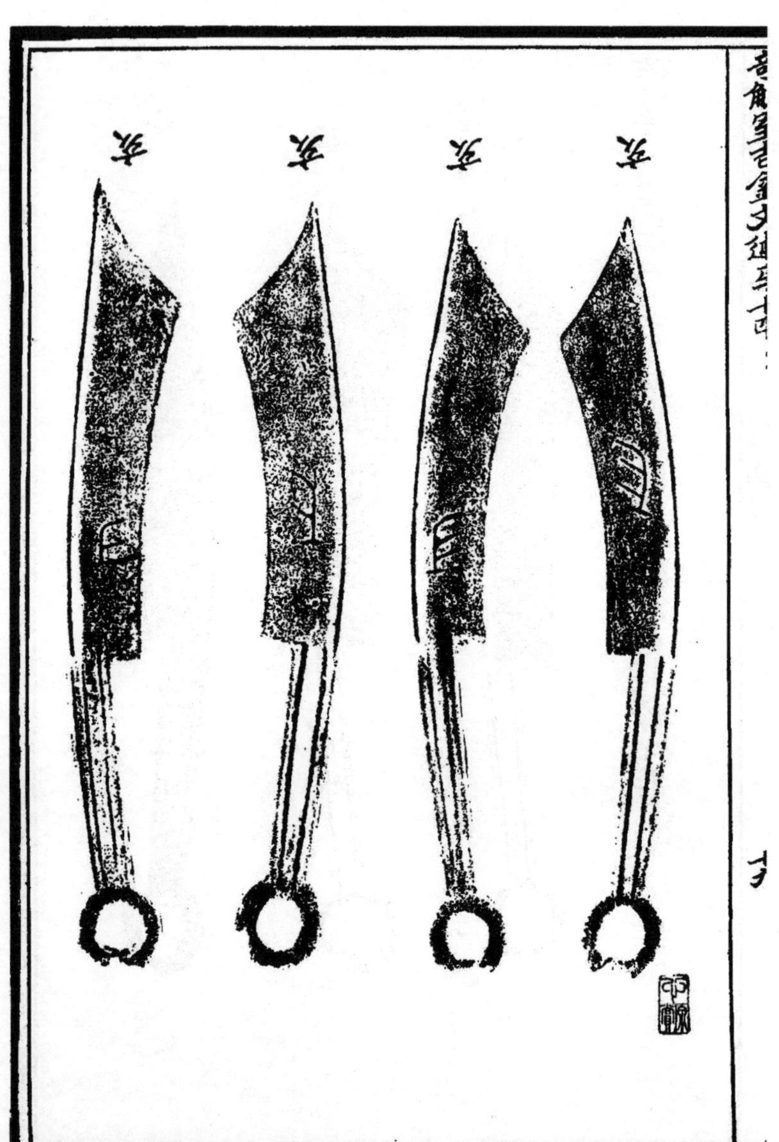

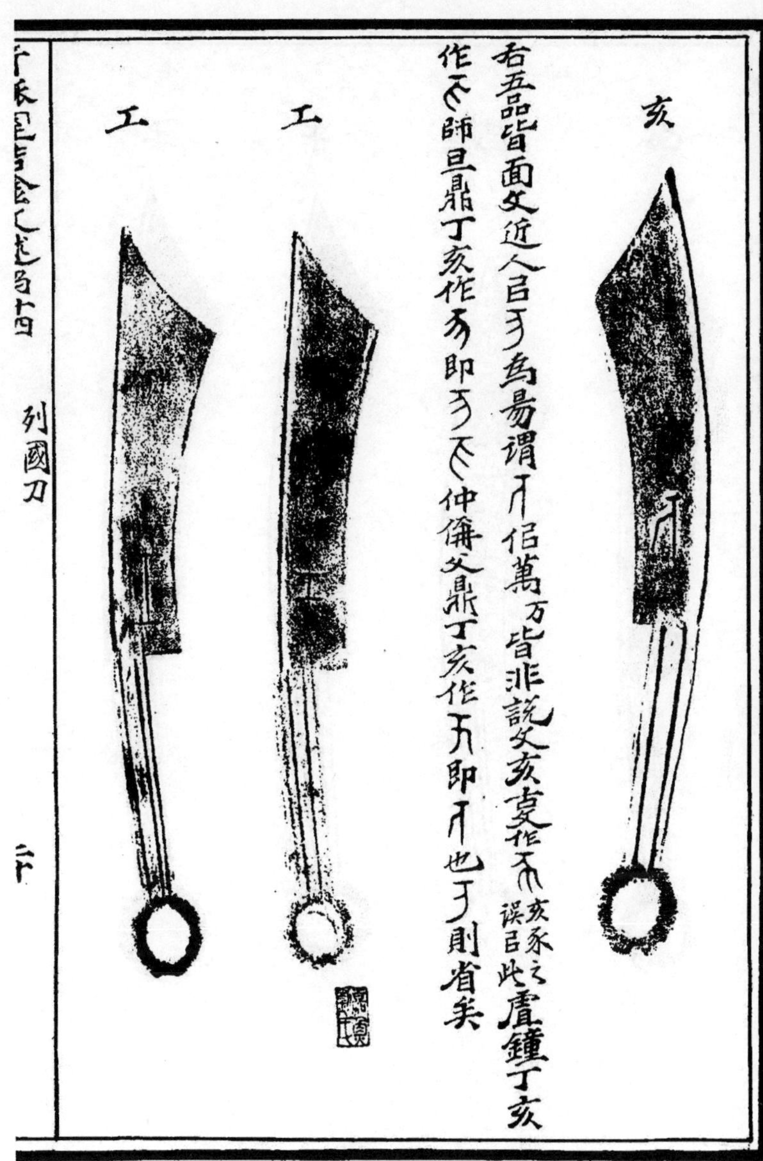

亥

工

工

右五品皆面文近人㠯亏為昜謂亓侶萬万皆非說文亥古文作𠀅亥豕之誤㠯此䖒鐘丁亥作𠀅師旦鼎丁亥作亏即亏𠀅仲𠈌父鼎丁亥作亓即亓也亏則省矣

列國刀 二十

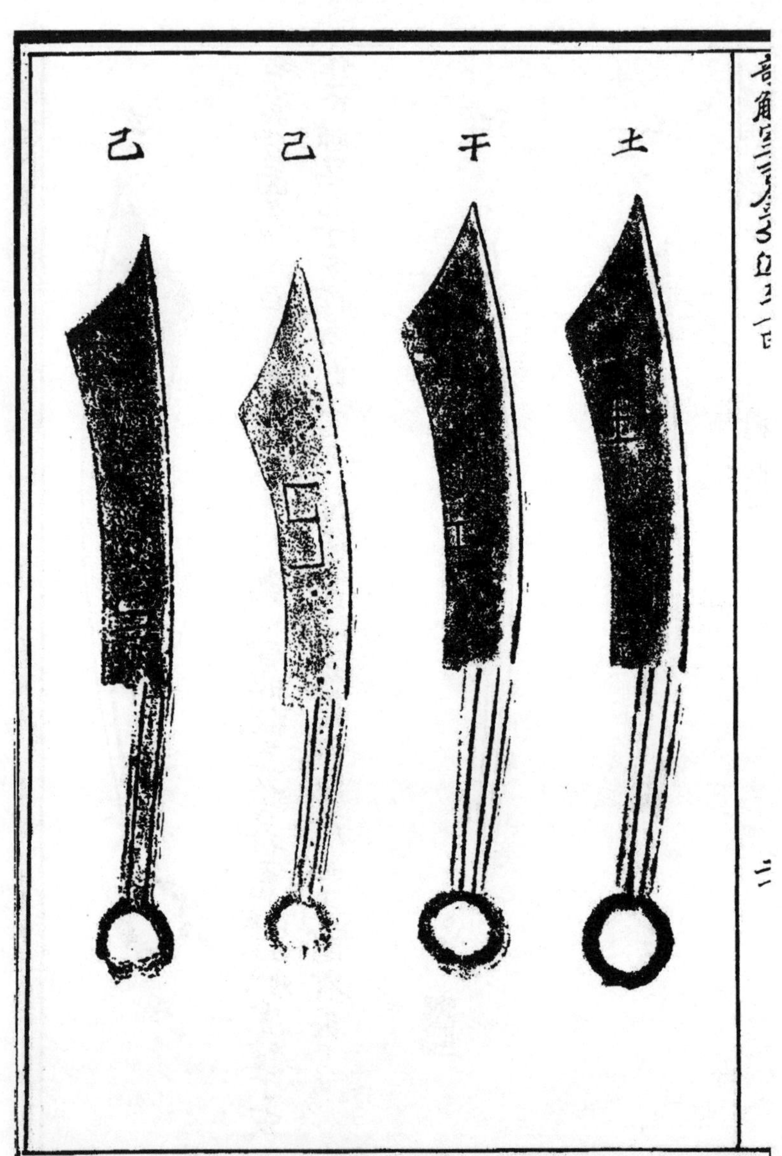
土
干
己
己

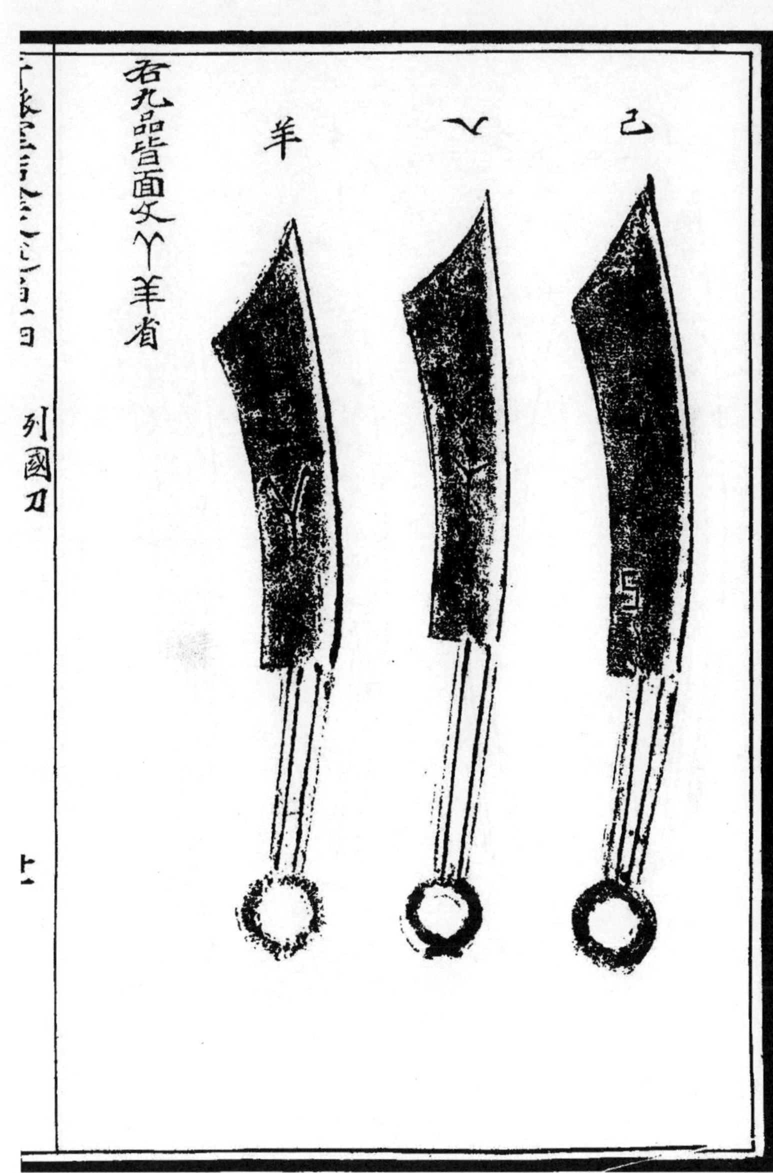
右九品背面文丫羊省
己
丫
羊
列國刀
上

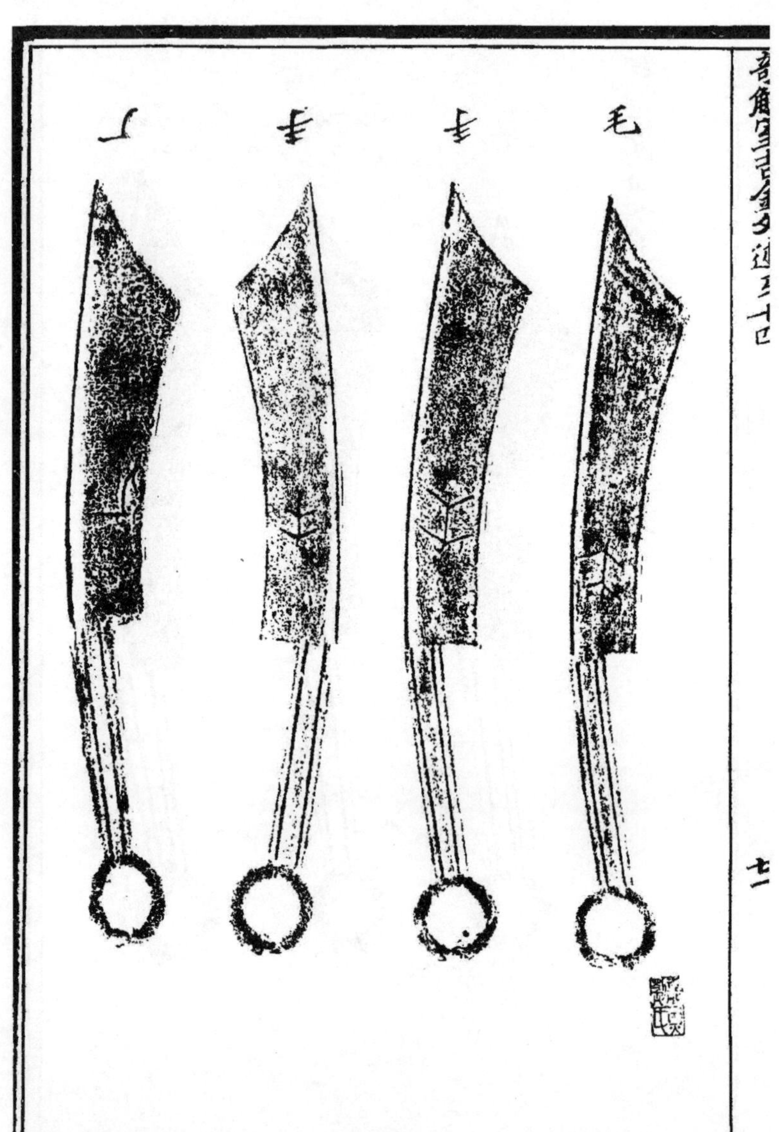

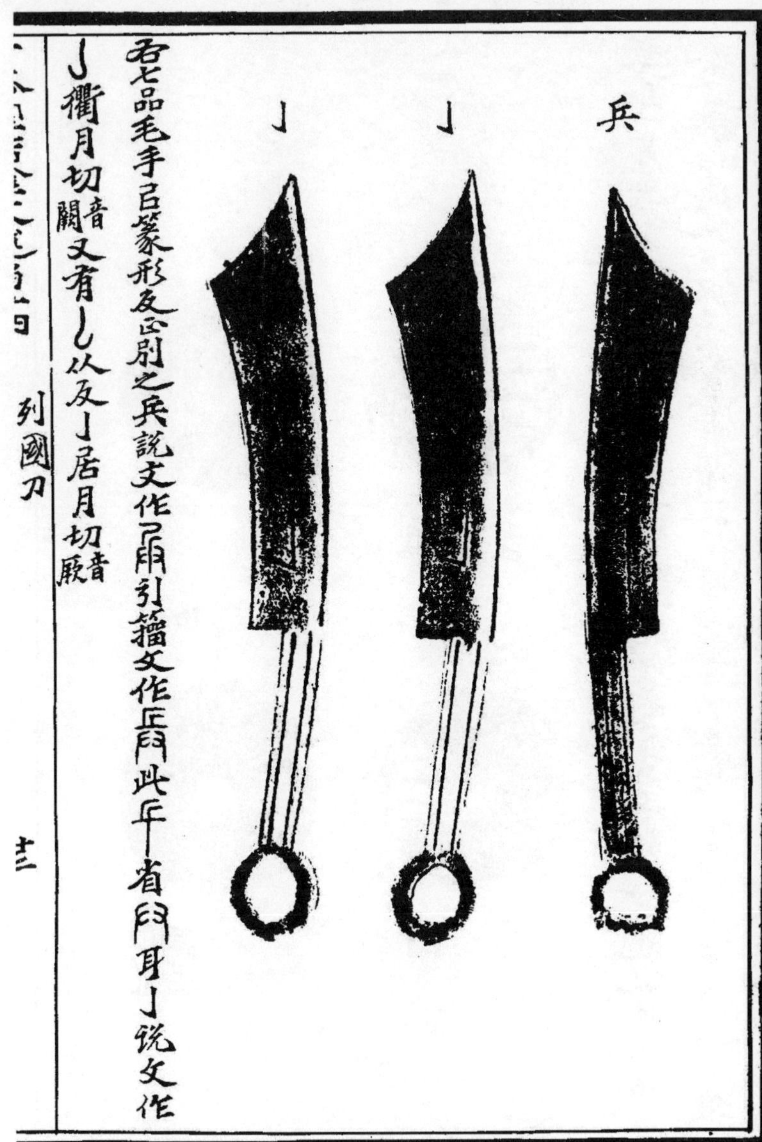

右七品毛手弓篆形反正別之兵說文作[illegible]引籀文作[illegible]此斥省[illegible]耳丿說文作丿衢月切音闕又有乚从反丿居月切音厥

圜泉

垣

垣　吉

背

背

四

右三品一背無文二背文作三古文四字也秦本紀昭襄王十五年白起攻魏取垣十七年秦以垣為蒲阪皮氏正義秦取蒲阪復以與魏魏以為垣今又取魏垣復與之後

秦呂為蒲阪皮氏據此則垣即蒲阪皮氏二邑之地秦魏變名不同耳然索隱云為當為易蓋字訛也是秦呂垣易蒲阪皮氏矣案六國年表魏襄王六年秦取皮氏當惠文王九年魏哀王十三年秦擊皮氏當秦昭王元年哀王十六年秦拔蒲阪當昭王四年蒲阪皮氏之名已見於秦昭十五年呂前必非秦昭呂垣為蒲阪皮氏也吉字齊刀趙刀背文亦有之

共

背

共

右二品一背無文二同不汞詩侵阮徂共釋文鄭云共國名左隱元年傳共叔段釋文共地名地理志河內郡州共孟康曰共伯入為三公者也未知此泉何屬

丝陰

背

右一品面左右陽文二字背右陰文一字佀是重丝濟省古泉匯作[illegible]較朗陰从金見方足平陰布地理志有濟陰郡

共屯赤金

背

右一品背無文共屯當是地名或曰屯純省言此泉係共地純赤金所鑄也屯或釋七

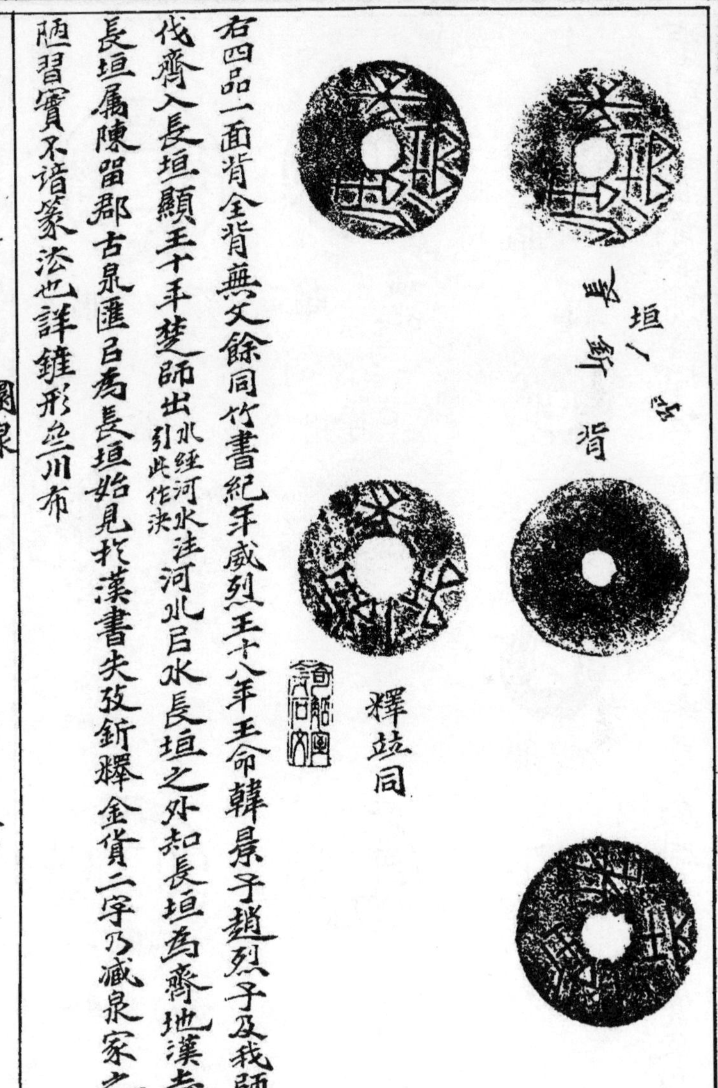

垣丿台

貣釿背

釋竝同

右四品一面背全背無文餘同竹書紀年威烈王十八年王命韓景子趙烈子及我師伐齊入長垣顯王十年楚師出（水經河水注引此作決）河水吕水長垣之外却長垣為齊地漢志長垣屬陳留郡古泉匯吕為長垣始見於漢書失攷釿釋金貨二字乃臧泉家之陋習實不諳篆法也詳鏟形無川布

賹六化

賹四化

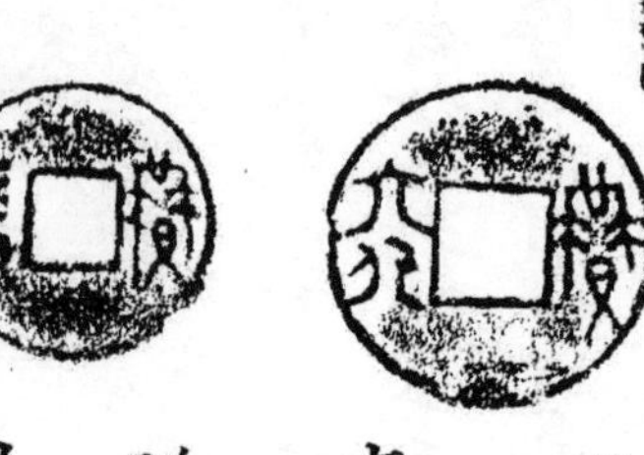

賹

背

背

背

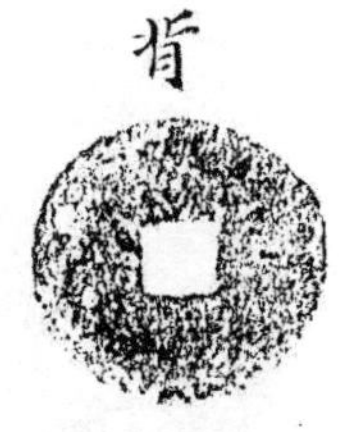

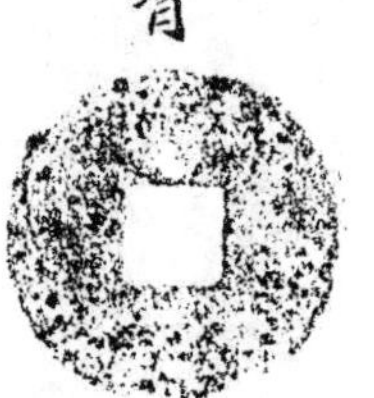

賹化

賹六化

賹四化

賹化

右七品一三五面背全餘背同皆不录近日藏泉家率以此爲周景王寶貨泉而

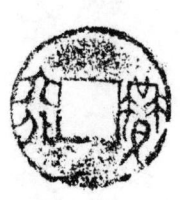

不知篆形未合也古文雖省變不一究有形意可言若刻寶字異形百出未有如此作者近人吕□下體从貝上體依稀佀冖遂定爲寶耳不通六書者往往耳食如此嗌下籀文作□博古圖□鼎釋益詳嗌字布鐘彝形積古絲曶鼎□釋益此从□即□更無可疑又从貝則賹也集韻十五卦賹記物也廣韻云記人物即此泉所用義又攷史記平準書黃金吕溢爲名孟康曰二十兩爲溢蓋即鎰字此賹亦當讀鎰廣韻集韻音隘聲轉耳此後二品最小爲賹貨前四品吕次漸大曰賹四貨賹六貨蓋言某爲鎰貨某爲鎰之四貨及六貨也若云是寶如篆形何且漢書食貨志云周景王患錢輕將更鑄大錢單穆公曰不可弗聽卒鑄大錢文曰寶貨夫班氏係文曰寶貨四字於卒鑄大錢之下則是景王吕前之輕錢無文而大錢始有寶貨二字也今此後二品皆小錢莫輕於此乃已有□化二字而前四品本是大錢其文又多一六字四字皆與班志不合若云景王吕前錢皆有寶貨二字則班氏何吕不云周寶貨錢輕更

鑄大錢文曰寶四貨寶六貨乎即此可知近人之誣又況篆形淺不可枙哉或曰此為遼天贊錢孜遼太祖錢文篆書者二品一者䔾貝左羌一者䝉貝左介八篆迹俗劣文未若此製古足矣

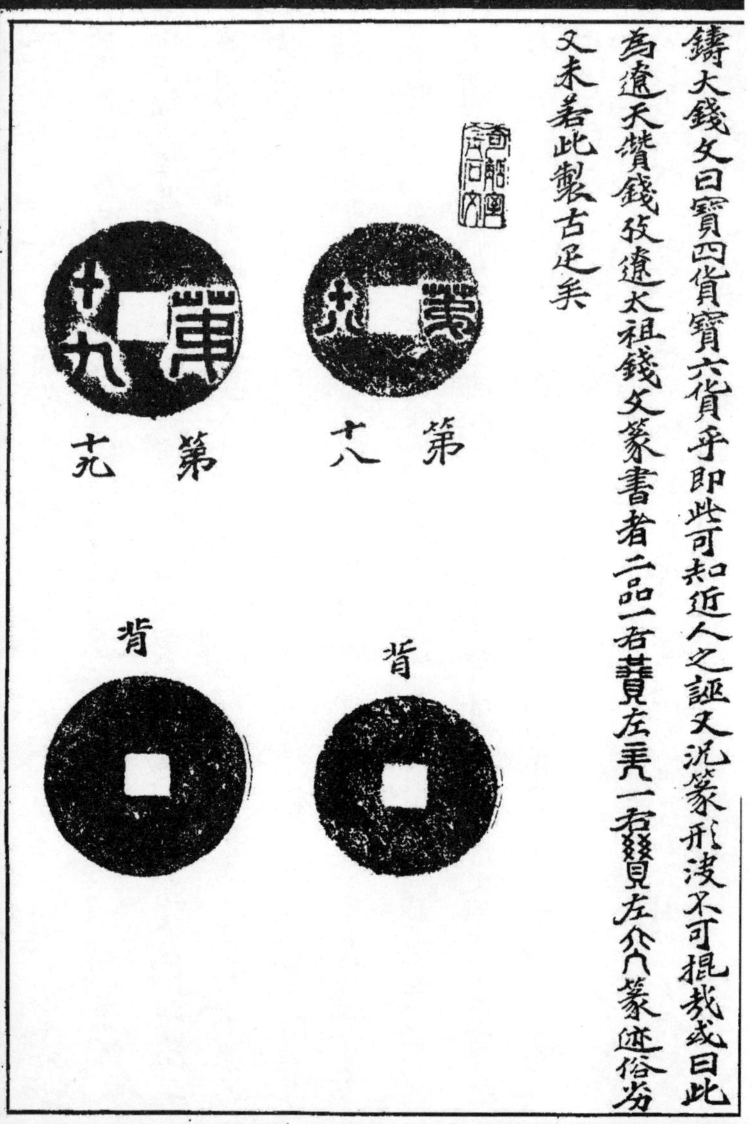

第十八

背

第十九

背

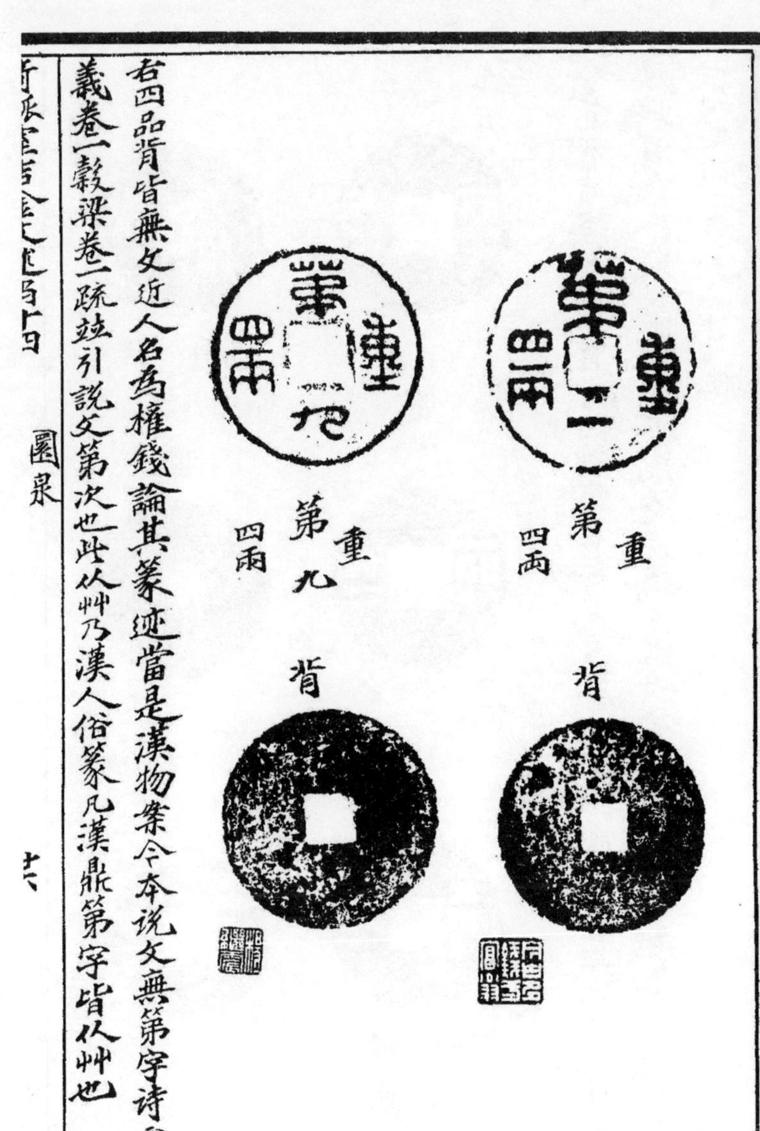

右四品背皆無文近人名爲權錢論其篆迹當是漢物案今本說文無第字詩正義卷一穀梁卷一疏竝引說文第次也此从艸乃漢人俗篆凡漢鼎第字皆从艸也

右五品背皆無文茲一背存式漢書食貨志秦銅錢質如周錢文曰半兩重如其文漢興呂爲秦錢重難用更令民鑄莢錢古鑑云今此錢較重當是秦半兩也末一品半兩二字皆省上體

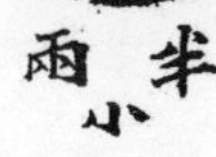

半兩
小

背

半两

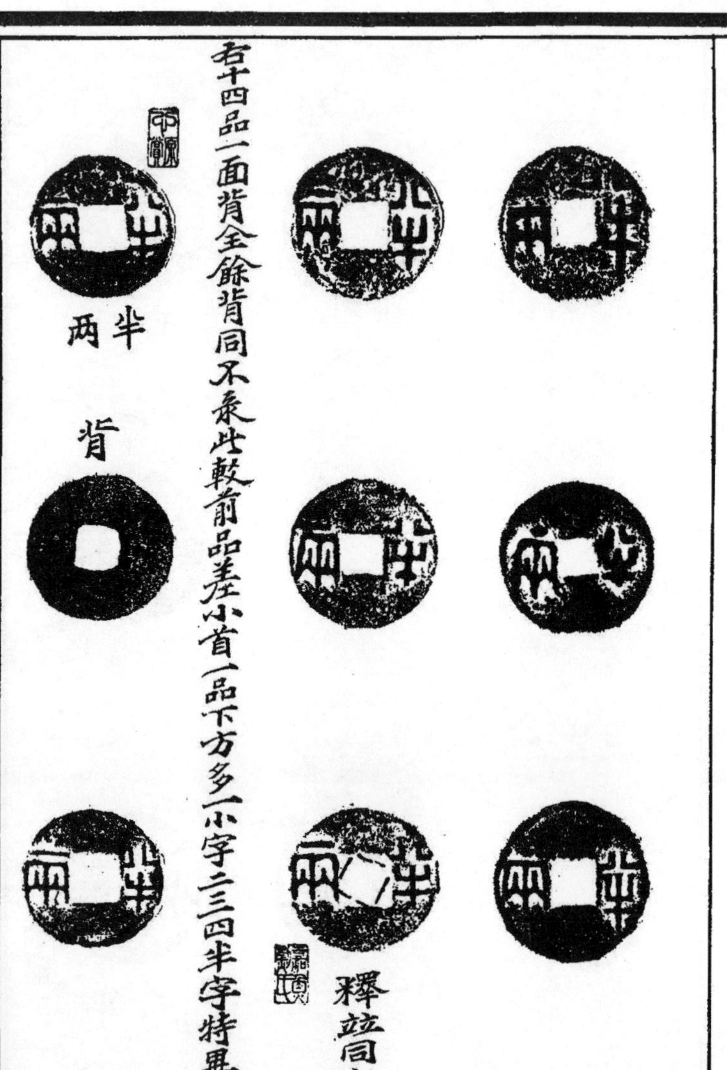
釋並同上

右十四品一面背全餘背同不錄此較前品差小首一品下方多一小字二三四半字特異

半两

背

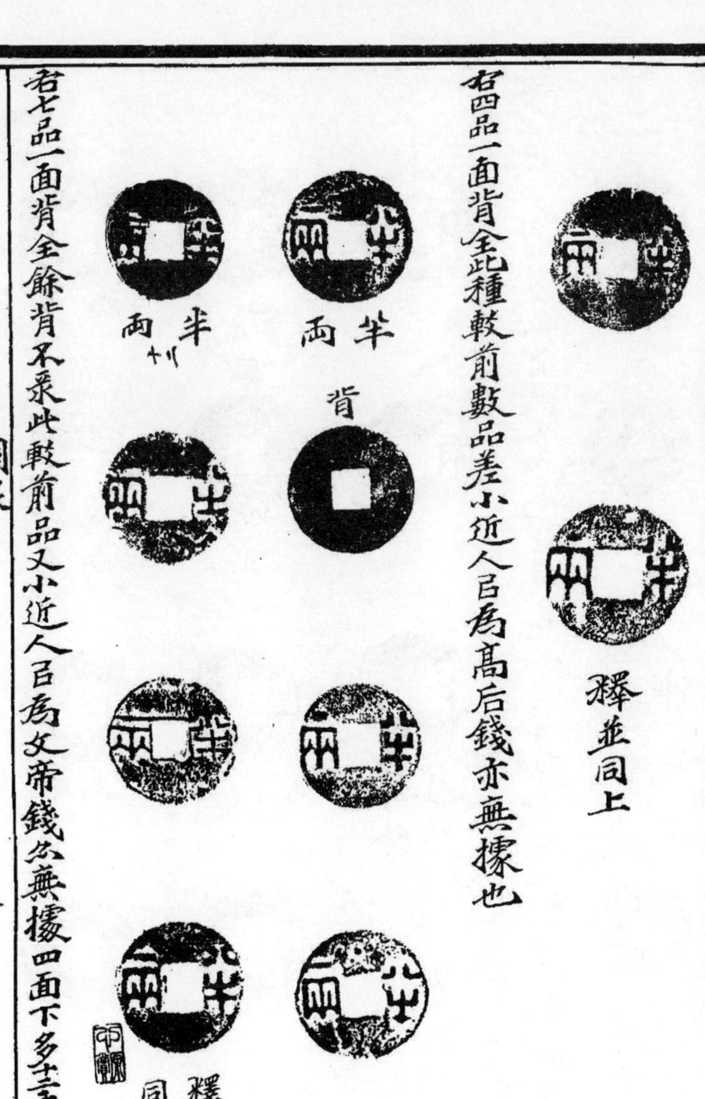
右四品一面背全此種較前數品差小近人目為高后錢亦無據也
釋並同上
半
兩
背
半
兩
十刂
釋並
同上
右七品一面背全餘背不录此較前品又小近人目為文帝錢亦無據四面下多十三字

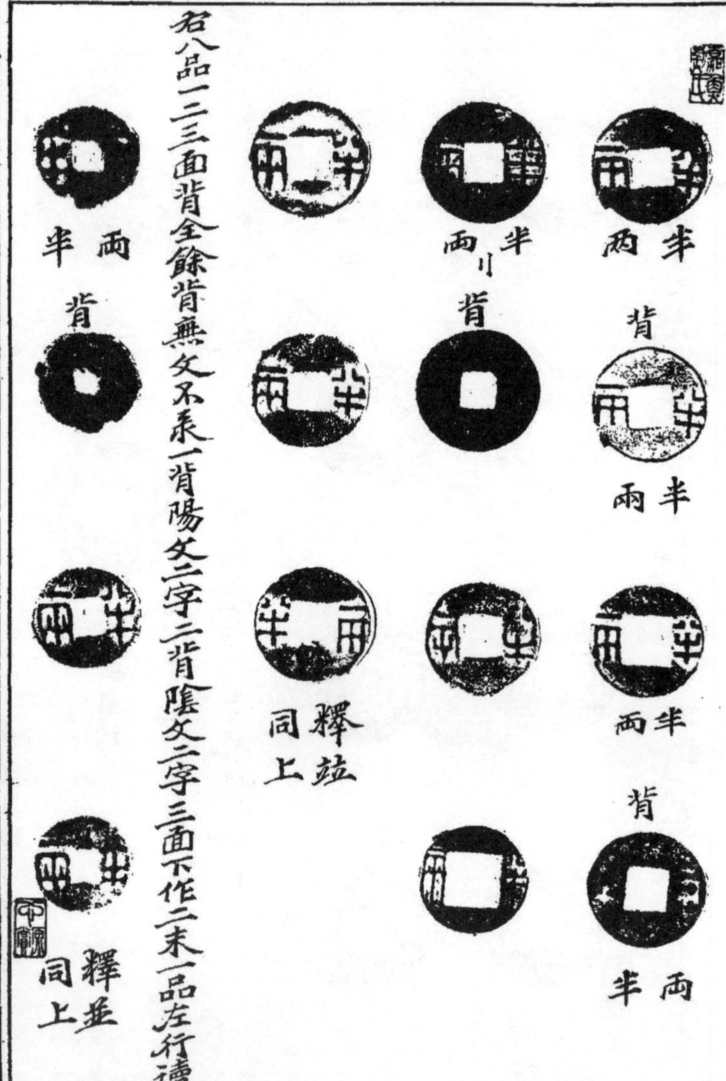
右八品一二三面背全餘背無文不表一背陽文二字二背陰文二字三面下作二末一品左行讀
半兩
背
半兩
半兩
背
兩半
半兩
背
釋竝同上
兩半
背
釋竝同上

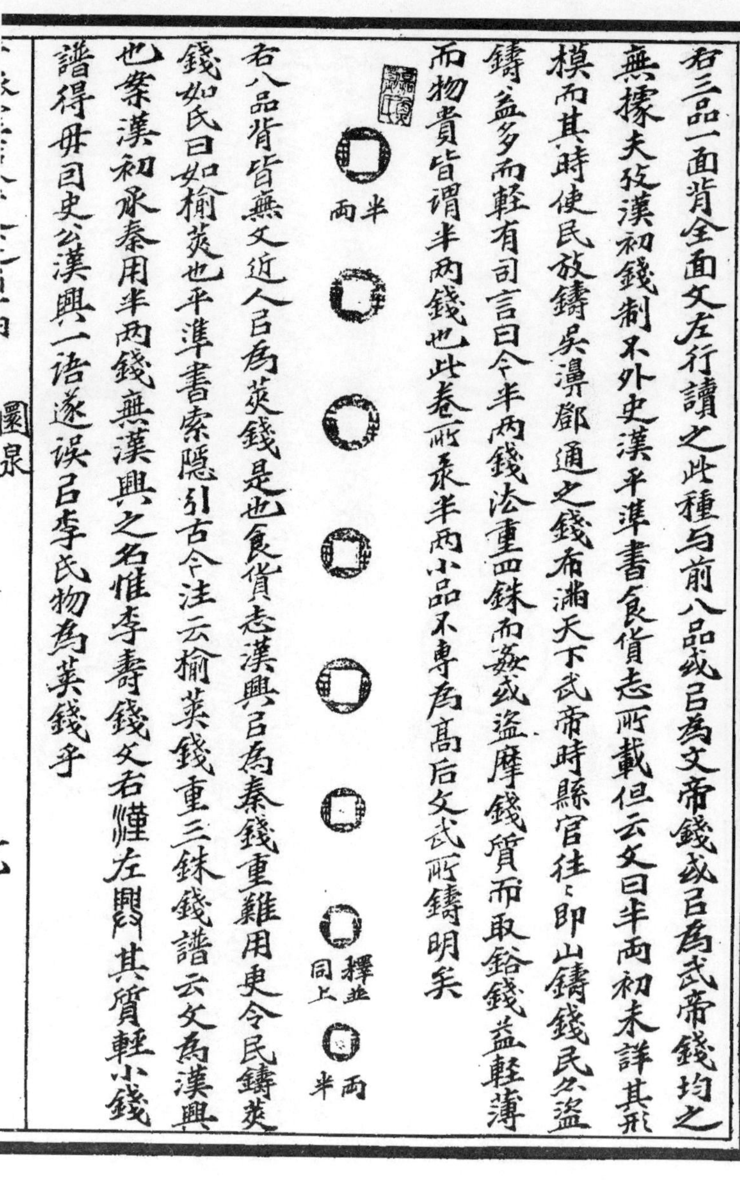

右三品一面背全面文左行讀之此種与前八品或㠯為文帝錢或㠯為武帝錢均之無據夫攷漢初錢制不外史漢平準書食貨志所載但云文曰半兩初未詳其形模而其時使民放鑄吳濞鄧通之錢布滿天下武帝時縣官往往即山鑄錢民多盜鑄益多而輕有司言曰今半兩錢法重四銖而姦或盜摩錢質而取鋊錢益輕薄而物貴皆謂半兩錢也此卷所錄半兩小品不專為高后文武所鑄明矣

半兩

並釋同上

兩半

右八品背皆無文近人㠯為莢錢是也食貨志漢興㠯為秦錢重難用更令民鑄莢錢如氏曰如榆莢也平準書索隱引古今注云榆莢錢重三銖錢譜云文為漢興也案漢初承秦用半兩錢無漢興之名惟李壽錢文右漢左興其質輕小錢譜得毋因史公漢興一語遂誤㠯李氏物為莢錢乎

三銖

背

五銖

背

右二品面背俱全食貨志令縣官銷半兩錢更鑄三銖錢重如其文武帝本紀建元元年行三銖錢即此又云有司言三銖錢輕迺請郡國鑄五銖錢周郭其質令不可摩取鋊本紀元狩五年行五銖錢即此此二種依古泉匯定為漢武帝錢

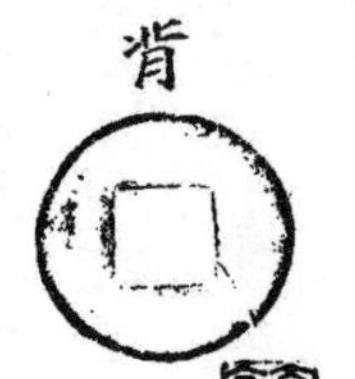

五銖

背

右一品面背全古泉匯據神爵二年錢笵即此錢穿上橫畫者遂定為宣帝錢案史無宣帝鑄錢明文食貨志歷敘漢初錢迄於武帝之後云宣元成哀平五世亡所

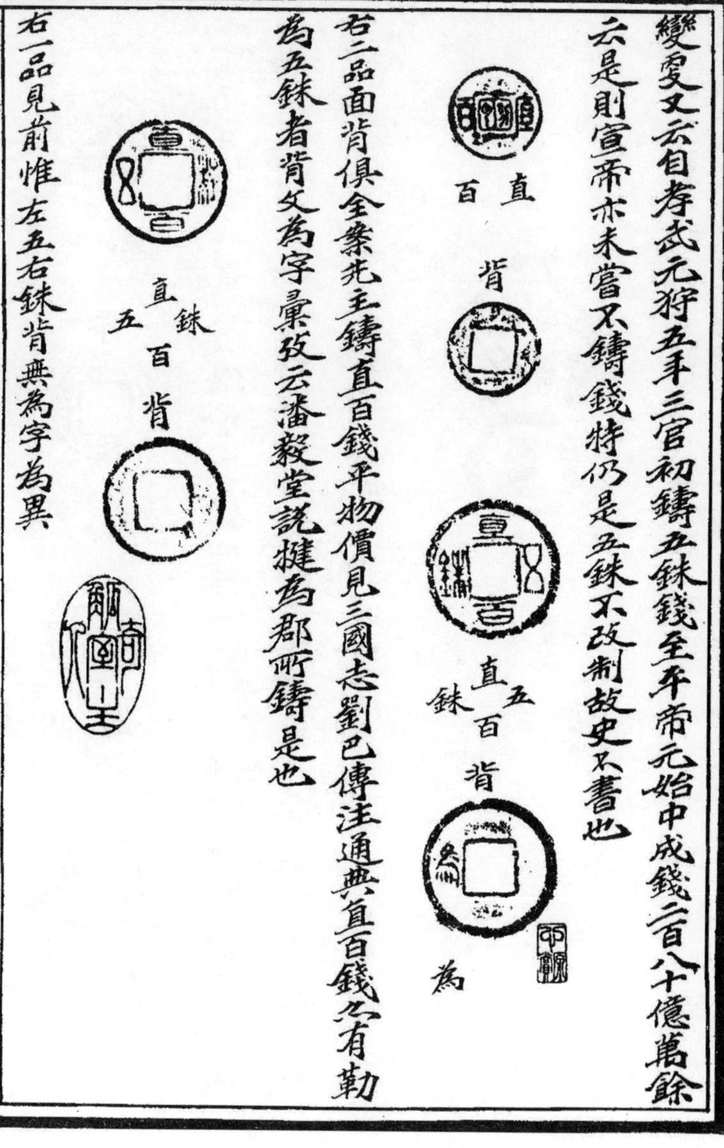

變更文云自孝武元狩五年三官初鑄五銖錢至平帝元始中成錢二百八十億萬餘云是則宣帝亦未嘗不鑄錢特仍是五銖不改制故史不書也

右二品面背俱全案先主鑄直百錢平物價見三國志劉巴傳注通典直百錢亦有勒為五銖者背文為字彙攷云潘穀堂說犍為郡所鑄是也

右一品見前惟左五右銖背無為字為異

四銖

背

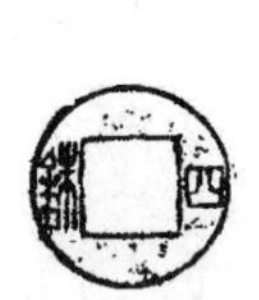

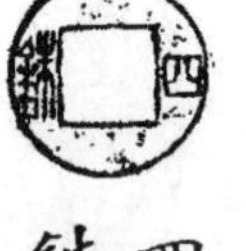

四銖

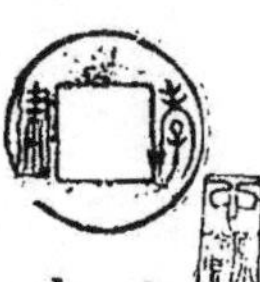

孝建

右二品面背俱全宋書顔峻傳元嘉中鑄四銖錢文帝紀元嘉七年立錢署鑄四銖錢輪郭形制与五銖同用費損無利故百姓不盜鑄及世祖即位又鑄孝建四銖形式薄小輪郭不成於是民間盜鑄者雲起襍以鉛錫並不牢固此二種是也然云輪郭不成則史言太過

右一品未得背拓四字吉語蓋厭勝錢也央殃省

子
宜　孫

背

釋同

右一品面背同文亦厭勝錢也上一字蝕古泉匯有宜保子孫錢此或是保字也

辟
兵
莫

右一品未得背拓名厭勝錢也

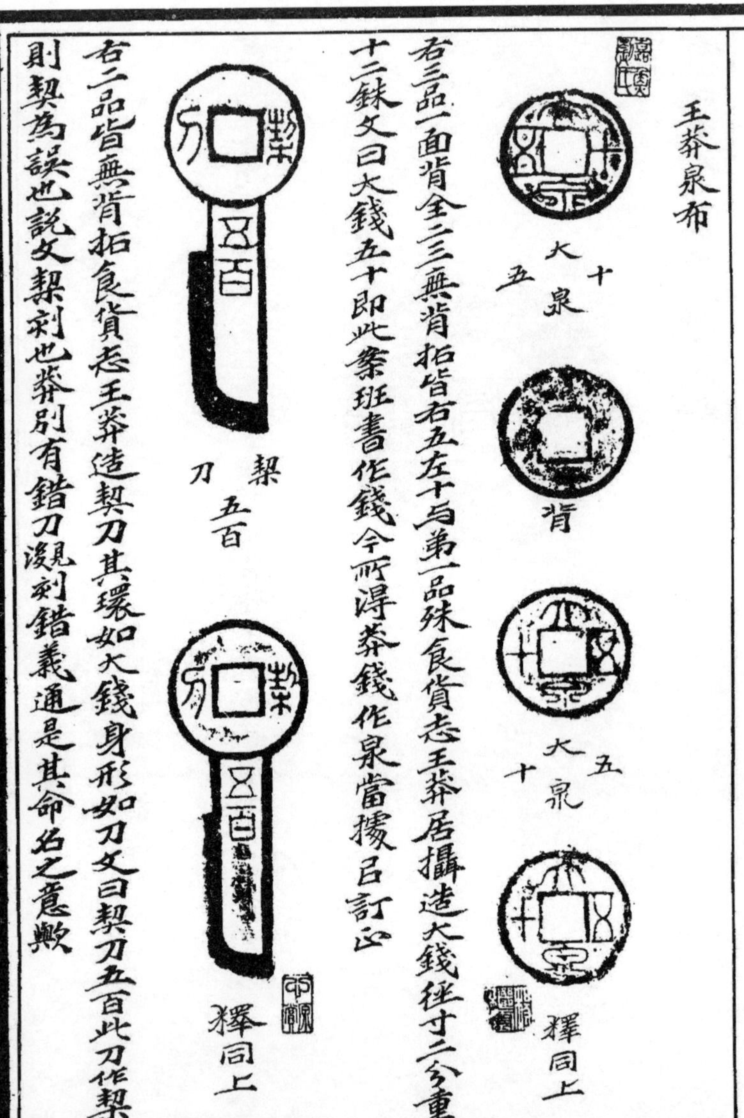

右三品一面背全二三無背拓皆右五左十与第一品殊食貨志王莽居攝造大錢徑寸二分重十二銖文曰大錢五十即此篆班書作錢今所得莽錢作泉當據吕訂正

右二品皆無背拓食貨志王莽造契刀其環如大錢身形如刀文曰契刀五百此刀作栔則契爲誤也說文栔刻也莽别有錯刀後覕刻錯義通是其命名之意歟

平五千

背

釋同

一刀平五千

右三品一面背全背環上作龜形二三皆無背拓食貨志王莽錯刀以黃金錯其文曰一刀直五千案黃金錯者以金嵌字也此第三刀為幕友劉翰先所藏環上一刀二字乃黃金嵌成精光炯目字痕與錢質摩平可識不可拓余拓此時趁紙半乾字畫影映雙鉤出之實非陰文也刀文作平而志作直班氏偶誤耳

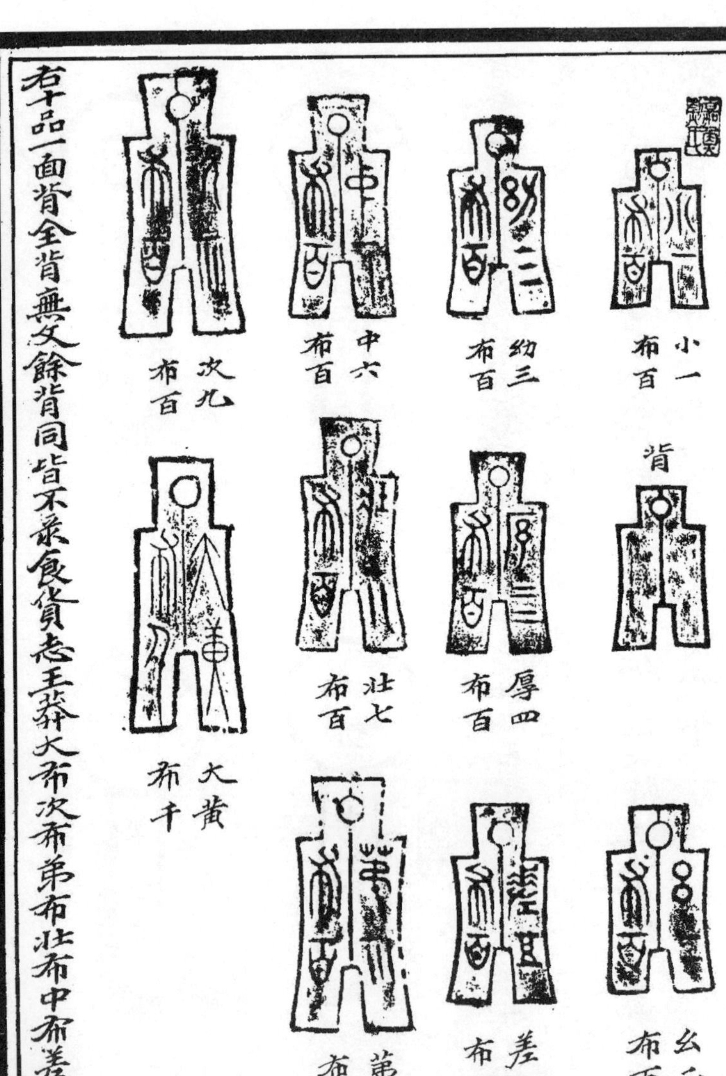

右十品一面背全背無文餘背同皆不录食貨志王莽大布次布弟布壯布中布差布厚

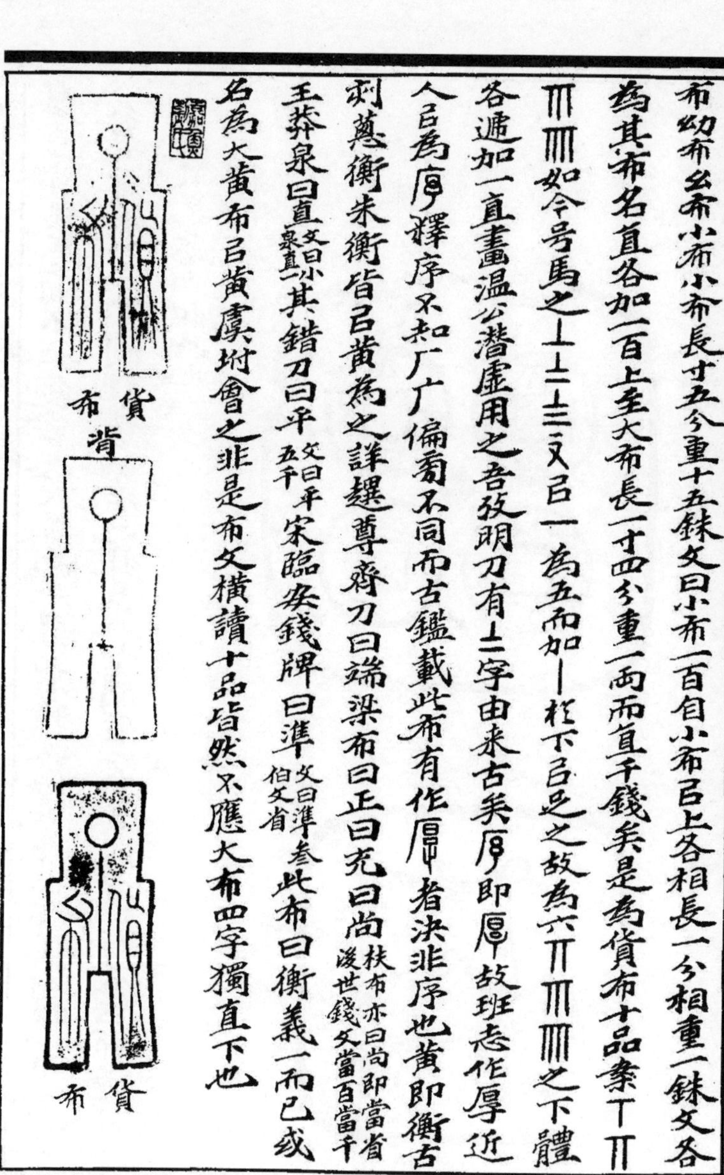
布幼布幺布小布小布長寸五分重十五銖文曰小布一百自小布以上各相長一分相重一銖文各爲其布名直各加一百上至大布長一寸四分重一兩而直千錢矣是爲貨布十品柰丅丌ⅢⅢⅢ如今号馬之丄𠄞亖乂以一爲五而加一於下以足之故爲六丌ⅢⅢ之下體各遞加一直畫溫公潛虛用之音攷明刀有丄二字由來古矣序即序故班志作厚近人以爲序釋序不知厂广偏旁不同而古鑑載此布有作序者決非序也黃即衡古刻蒽衡朱衡皆以黃爲之詳趧尊齊刀曰端梁布曰正曰充曰尚枎布亦曰尚即當省後世錢文當百當千王莽泉曰直文曰小泉直一其錯刀曰平文曰平五千宋臨安錢牌曰準文曰準叁伯文省此布曰衡義一而已或名爲大黃布以黃虞附會之非是布文橫讀十品皆然不應大布四字獨直下也

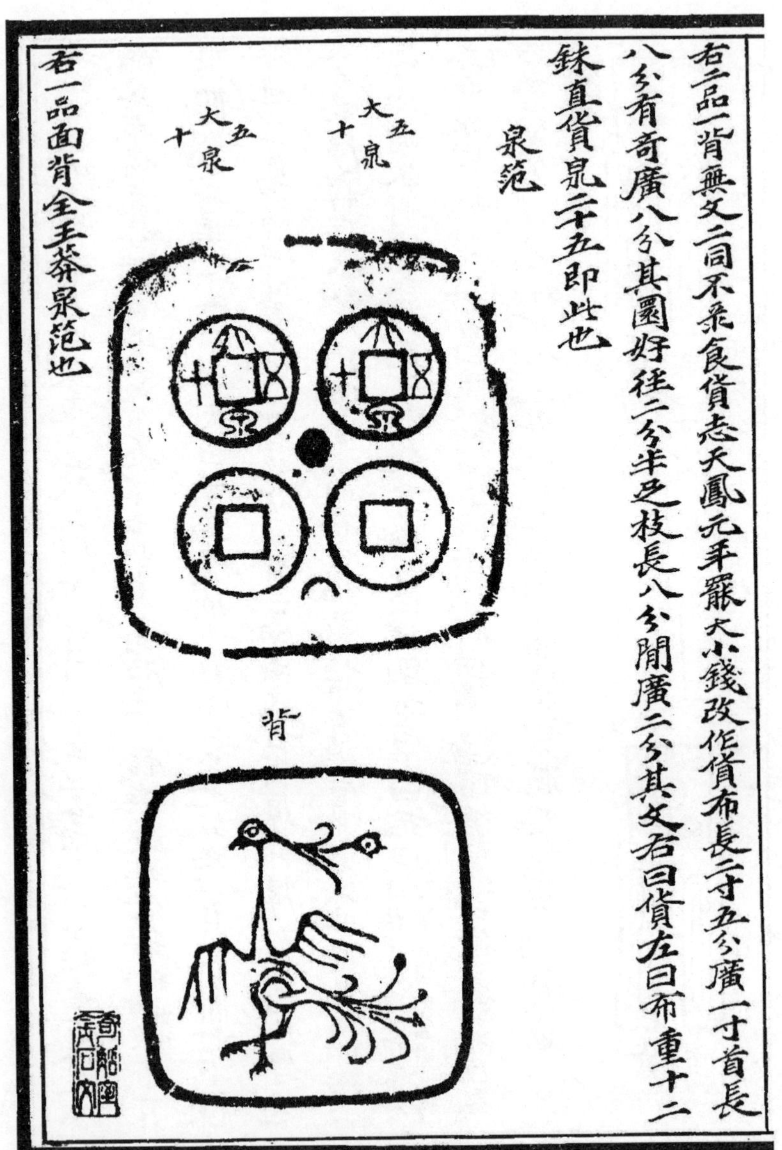

右二品一背無文二同不系食貨志天鳳元年罷大小錢改作貨布長二寸五分廣一寸首長八分有奇廣八分其圜好徑二分半足枝長八分閒廣二分其文右曰貨左曰布重十二銖直貨泉二十五即此也

泉范

背

右一品面背全王莽泉范也

右一品亦王莽泉范江西知縣濮瓜農賢懋贈本瓜農喜收臧善鑑別為余言安邑布
止有二釿其作一釿或單言釿者乃磨滅二字漏拓耳又言賹三化非天贊錢五鳳錢乃

大泉五十

大泉五十

山東僞造及論真泉范釘竅北牡相銜之理皆為精當特記之

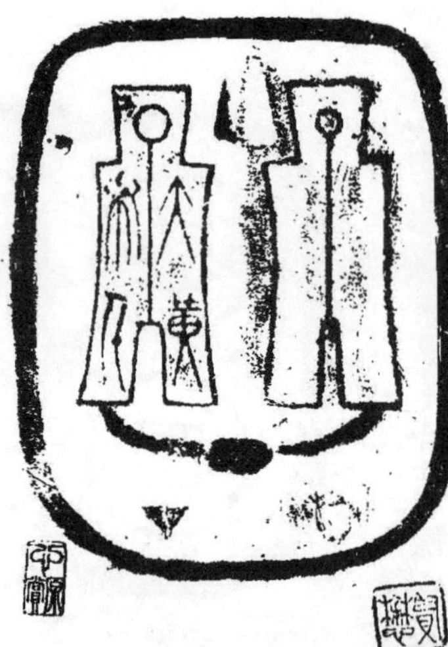

大黄布千

右一品亾王莽泉范濮氏農贈本

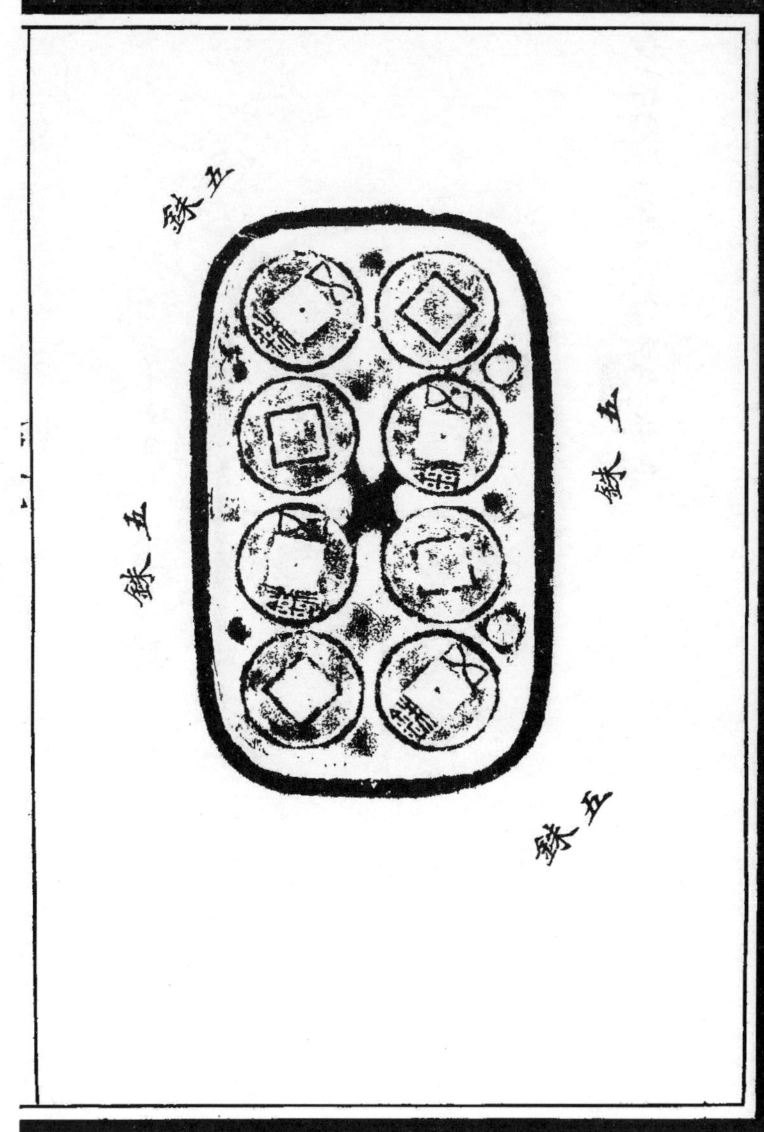
五銖
五銖
五銖
五銖

更始二年十月　工維〇刻

右一品更始二年泉范名辰農夲也